最爱吃的 家常菜

美食生活工作室 组织编写

张恕玉　王作生　主编

用爱心烧出一桌好菜，用幸福定义最爱的味道

青岛出版社
QINGDAO
PUBLISHING HOUSE

国家一级出版社
全国百佳图书出版单位

导读

食材名和图：主要介绍菜品中
主要食材的名字和图片。

厨房窍门：主要介绍
厨房中的各种小知识。

食疗作用和适宜人群：
主要介绍食材的营养功效。

凉菜：菜品性质。

菜品图片：高清晰的
成品图片。

菜品名：主要介绍
菜品的名字。

难易度 |..ıll：菜品
制作的难易度。

爱心提醒 🍗：主要介绍
菜品制作小窍门。

营养功效 🐟：主要介绍
菜品的营养功效。

🍵 最爱吃的家常菜

白菜

食疗作用：白菜微寒、味甘、性平，有解热除烦、通利肠胃、养胃生津、除烦解渴、利尿通便、清热解毒等作用。

适宜人群：一般人均可食用，尤其适合肺热咳嗽、便秘、肾病患者食用。

白菜的选购与储存

◎青口白菜宜选青绿色、植株高大而粗壮、叶肉厚、组织紧密、韧性大、没有损伤的。

◎存放白菜、小白菜、菠菜等青菜忌用水洗，以免造成茎叶细胞死亡溃烂，营养成分大量流失。

◎刚买来的白菜水分太大，容易腐烂，应该先撕去残破黄叶，放在向阳的地方晒3～5天，使菜中的部分水分蒸发以便于贮存。

如何切白菜

对半切开。	去掉菜心。	对剖成半。	分切成小段。
1	2	3	4

芥末白菜墩 难易度 |..ıll 凉菜

原料 白菜300克

调料 芥末糊、盐、醋、酱油、芝麻油

做法
1.白菜洗净，放入沸水锅中烫熟，捞出稍晾，挤去水分，放在净盆内。
2.芥末糊中加入醋、盐、酱油、芝麻油，搅拌均匀，倒在白菜上。
3.将白菜卷成卷，切成小段，摆入盘内即可。

爱心提醒 🍗
养胃，利小便，除胸烦，解酒毒，润肌肤。

营养功效 🐟

白菜心拌海蜇皮 难易度 |..ıll 凉菜

原料 白菜心200克，海蜇皮100克

调料 蒜末、盐、味精、醋、香油

做法
1.海蜇皮用清水浸泡3小时，洗净切丝。
2.白菜心洗净切丝。
3.将海蜇丝和白菜丝放入大碗内，加入蒜末、盐、味精、醋、香油，拌匀装盘即可。

爱心提醒 🍗
优质海蜇皮呈白色、黄褐色或红琥珀色，肉质厚实，无泥沙等杂质。

营养功效 🐟
清热，除烦，止渴，降血糖。

18

人的一生中总会有一些感动的记忆留在心中，挥散不去。就像第一次离家远行时父母关切的叮咛，时常会在脑海不经意地闪现，让我们难以忘怀。

人的一生总会有一些经典的味道留在舌尖，历久弥香，就像小时候生病时妈妈亲手做的卧着两个荷包蛋的手擀面，入口时那种香浓温暖的感觉，让我们时时怀念。

这些平凡而感动的记忆和沁入心灵的味道让我们不仅感受到了父母的爱，更品出了生活中幸福的滋味。现在，您是否还能经常品出这种幸福滋味？

我们试着用这套精心策划的"最爱吃的家常菜"系列美食图书，帮助您重温那些美好而经典的人生味道。这套图书包括《最爱吃的家常菜》《最美味的家常热炒》《最爽口的凉拌菜》《最可口的家常主食》《最营养的家常汤煲》《最诱人的麻辣川菜》等六本，内容涵盖家常菜、热炒、川菜、凉拌菜、主食、汤煲等诸多方面。

除了内容全面，我们力图用创新为您呈现更好的视觉享受和使用体验，让您在拥有一套介绍菜肴制作方法工具书的同时，也拥有一套可供欣赏回味的美食艺术书。这套书采用国际流行的大开本，增强了图文的冲击力；配有与菜品相关的各种背景知识，增加了知识的丰富性；分类全面，检索方便，减少了找菜的时间；用料准确，步骤详细，使操作变得更加简单。

全家人爱吃的菜都在这里！这本《最爱吃的家常菜》分为美味家常菜、可口主食、人气西餐、活力饮品、家有贵客、营养早餐等六个篇章，为您量身定制最贴心的饮食方案。书中还为您提供了最实用的厨房小窍门，包括食材的食疗功效、适用人群、选购与储存、食材预处理、烹饪技巧等。一书入手，下厨无忧。

只要用心，只要有爱，最平凡的食材也可以做成最美味的佳肴。我们衷心希望这套美食书能让您真正地走进美食、了解美食、掌握美食，并最终做出美味佳肴，吃出幸福味道。

由于时间仓促，书中难免存在错讹，敬请广大读者批评指正、不吝赐教！

编者
2012年12月

目录
contents

1 Part
美味家常菜

目录
contents

2 Part 可口主食

目录
contents

3 Part
人气西餐

4 Part 活力饮品

目录
contents

Part **1**

美味 家常菜

MEIWEIJIACHANGCAI

　　本篇章按照食材类别分类，并对每种食材的食疗作用、适宜人群、烹饪窍门等做了详细的介绍。有简易的凉拌菜，有色香味俱佳的煎炒烹炸菜，还有营养滋补的各色汤煲。550余款适合全家人的家常菜，帮您轻松下厨。

家常菜制作攻略

凉菜拌吃有讲究

能生吃的蔬菜尽量生吃

营养学研究证明，生吃蔬菜能最大限度地保存蔬菜中的营养，因为蔬菜中一些人体必需的营养素在遇到55℃以上温度时，其性质就会发生变化，丧失其保健功效。此外，很多蔬菜中还含有一种免疫物质——干扰素诱生剂，具有抑制人体细胞癌变和抗病毒感染的作用，但这种物质不耐高温，只有生吃蔬菜时才能发挥其应有的作用。所以，能生吃的蔬菜尽量生吃，这样才能减少营养的损失。

适合生吃的蔬菜

如大白菜、圆白菜、小黄瓜等。可生食的蔬菜大多有甘甜的滋味及脆嫩的口感，加热会破坏养分及口感，通常只需洗净即可直接调味拌匀食用。

巧除蔬菜农药

试验证明，蔬菜浸泡30分钟再冲净，可去除30%的残留农药。如果再焯烫浸泡1分钟，则可减少80%的残留农药。注意，浸泡时间不宜超过半小时。

生吃熟吃皆宜的蔬菜

比如芹菜、苦瓜、白萝卜、柿子椒、芦笋等。这类蔬菜气味独特，口感较脆，一般富含膳食纤维，洗净后直接调味生食，口味清新；如果用沸水焯烫后拌食，口感会变得稍软，但并不会减损原味。

有些蔬菜应焯烫后再凉拌

菠菜、苋菜、空心菜、竹笋等都是含草酸较多的蔬菜，在肠道内会与钙结合生成难溶的草酸钙，干扰人体对钙的吸收。这些蔬菜在凉拌前一定要用开水焯一下，以去除大部分的草酸。

土豆、芋头等含淀粉的蔬菜必须熟吃，如果其中的淀粉粒不破裂，人体难以消化；豆角、黄豆等不可生吃，否则易引起食物中毒。因此，用土豆、芋头、豆角或黄豆做凉拌菜时，一定要先将它们煮熟，然后拌制。

别吃隔顿凉拌菜

许多人喜欢在夏季做凉拌菜吃，而且常常做一次连吃好几顿。这种吃法是很不科学的。夏天是细菌大量滋生、繁殖的季节，夏天制作凉拌菜所选用的食材通常并未经过高温烧煮等处理，容易引起细菌性食物中毒，所以凉拌菜宜现吃现拌。

根据健康状况吃凉拌菜

凉拌菜是生冷的食物，吃多了容易伤脾胃，所以，脾胃虚寒、消化不良、大便滑泄者少吃为宜，否则会引起腹胀、食欲下降、积寒助湿，导致诸多疾病。

凉菜制作技法

家庭制作凉菜常用的烹调方法有拌、炝、冻、酥、酱、卷等6种。

拌

拌是将洗净的食材切成丁、丝、片、块等形状，加调味料拌匀。

炝

炝是将加工成丁、丝、片等形状的食材用沸水焯烫，捞出沥干水分，浇上花椒油或辣椒油，及其他调料拌匀。

冻

冻是在清水中加入猪皮、琼脂等富含胶质蛋白的食物，煮至汤水稍微浓稠，使菜肴晾凉后冻结。

酥

酥是将食材放入适量清水，加醋等调料，用小火焖至骨酥肉烂，再加调料拌匀。

酱

酱是将食材放入加有酱油等调料的汤水中，用大火烧开，再用小火焖熟，加调料拌匀。

卷

卷是将薄而大的片形食材涂抹上馅料，卷成圆筒状或其他形状，然后蒸熟或焖煮熟，晾凉后改刀装盘。

凉菜常用调料

凉拌菜好吃与否，除了食材因素外，最关键的因素是调料。如果能够酌量、适当地使用调料，充分发挥自己的厨艺，做出的凉拌菜肯定会非常可口。

葱、姜、蒜

葱、姜、蒜的味道辛香，不仅可提味，还能去除食物的腥味或生涩味。

红辣椒

红辣椒的作用与葱、姜、蒜相同。另外，其独有的辣味使凉拌菜格外开胃。

花椒粒

花椒粒能体现出特有的"麻"味，是增添菜肴香气的必备调料。

盐

盐能使菜肴具有咸味，还能使蔬菜脱水，适度发挥防腐作用。

醋

凉拌菜时放一些醋调味，不但能使菜肴清新爽口，而且能增加食欲，促进蔬菜中维生素C的吸收。

白糖

制作凉拌菜时加入白糖，能起到提味的作用，使菜肴更加美味。

什么是 "炒"

"炒"是中国传统烹调方法，是以油为主要导热体，将小型原料用中旺火在较短时间内加热成熟，并调味成菜的一种烹调方法，在家庭厨房中被广泛使用。

炒的过程中，将食物拨散，收拢，再拨散，重复不断操作，使食物总处于运动状态。这种烹调法可使炒出的肉汁多、味美，蔬菜脆嫩。

炒可分为煸炒、滑炒、干炒、清炒等技法。

小炒的基本技法

煸炒

旺火速炒，烹制时间要短。煸炒的方法适宜于烹制新鲜的蔬菜和柔嫩的植物类原料。

煸炒

滑炒

选用质嫩的动物类原料炒菜时，可使用滑炒。操作时，先用蛋清、淀粉将原料上浆，经过滑油处理后再放配料一同翻炒，勾芡出锅。滑油时要防止原料粘连、脱浆。

滑炒的原料，一般选用去皮、拆骨、剥壳的净料，并切成丝、丁、粒或薄片形状，再行滑炒。滑炒菜肴的特点是滑嫩爽口，适用于烹制鸡丝、虾仁等菜品。

清炒

此法是只有主料没有配料的一种烹炒方法。操作方法与滑炒基本相似。清炒的要领：原料必须新鲜，刀工要整齐。适用于虾仁、肉丝、青菜等菜品的烹制。

干炒

又称干煸。这种烹调方法是炒干原料水分，使主料干香、酥脆。干炒的要领：主料要切成丝状，并在炒前用调料略腌。干炒所用的锅要在炒菜前先烧热，用油涮一下，再留些底油炒。火力要先大后小，以免把原料炒煳。

滑炒

清炒

干炒

另外，常见的技法还有抓炒、软炒等。

抓炒：抓炒是抓和炒相结合，快速地炒。将主料挂糊和过油炸透、炸焦后，再与芡汁同炒而成。制糊的方法有两种，一种是用鸡蛋液把淀粉调成粥状糊，一种是用清水把淀粉调成粥状糊。

软炒：软炒是将生的主料加工成泥或蓉状，用汤或水澥成液状（有的主料本身就是液状），再用适量的热油拌炒。成菜松软，色白似雪。

不同食材的氽烫和过油技巧

氽烫和过油是常见的食材预处理方法，也是使菜肴口感更好的重要环节，可减少食材入锅翻炒的时间，只要火候掌握得当，菜肴自然更鲜嫩。

氽烫

1.一般氽烫的方法：锅入大量水（至少要没过食材），大火烧开，将食材入锅，根据食材不同、做法不同，在短时间内使之达到一定的成熟度，锁住颜色和美味。（图1）

2.纤维较粗的蔬菜，如西蓝花等，应先氽一下，再快速翻炒，这样处理后，炒出的菜不仅菜色翠绿，也更容易炒透。

3.氽烫蔬菜类的食材时，水中可加少许油、盐，这样既可以提前入味，又可保留其翠绿的颜色。（图2）

4.瘦肉最好裹匀水淀粉后再氽烫，这样口感更鲜嫩。若肉上带有肥肉，则可省去这一步。

5.本身有腥味的食材最好放入加有葱、姜、酒的开水中氽烫（图3），捞起沥干水分后再用于烹调。

6.本身有苦涩味的食材，如苦瓜、青木瓜等，也可以先放入开水中氽烫以去除涩味，捞起沥干水分后再用于烹调。

过油

1.过油可在极短的时间内使食材表面迅速变熟，最大程度避免食材内部的水分流失，同时也保留了食物的原味，使其表面吸附料汁的能力更佳。

2.茄子、青椒等色泽鲜亮的蔬菜也常利用过油的方法锁色。不过需油量较大，一般要完全没过食材。（图4）

3.牛肉片、鸡肉丁、猪肉丝下锅前可加入少许油搅拌，以避免食材下锅后相互粘连。（图5）

4.炒菜时多加一些油，待放入肉炒至八分熟后，将油倒出，再炒其他配料。同时可起到过油的效果。同时，倒出的油也可用来炒其他菜。（图6）

煲汤巧用水

煲汤的用水量

煲汤时食材要冷水下锅，用水量通常是食材重量的3~5倍，使食材与冷水一起受热，不用沸水煨汤，也不要中途加冷水。使材料中的营养物质慢慢溢出，煮出清澈美味的汤。

煲汤不宜使用的4种水

1.静置时间过长的老化水。这种水细菌很多，煮汤的话，水中细菌不仅容易污染原料，而且煮沸后还会有沉淀物。

2.沸腾太长时间的滚水。水煮得过久，水中的重金属以及亚硝酸盐含量就会偏高，饮用此类水，会导致肠胃不适、腹泻，严重的甚至会引起机体缺氧。

3.反复多次煮沸的水。这种水含有较多的亚硝酸盐，不利于人体健康。同理，做汤应适量，如果做多了，最好吃掉汤中原料，剩余汤汁倒掉，不可重复加热食用。

4.蒸馏水。蒸馏水属于高纯水，含氧量极少，几乎没有别的物质，绝对不能加热食用。

家常煲汤小窍门

做汤鲜美小窍门

1.掌握好火候。奶汤（白汤）要用大火、动物性原料熬制；清汤要用大火煮沸后，转用小火熬煮。

2.加盐要适时、适量。除了葱、姜、料酒外，不要多加调料，保持鲜香。

3.不要撇油。浮油能防止汤中的养分、纤维和热能散失。

做汤巧防煳

做汤时，原料极易沉入锅底，受高温而变煳变焦。如果在放原料前，在锅中放一些猪骨头垫底，可以增加汤中的钙质，还能防止原料焦煳。

汤料应先汆烫再煮

做汤所用的原料，如鱼、鸡、鸭、肉等，必须汆烫以去除腥味、异味和残留的血污。所以，应先用沸水汆烫，再洗净烹煮，这样会使汤澄清鲜美。

巧煲清汤

要想使煲出来的汤清爽不浑浊，必须用小火熬煮，使汤只开锅不沸腾。大滚大沸会使汤里的营养物质，如蛋白质分子凝结成许多白色的颗粒，汤汁变得浑浊不清。

让浓汤变清的小窍门

在用排骨、鸡、鸭等原料做汤时，容易出现汤浓油厚的现象。遇到这种情况时，在汤中加少许鲜鸡血，就可以使汤变清。

做出漂亮的蛋花汤

锅中加水煮沸，将用沸水调匀的藕粉汁或水淀粉慢慢倒入锅中搅拌，待汤沸时将蛋液用小勺舀起，放在水面上，撇入汤中就可以了。

汤做咸了，如何补救？

①放一小块糖进去，稍煮后取出，可以吸去多余的盐分。

②用纱布包上一把米饭，放入汤中煮一段时间，米饭可以吸走多余的盐分，汤自然会变淡。

③土豆切成片，放锅中，能吸附汤中的盐分。

做汤中途不要加冷水

做汤时最好一次性加足水，不要中途添加冷水，否则会降低汤的鲜味。

原料和水同煮时，受热比较均匀，热量会不断向原料内部渗入，可溶性呈味物质会扩散到汤中。如若中途加冷水，汤体的温度骤然下降，会破坏原来的均衡状态。温度降低，可溶性呈味物质从原料内部扩散到表面的速度减慢，原料表面降温，突然收缩，表层会变得紧密，影响呈味物质溶出，降低鲜味。如果确实需要添水，则应加入开水。

紫菜汤怎样增鲜？

将鱼肉洗净，片成鱼片，用热油煎熟，翻面，放入紫菜汤中同煮，可以使汤更加鲜美适口。

怎样使鱼汤更鲜？

在做鱼汤时，如果放点儿啤酒或加入几滴牛奶，不仅可以使鱼肉白嫩，营养价值更高，还可以使汤味更加鲜美可口。

做汤怎样掌握水温？

水温是制汤的关键，不同的原料需要不同的水温。一般说来，用新鲜的鸡、鸭、排骨、鱼等做汤时，应温水或沸水下锅；如果用煮过或腌过的肉、火腿、鸡等炖汤，应冷水下锅。

这样烹调更美味

炒四季豆怎样保持清脆的口感？

要想让四季豆保持清脆的口感，可在炒制前放入加盐的沸水中焯片刻，再放入冰水中，10分钟后捞起，沥干或用纸巾吸干水分。炒的时候必须大火快炒，绝对不要加盖焖烧。

怎样吃莴笋更科学？

莴笋营养丰富，吃法也很多，但生吃莴笋最有助于保存其所含大量的维生素。可加入多种调料拌食，爽脆适口。

有人习惯先将莴笋叶子剥去然后再烹饪，其实莴笋叶子中含有大量维生素，高于莴笋茎5~6倍。莴笋叶可以洗净后切丝，用芝麻酱或甜面酱凉拌着吃，也可以烧汤。

怎样炒山药不黏稠？

切山药时动作要快，迅速将已切好的山药放入冷水中，避免被氧化，全部切好后放入开水中焯一下；再放入冷水中淘洗，沥干，然后再炒制，山药就会很脆爽而不黏稠了。

怎样炒回锅肉口感不会太油腻？

回锅肉是用煮过的五花肉进行烹制的，煮肉是炒回锅肉的一个关键，不能煮得太熟，否则肉不好炒而且油腻。此外，炒肉时应用中火慢炒，尽量将肉里的油逼出来，待肉变干时倒入豆瓣酱炒制，可以减轻肉的油腻感。

怎样炒制美味腰花？

烹制腰花前不要去掉外皮，待烹调时再撕掉，除去腥臊部分，切好，加适量白糖，用水浸泡10分钟至腰花变白、涨大，沥干水分，用大火快炒出锅即可。

白菜

食疗作用： 白菜微寒、味甘、性平，有解热除烦、通利肠胃、养胃生津、除烦解渴、利尿通便、清热解毒等作用。

适宜人群： 一般人均可食用，尤其适合肺热咳嗽、便秘、肾病患者食用。

白菜的选购与储存

◎青口白菜宜选青绿色、植株高大而粗壮、叶肉厚、组织紧密、韧性大、没有损伤的。

◎存放白菜、小白菜、菠菜等青菜忌用水洗，以免造成茎叶细胞死亡溃烂，营养成分大量流失。

◎刚买来的白菜水分太大，容易腐烂，应该先撕去残破黄叶，放在向阳的地方晒3～5天，使菜中的部分水分蒸发以便于贮存。

如何切白菜

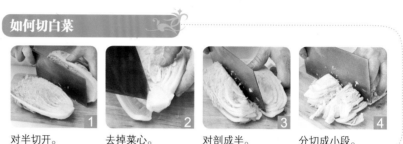

对半切开。　去掉菜心。　对剖成半。　分切成小段。

芥末白菜墩 难易度

凉菜

原料　白菜300克

调料　芥末糊、盐、醋、酱油、芝麻油

做法
1. 白菜洗净，放入沸水锅中烫熟，捞出稍晾，挤去水分，放在净盆内。
2. 芥末糊中加入醋、盐、酱油、芝麻油，搅拌均匀，倒在白菜上。
3. 将白菜卷成卷，切成小段，摆入盘内即可。

营养功效

养胃，利小便，除胸烦，解酒毒，润肌肤。

白菜心拌海蜇皮 难易度

凉菜

原料　白菜心200克，海蜇皮100克

调料　蒜末、盐、味精、醋、香油

做法
1. 海蜇皮用清水浸泡3小时，洗净切丝。
2. 白菜心洗净切丝。
3. 将海蜇丝和白菜丝放入大碗内，加入蒜末、盐、味精、醋、香油，拌匀装盘即可。

爱心提醒

优质海蜇皮呈白色、黄褐色或红琥珀色，肉质厚实，无泥沙等杂质。

营养功效

清热，除烦，止渴，降血糖。

爽口泡菜 难易度 ▮▮▮▮

（原料）白菜200克，青红辣椒50克

（调料）花椒水、白糖、白酒、盐、生姜片、辣椒油、香油

（做法）
1. 用花椒水、白糖、白酒、盐、味精、生姜片对成料汁，上火烧沸，冷凉后倒入坛内。
2. 白菜去掉老叶，切成片，洗净。青红辣椒去蒂、籽，洗净，切成块，同白菜一起放入开水锅中焯一下，捞出晾干，放入坛内料汁中，腌泡1天。
3. 将泡好的菜捞出，盛入盘中，根据不同口味，加入辣椒油或香油调拌即可。

韩国泡菜 难易度 ▮▮▮▮

（原料）大白菜、萝卜、梨、水芹菜、糯米粥各适量

（调料）小葱段、姜末、蒜末、辣椒面、盐、白糖、虾酱

（做法）
1. 大白菜掰开成片；萝卜择洗干净，切丝；梨洗净，去蒂除核，切丝；水芹菜择洗干净，切段。
2. 取盛器，放入萝卜丝、梨丝、水芹菜段、糯米粥，加入各种调料搅拌均匀，成腌料。
3. 取一片白菜叶，将调好的腌料均匀地涂在叶片上，卷成卷，放入泡菜坛里。将所有的白菜叶都涂上腌料，封严坛口，在阴凉通风处放置20天即可食用。

酸辣白菜丝 难易度 ▮▮▮▮

（原料）白菜500克，水泡干红辣椒、青椒各30克

（调料）盐、姜、味精、糖、白醋、香油

（做法）
1. 白菜洗净，切成丝，上屉蒸5分钟，取出，凉透。
2. 将红辣椒、姜、青椒切成丝。
3. 炒锅置火上，加入适量香油烧热，投入水泡干红辣椒丝、姜丝、青椒丝略炒，加入盐、味精、糖、白醋炒匀，放凉后浇在白菜丝上，拌匀盛盘即可。

开阳白菜 难易度 ▮▮▮▮

（原料）海米5克，白菜300克

（调料）葱花、盐、酱油、鸡精、湿淀粉、植物油

（做法）
1. 白菜择洗干净，撕成小片。
2. 海米用温水泡发，洗净。
3. 炒锅置火上，倒入适量植物油，烧至七成热，下葱花、酱油炒香，倒入白菜片和海米炒匀，加适量水烧沸，转小火烧制5分钟，加盐和鸡精调味，用湿淀粉勾芡即可。

热菜

香菇白菜 难易度 |.ıll

原料 大白菜250克，鲜香菇100克

调料 葱花、盐、鸡精、蒜末、湿淀粉、植物油

做法 1.香菇去蒂洗净，切丝，入沸水中焯透，捞出，投凉沥水。

2.大白菜洗净，切丝。

3.炒锅置火上，倒入适量植物油，烧至七成热，下葱花炒出香味，放入大白菜丝和香菇丝炒熟，用盐、鸡精和蒜末调味，湿淀粉勾芡即可。

热菜

板栗烧白菜 难易度 |.ıll

原料 白菜200克，生板栗50克

调料 盐、葱、姜、熟猪油、香油、味精、鸡汤、淀粉、料酒

做法 1.将白菜洗净，切成小段，用开水煮透，捞出。

2.板栗煮熟，剖开去壳。葱切段，姜切片。

3.净锅上火，放猪油烧热，下葱段、姜片爆香，加入白菜、板栗、鸡汤，煨入味后下淀粉勾芡，加入料酒、味精、盐调味，淋入香油即可。

热菜

烩白菜三丁 难易度 |.ıll

原料 猪肉100克，嫩白菜帮200克，水发香菇50克

调料 植物油、鸡蛋清、酱油、香油、葱花、姜片、盐、味精、湿淀粉、鲜汤

做法 1.猪肉洗净，切小丁，放碗中，加盐、鸡蛋清、湿淀粉抓匀，入热油中滑透，捞出。白菜帮切丁。

2.香菇洗净切丁，焯水。锅入油烧热，爆香葱花、姜片，放入白菜丁爆炒到七成熟，倒出。

3.锅内加鲜汤烧沸，放入三丁，加盐、酱油、味精，煮沸后稍烩片刻，勾芡，淋香油即可。

热菜

白菜焖大虾 难易度 |.ıll

原料 白菜头250克，大虾150克

调料 盐、料酒、味精、醋、香油、葱花、姜丝、花生油

做法 1.白菜头洗净，切条。

2.大虾洗净，剔除虾线。

3.炒锅置火上，加入适量花生油烧热，下入葱花、姜丝爆香，倒入大虾，慢火煸炒，炒至虾色泽红润时加入白菜条，慢火炒熟，加盐、料酒、醋、味精调味，出锅时淋入香油，炒匀即成。

干贝蟹肉炖白菜 难易度 |.ᵢₗₗ

原料 蟹肉150克，白菜心500克，干贝50克，鲜汤500毫升

调料 猪油、盐、鸡精、葱姜丝

做法
1. 蟹肉洗净，撕成条。
2. 将白菜心洗净，改刀。
3. 干贝泡软洗净，蒸透，撕成丝。
4. 净锅上火，加入鲜汤、葱丝、姜丝、白菜心、猪油烧沸，下入干贝丝、蟹肉丝，调入盐、鸡精，小火炖20分钟即可。

白菜豆腐汤 难易度 |.ᵢₗₗ

原料 白菜、豆腐各100克

调料 葱花、盐、鸡精、植物油

做法
1. 白菜洗净切段。
2. 豆腐洗净切块。
3. 锅置火上，倒入适量植物油，烧至七成热，下葱花炒出香味，放入豆腐翻炒均匀，加适量清水，大火煮沸，转小火煮5分钟，加入白菜，再煮2分钟，用盐和鸡精调味即可。

西芹白菜枸杞汤 难易度 |.ᵢₗₗ

原料 枸杞子10克，白菜100克，猪瘦肉50克，高汤300毫升

调料 料酒、葱花、姜丝、盐、植物油

做法
1. 把猪瘦肉洗净，切薄片。
2. 白菜择洗干净，切段。
3. 枸杞子洗净，去杂质。
4. 炒锅置中火上，加入植物油，烧至六成热，下入葱花、姜丝煸香，倒入高汤烧沸，加入猪瘦肉、枸杞子、白菜、料酒、盐，烧煮15分钟即成。

白菜荸荠汁 难易度 |.ᵢₗₗ

原料 白菜300克，荸荠100克

做法
1. 将白菜洗净，切丝。
2. 荸荠洗净，去皮，切丝。
3. 将白菜、荸荠放入榨汁机中榨出汁液即可。

营养功效

清热除烦，降低血压。

21

油 菜

食疗作用： 油菜味辛、性温、无毒，茎、叶可以消肿解毒，治痈肿丹毒、血痢、劳伤吐血。

适宜人群： 一般人均可食用，尤其适宜患口腔溃疡、口角湿白、齿龈出血、牙齿松动、淤血腹痛、癌症患者。

油菜的保存

◎保存时将油菜用保鲜袋装好，直立放入冰箱冷藏室中保存。最好放在专门冷藏蔬菜的隔断中，以免油菜变质。

油菜宜旺火爆炒

◎食用油菜时要现做现切，并用旺火爆炒，这样既可保持油菜鲜脆，又可减少营养成分的流失。

油菜的配膳指导

最佳搭配：

◎油菜+豆腐：生津润燥，清热解毒。

◎油菜+猪肝：有利于钙的吸收，提高营养价值。

◎油菜+鸡肉：强化肝功能，美化肌肤。

◎油菜+香菇、蘑菇：抗衰老，润肤，润肠通便。

◎油菜+虾：清热解毒，消肿散血。

凉菜

炝拌小油菜 难易度 |

原料 小油菜400克、胡萝卜30克、水发木耳20克

调料 盐、味精、酱油、花椒油、辣椒油

做法 1.将小油菜择洗干净，胡萝卜、水发木耳切成丝，备用。

2.炒锅上火，入水烧沸，下入小油菜、胡萝卜、水发木耳，焯至成熟捞起，用清水冲凉，挤去水分，备用。

3.将小油菜、胡萝卜、水发木耳丝倒入盛器内，调入盐、味精、酱油、花椒油、辣椒油，拌匀装盘即成。

凉菜

芝麻油菜 难易度 |

原料 油菜200克

调料 芝麻、姜、酱油、醋、盐、味精、香油

做法 1.油菜择洗干净，沥干水分。

2.将油菜放入滚水中焯一下，捞出，用清水浸凉，控净水，放入盘中。

3.姜洗净，切成末，放入碗中，加入用酱油、醋、盐、味精、香油调成的味汁拌匀，浇在油菜上，撒上芝麻拌匀即成。

营养功效

此菜富含人体所需的蛋白质、碳水化合物、多种维生素和矿物质，适宜中老年人夏季食用。

鱼香油菜 难易度 |..ıl

原料 油菜400克

调料 葱末、姜末、蒜末、豆瓣酱、白糖、醋、酱油、鸡精、盐、湿淀粉、植物油

做法
1. 油菜择洗干净，对半切开。
2. 取小碗，放入白糖、醋、酱油、鸡精、盐、湿淀粉搅匀，制成芡汁。
3. 锅入油烧至六成热，放油菜翻炒2分钟，盛出。
4. 净锅加油烧热，下入豆瓣酱、葱末、姜末、蒜末炒香，淋入芡汁，倒入油菜，翻炒均匀即可。

香菇扒油菜 难易度 |..ıl

原料 水发香菇200克，油菜心400克，鲜汤100毫升

调料 花生油、香油、盐、味精、葱花、姜末

做法
1. 水发香菇洗净，去蒂。
2. 油菜心洗净，顺长一切两半，入沸水中汆烫，捞出，投凉沥水，摆入盘中。
3. 锅入油烧热，下葱花、姜末爆香，倒入香菇翻炒，加入鲜汤、盐、味精烧沸，中火烧2分钟，旺火勾芡收汁，淋入香油，炒匀起锅，倒入油菜盘中即可。

菜心扒猪血 难易度 |.ıl

原料 熟猪血500克，油菜心250克

调料 蚝油、味精、花生油、盐、胡椒粉、香油、料酒、淀粉

做法
1. 将熟猪血洗净，切厚块。油菜心洗净，入沸水焯透，捞出沥水，再入热油中炒熟，摆盘中围边。
2. 锅置火上，倒入花生油烧热，加少许水，放入猪血块翻炒片刻，倒入油菜心盘中。
3. 另起锅上火，加水、盐、味精、胡椒粉烧沸，淋入香油，烹料酒、蚝油，勾芡，浇入盘中即可。

蟹肉小油菜 难易度 |..ıl

原料 螃蟹、小油菜各200克，香菇片50克，鸡蛋2个

调料 葱、料酒、高汤、酱油、盐、淀粉、花生油

做法
1. 小油菜洗净，入开水锅中焯熟，捞出盛入盘中。
2. 将螃蟹撕开取肉。鸡蛋打散，放入料酒、盐、香菇片和蟹肉搅匀。
3. 锅中加入适量花生油，加热，加葱炝锅，将鸡蛋液等倒进锅里，炒匀装盘。
4. 在锅中倒入高汤、酱油、料酒、淀粉，煮成浓汁，浇在炒好的蟹肉鸡蛋上即成。

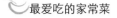

菠菜

食疗作用： 味甘、性凉，具有补血止血、利五脏、通肠胃、活血脉、助消化、止渴润肠等功效。

适宜人群： 一般人群均可食用。菠菜烹熟后软滑易消化，特别适合老、幼、病弱者以及高血压患者食用。

菠菜的选购与保存

◎菠菜宜选叶片深绿色，茎较短，根部呈鲜艳的深粉红色，切口新鲜，不着水，茎叶不老，无抽薹开花，不带黄、烂叶者。

◎将菠菜用纸包好，放进有小孔的塑料袋内，置于冰箱里，可保存5天左右。

◎还可将菠菜焯烫熟，根据每次的食用量，分装入保鲜袋内，再置冰箱内冷冻。

菠菜焯过后再入烹

◎菠菜中含有草酸，易与钙质结合形成草酸钙，会影响人体对钙的吸收。因此，菠菜不宜与含钙丰富的豆类、豆制品及木耳、虾米、海带、紫菜等食物同时食用。

◎烹调菠菜时，应先将菠菜用开水烫一下，以除去大部分草酸，然后用于烹制。

凉菜

蒜泥菠菜蜇头 难易度 |

原料 海蜇头200克，菠菜400克

调料 醋、盐、味精、蒜泥、麻油

做法
1. 海蜇头用清水浸泡2天(要每日换水3次)，搓洗干净，切丝，入沸水中焯一下，捞出沥水。
2. 将菠菜择洗干净，入沸水中焯一下，捞出沥水，切段。
3. 将菠菜、海蜇丝同放入盘中，加蒜泥、醋、盐、味精、麻油拌匀即可。

营养功效

菠菜性凉，味甘，具有养血止血、利肠通便、解热毒之功效。

凉菜

海米猪肝拌菠菜 难易度 |

原料 海米15克，熟猪肝100克，菠菜150克

调料 盐、味精、香菜段、酱油、醋、蒜泥、香油

做法
1. 将海米洗净，入温水中泡软。
2. 菠菜择洗干净，入沸水中焯一下捞出，投凉，沥水，切成段。
3. 将盐、味精、酱油、醋、香油、蒜泥放在小碗内，调成味汁。
4. 将熟猪肝切成薄片，放入大碗内，加入菠菜、香菜段、海米，浇入调味汁，拌匀即可。

营养功效

补血养血，预防孕妇贫血。

拌菠菜 难易度 |.ıll

原料 菠菜500克

调料 麻油、盐、味精、醋

做法
1. 将菠菜择去老叶，去根洗净，切段，入沸水中焯透，捞出，投入凉开水中过凉，沥净水。
2. 菠菜倒入大碗中，加入麻油、盐、味精、醋，拌匀装盘即可。

营养功效

滋阴润燥，清热止渴。

菠菜拌蛋皮 难易度 |.ıll

原料 菠菜250克，鸡蛋2个

调料 盐、香油、植物油

做法
1. 菠菜择洗干净，切段，入沸水中焯熟，捞出，入凉开水中过凉，捞出沥水。
2. 鸡蛋打入碗内，搅匀。
3. 煎锅置火上，倒入少许植物油，烧至五成热，倒入蛋液煎成薄蛋皮，盛出，切丝。
4. 将菠菜、鸡蛋丝放入大碗中，加入盐、香油，拌匀装盘即可。

香油芹菠菜 难易度 |.ıll

原料 菠菜250克，芹菜250克

调料 味精、盐、香油

做法
1. 将菠菜择洗干净，切段。
2. 芹菜去根叶，留梗，洗净切段。
3. 将菠菜段、芹菜段分别入沸水中烫透，捞出，投入凉开水中过凉沥水，倒入大碗中，加盐、味精、香油拌匀即成。

胡萝卜菠菜拌肉丝 难易度 |.ıll

原料 胡萝卜100克，菠菜500克，猪肉150克

调料 香菜末、豆油、酱油、醋、蒜泥、盐、味精、花椒粉

做法
1. 菠菜洗净切段，焯水，入凉水中过凉，捞出用手攥去水分，放入盘中。猪肉洗净，切成细丝。
2. 将胡萝卜洗净，切成细丝，放入菠菜盘中。
3. 锅入油烧热，下肉丝快速煸炒，加入花椒粉、酱油，炒熟出锅，倒菠菜盘中，加醋、盐、味精、香菜末、蒜泥，拌匀即可。

25

银耳炒菠菜 难易度 |.ııl

原料 银耳20克，菠菜300克

调料 姜片、葱花、蒜片、盐、花生油

做法 1.菠菜洗净，切成5厘米长的段，用沸水焯透，捞起，沥干水。银耳发透，去蒂，撕成小朵。

2.锅入油烧至六成热，下入姜片、葱花、蒜片爆香，加入银耳、菠菜炒熟，用盐调味即成。

营养功效

滋阴润燥，通便降压。

奶汁菠菜 难易度 |.ııl

原料 菠菜500克，牛奶100克，火腿丝50克

调料 玉米淀粉、鸡油、料酒、盐、葱汁、姜汁、味精

做法 1.将菠菜洗净，入开水中烫至七成熟，捞出投凉，控净水分。

2.锅内放鸡油，加料酒、盐、葱姜汁烧开，加入菠菜，微火烧至酥烂入味，加入牛奶、味精调好口味，用玉米淀粉勾芡，使菠菜周身包一层透明的芡汁，撒上火腿丝，装盘即可。

菠菜烧肝片 难易度 |.ııl

原料 菠菜250克，鲜猪肝150克

调料 葱花、姜末、料酒、红糖、盐、味精、五香粉、麻油、湿淀粉

做法 1.鲜猪肝洗净，斜剖，切片，加入葱花、姜末、料酒、红糖、湿淀粉拌匀。

2.菠菜洗净，入沸水中略氽，捞出沥水，切长段。

3.锅置火上，加适量清水烧沸，放入猪肝片，中火煮沸，加入菠菜段、盐、味精、五香粉煮沸，收汁，淋入麻油即可。

牡蛎炒菠菜 难易度 |.ııl

原料 鲜牡蛎肉150克，菠菜500克，蒜片20克

调料 蒜片、盐、味精、化猪油、香油

做法 1.鲜牡蛎肉洗净，片成厚片。

2.菠菜去须根，洗净切段，焯水。

3.炒锅内加入化猪油烧至六成热，下蒜片、牡蛎肉炒几下，放盐、菠菜炒至熟，再放味精、香油拌匀，起锅即成。

营养功效

滋阴润燥，清热解毒，养血止血。

菠菜煮田螺 难易度 |￭￭￭

原料 菠菜、田螺肉各250克，芥菜150克

调料 料酒、盐、味精、鸡油

做法 1.菠菜、芥菜洗净，切段。

2.田螺肉洗净，切薄片。

3.炒锅置武火上烧热，加入鸡油，烧至六成热时，放入田螺，炒变色，加入清水烧沸，小火煮5分钟，下入料酒、菠菜、芥菜烧开，调入盐、味精即成。

菠菜疙瘩汤 难易度 |￭￭￭

原料 面粉100克，菠菜末25克，高汤200毫升

调料 洋葱、胡萝卜、金针菇、盐

做法 1.将洋葱和胡萝卜洗净，切成细丝。将金针菇掐去根部。

2.面粉中放入菠菜末和盐，加水和面。

3.面团和好后放塑料袋中放置约30分钟，将发好的面团揪一个个小面疙瘩。

4.锅中倒入高汤烧开，放入蔬菜和面疙瘩烧开，待面疙瘩浮出水面，再略煮片刻即成。

清汤猪肝菠菜 难易度 |￭￭￭

原料 猪肝150克，鲜菠菜200克

调料 盐

做法 1.将猪肝洗净切片，入沸水中余一下，捞出沥水。

2.鲜菠菜择洗干净，入沸水略余，捞出切段。

3.净锅上火，加入适量清水，下入肝片煮沸，放入菠菜，加少许盐调味即可。

营养功效

猪肝所含维生素A远超奶、蛋、肉、鱼等食品，具有维持正常生长和生殖机能的作用。

菠菜蛋汤 难易度 |￭￭￭

原料 菠菜100克，鸡蛋2个

调料 盐、味精、香油、湿淀粉、鲜汤

做法 1.鸡蛋打入碗中，搅匀。

2.菠菜洗净，沥水后切段。

3.锅置火上，加鲜汤烧沸，淋入鸡蛋液，用湿淀粉勾芡，加入菠菜，调入盐、味精，淋香油，倒入大汤碗内即成。

芹 菜

食疗作用：味甘、性凉，具有平肝清热、除烦消肿、健胃利血、清肠利便、润肺止咳、降低血压、健脑镇静等功效。

适宜人群：一般人群均可食用，特别适合高血压、动脉硬化、高血糖、缺铁性贫血患者食用。

芹菜的选购与保存

◎优质芹菜新鲜、松脆、清洁，长短适中，肉厚、质密并且菜心结构完好，分枝脆嫩易折。如果芹菜小的嫩枝和新叶出现黑色或棕色，则可能是遭受过病虫害，不宜购买。

◎将芹菜择净叶，用水洗净后切大段，放入保鲜盒或食品保鲜袋中，盖严盒盖或扎紧袋口，放入冰箱冷藏，随吃随取。

芹菜的预处理

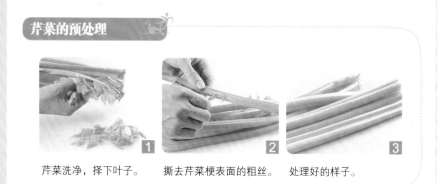

芹菜洗净，择下叶子。　撕去芹菜梗表面的粗丝。　处理好的样子。

凉菜

凉菜

凉拌芹菜叶 难易度 |￭￭￭

原料　芹菜叶200克

调料　盐、葱花、酱油、香油、鸡精、花椒、植物油

做法　1.锅内倒水烧开，加少许油，放入芹菜叶焯一下，捞出。

2.将酱油、盐、鸡精、葱花、花椒、香油拌匀调成味汁。

3.将味汁浇在芹菜叶上，拌匀即可。

爱心提醒

芹菜叶焯水时要放少许油，可让芹菜叶中的营养成分保存得更完整，颜色更有亮泽。注意，焯水时间不宜过长。

芹菜拌香干 难易度 |￭￭￭

原料　芹菜、五香豆腐干、红辣椒各适量

调料　盐、味精、香油

做法　1.将芹菜择洗干净，切成段，下入沸水锅中焯一下，捞入凉开水内过凉，捞出，沥净水，放入大碗中。

2.将豆腐干切成细条，放入温开水中泡约10分钟，取出，沥净水，放入盘中。红辣椒去蒂、籽，洗净，切成丝，放入盘中。

3.取一小碗放入少许温开水，加入盐、味精、香油调匀，倒入菜盘中搅匀即成。

爽口西芹百合 难易度 |.■■

原料 西芹250克，百合、冰块各100克

调料 蚝油、海鲜酱油、味精、香油、胡椒粉、芝麻

做法
1. 将西芹去皮、筋，洗净，切成条状。百合瓣成片，洗净。
2. 将蚝油、海鲜酱油、味精、香油、胡椒粉、芝麻调为蘸酱。
3. 将冰块放入盘中，西芹段放在上面，百合围边，20分钟后即可蘸酱食用。

凉菜

凉菜

芹菜拌花生米 难易度 |.■■

原料 芹菜250克，花生米50克

调料 蒜末、盐、鸡精、香油

做法
1. 芹菜择洗干净，切段，入沸水中焯透，捞出过凉，沥干水分。
2. 花生米洗净，泡透，入锅煮熟。
3. 将芹菜段和花生米放入大碗中，加入蒜末、盐、鸡精和香油，拌匀装盘即可。

营养功效

芹菜在利尿、镇静中枢神经、降低血压和血液中的胆固醇浓度、抑制蛋白糖化、缓解关节炎、消除疲劳、促进胃液分泌、增加食欲和祛痰等方面有一定的食疗作用。

热菜

虾仁炒芹菜 难易度 |.■■

原料 芹菜200克，虾仁50克

调料 猪油、葱花、姜末、料酒、盐、味精

做法
1. 将芹菜择洗干净，去叶留梗，切成段，入沸水中焯一下，捞出沥水。
2. 锅置火上，加猪油烧热，放入虾仁，炸至变色时盛出，随即下入葱花、姜末煸香，加入芹菜，烹入料酒，调入盐、味精，倒入炸好的虾仁，翻炒均匀，出锅盛盘即可。

营养功效

虾中含有大量的钙、磷元素，经常食用可促进骨骼生长，并可有效防止骨质疏松症。芹菜具有利尿、镇静中枢神经、降低血压和血液中的胆固醇浓度等作用。

香芹炒鸡蛋 难易度 |▪▪▫▫

(原料) 鸡蛋4个，芹菜300克

(调料) 葱花、盐、味精、胡椒粉、黄酒、猪油

(做法)
1. 将鸡蛋打入碗中，加入盐、葱花、黄酒和适量清水打匀。
2. 芹菜择洗干净，取梗切段，入沸水中略氽，捞出，沥水。
3. 净锅上火，加猪油烧热，倒入鸡蛋液，炒至成软块，加入芹菜段、盐、味精、胡椒粉，炒熟出锅盛盘即可。

百合炒香芹 难易度 |▪▪▪▫

(原料) 百合30克，芹菜200克，胡萝卜25克

(调料) 植物油、白糖、味精、盐、淀粉、香油

(做法)
1. 芹菜择洗净，取梗，切斜片。百合掰成片，洗净。
2. 锅内加水烧沸，放百合、芹菜焯一下，捞出。
3. 胡萝卜洗净去皮，切菱形片。
4. 锅入油，烧至六成热，下入百合、芹菜、胡萝卜片翻炒，加入盐、味精、白糖炒匀，用淀粉勾芡，淋入少许香油，出锅盛盘即可。

红椒炒芹菜 难易度 |▪▪▫▫

(原料) 芹菜250克，红柿子椒50克

(调料) 葱花、姜末、盐、鸡精、植物油

(做法)
1. 芹菜择洗干净，切段，入沸水中焯一下，捞出投凉，沥净水。
2. 红柿子椒洗净，去籽切丝。
3. 锅置火上，倒入适量植物油，烧至七成热，下葱花、姜末炒出香味，放入芹菜段、红柿子椒丝，翻炒至熟，调入盐、鸡精，炒匀装盘即可。

芹菜炒玉米笋 难易度 |▪▪▫▫

(原料) 芹菜200克，玉米笋100克

(调料) 酱油、盐、味精、姜、葱、植物油

(做法)
1. 芹菜洗净去叶，留梗，切段。
2. 姜切片，葱切段。
3. 玉米笋洗净，斜切成薄片。
4. 将炒锅置武火上烧热，加入植物油，烧至六成热时，下入姜、葱爆香，然后下入玉米笋、芹菜、盐、酱油、味精，炒熟即可。

大枣芹菜汤 难易度 |

原料 鲜芹菜梗120克，大枣30克

做法 1.鲜芹菜梗洗净切段，大枣洗净。

2.净锅中加入适量清水，放入大枣、芹菜梗烧沸，小火煮30分钟即可。

营养功效

清热平肝，健脾养心。此汤适于高血压病、冠状动脉硬化性心脏病患者服食。

（汤煲）

（热菜）

西芹炒鸡脯肉 难易度 |

原料 西芹200克，鸡脯肉300克，胡萝卜片80克

调料 姜片、蒜片、料酒、盐、白糖、蛋清、生抽、芝麻油、胡椒粉、淀粉、花生油

做法 1.将鸡脯肉洗净切条，放入碗中，加入料酒、盐、白糖、蛋清、淀粉、生抽、胡椒粉拌匀，腌渍20分钟。

2.西芹择洗干净，切成段。

3.锅入油烧热，爆香姜片、蒜片，加入胡萝卜片、鸡肉条，烹料酒，下西芹急炒，淋入香油即成。

营养功效

可补充维生素、纤维素、蛋白质，防止产后便秘。

（热菜）

芹菜炒干张 难易度 |

原料 豆腐皮200克，芹菜150克，胡萝卜100克

做法 葱姜丝、鲜汤、盐、味精、花椒油

1.芹菜去叶，撕去筋络，洗净切段。

2.豆腐皮、胡萝卜分别切成丝。

3.锅内放油烧热，炒香葱姜丝，放入芹菜煸炒，加少许鲜汤，放入豆腐皮丝、胡萝卜丝，用盐、味精调味，翻炒均匀，淋花椒油出锅即可。

莴笋

食疗作用： 味甘、性凉，具有平肝清热、祛风利湿、健胃利血、清肠利便、润肺止咳、降低血压、健脑镇静等功效。

适宜人群： 一般人群均可食用，特别适合高血压、动脉硬化、高血糖、缺铁性贫血患者食用。

莴笋的选购与储存

◎莴笋选购时以茎粗、无空心、肉质呈青色者为佳。

◎把莴笋的腐烂部分择除，放进塑料袋内，扎紧袋口，置于阴凉干燥处保存即可。

莴笋叶怎么吃？

◎莴笋叶味道有点苦涩，往往被人们弃之不用，殊不知它的营养价值比茎部还要高。如胡萝卜素含量比茎部高9.7倍，维生素C含量比茎部高14倍。因此，可采用如下方法食之：

1.挑去老叶、黄叶后，在开水中略烫(去涩)，取出待凉，稍去水后切断，加白糖、盐、醋、麻油等凉拌。

2.将锅笋叶清洗干净，切段后拌入面糊，加入少许盐，在油锅中炸。

3.取粳米、咸肉、莴笋叶加水烧成莴笋叶菜饭，清香扑鼻，别有风味。

凉菜

炝拌琥珀笋 难易度

（原料）莴笋（茎用莴苣）、笋干、水发香菇、彩椒、泡发粉丝各适量

（调料）葱片、盐、味精、黑胡椒碎、植物油

（做法）1.笋干用淘米水泡发，洗净，切丝。莴笋去皮，洗净，切丝，放盐腌渍入味，挤干水分。香菇洗净，切丝。彩椒洗净，去蒂及籽，切丝。

2.将笋丝和香菇丝焯水，捞出过凉，沥干水分。

3.锅内倒油烧热，下葱片煎香后拣出，即成葱油。

4.将笋丝、莴笋丝和香菇丝放入盆中，放入彩椒丝、泡发粉丝，加盐、味精、葱油和黑胡椒碎调拌入味，装盘即可。

凉菜

剁椒炝双笋 难易度

（原料）莴笋、春笋各150克，香菇、青红椒各适量

（调料）葱、姜、剁椒、香油、盐、白糖、醋

（做法）1.春笋洗净，放入淡盐水中焯烫熟，捞出冷却，从中间切一刀，剥开外壳，切段；莴笋洗净，切条，加盐腌渍5分钟，沥去水分；香菇洗净，去柄，切细丝；青红椒洗净，去蒂及籽，切条。

2.将青红椒、春笋、莴笋和香菇丝放入碗中，倒入剁椒，加香油、白糖、醋拌匀。

3.锅内倒香油烧至八九成热，用葱、姜爆锅，倒入碗中，趁热拌匀，倒入盘中即可。

凉拌莴笋丝 难易度 |.ıl|

(原料) 莴笋250克，水发黑木耳、红椒各适量

(调料) 葱丝、姜丝、油泼辣椒、醋、味精、盐

(做法)
1.莴笋择洗干净，切细丝。木耳择洗干净，切丝。红椒洗净，去蒂、籽，切丝。
2.将莴笋丝、木耳丝、红椒丝放入盘中，撒上葱丝、姜丝，加醋、味精、盐，淋上做好的油泼辣椒即可。

辣油莴笋 难易度 |.ıl|

(原料) 嫩莴笋300克，干辣椒各适量

(调料) 花生油、盐、味精、醋

(做法)
1.将莴笋去皮洗净，切成斜片，放碗中，加盐拌腌约5分钟，装入盘中。
2.锅置火上，放花生油烧热，加干辣椒炸出香味，捞出辣椒，做成辣椒油。
3.将炸好的辣椒油浇在莴笋上，加味精、盐、醋拌匀即成。

酸辣登天双丝 难易度 |.ıl|

(原料) 莴笋200克，土豆150克

(调料) 葱姜油、香油、辣椒油、鸡精、盐、白醋

(做法)
1.将土豆和莴笋分别洗净，土豆去皮，切丝；莴笋去皮后，用刀改成圆柱形，然后滚刀切成长条片，卷成卷后再切成丝。
2.锅内倒水烧开，将土豆丝和莴笋丝倒入锅内焯水，等九成熟时捞出，沥干水分，冷却。
3.将盐、鸡精、白醋、葱姜油、辣椒油、香油调成汁，倒在土豆丝和莴笋丝上拌匀即可。

莴笋拌鲈鱼片 难易度 |.ıl|

(原料) 鲈鱼肉200克，莴笋300克

(调料) 盐、味精、姜丝、料酒、醋、香油、鸡蛋清、湿淀粉

(做法)
1.将鲈鱼肉片成片，用料酒、盐腌渍，加鸡蛋清、湿淀粉抓匀上浆。
2.莴笋去皮洗净，切成片，入沸水中焯过，捞出控水，放大碗中。
3.锅中加水烧开，倒入鱼片滑散熟透，捞出控净，放入笋碗中，加入盐、味精、姜丝、醋、香油，搅拌均匀即成。

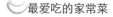

涼菜

莴苣竹笋 难易度 ||▎▍▊

原料 竹笋400克，莴苣200克

调料 香油、料酒、姜末、盐、味精、白糖

做法 1.将莴苣、竹笋去皮，洗净，切成滚刀片。

2.把莴苣、竹笋片一起放入开水内焯一下，捞出，沥干水分。

3.将盐、味精、姜末、料酒、白糖拌入竹笋、莴苣片中，淋上香油即可。

涼菜

糖醋笋条 难易度 ||▎▍▊

原料 莴笋500克，白糖50克，米醋25克

调料 盐

做法 1.将莴笋去皮，洗净，切成4厘米长的条，用盐拌匀，腌1小时，沥干水分，倒入大碗中。

2.净锅上火，加少许水烧沸，放入白糖化开，将糖汁煎浓，下米醋熬成糖醋汁，离火晾凉，倒入碗中，拌匀即可。

涼菜

笋片嵌桃仁 难易度 ||▎▍▊

原料 莴笋400克，核桃仁30克

调料 盐、味精、香油

做法 1.将莴笋去皮洗净，切成厚片，再切成夹刀片。

2.核桃仁改刀切条。

3.净锅置火上，加入清水烧沸，分别下入莴笋片、核桃仁汆至变色，捞出过凉。

4.将莴笋片中间处掀起，嵌入核桃仁，放入大碗中，调入盐、味精，淋入香油拌匀，摆入盘中即可。

热菜

鲜笋肉片 难易度 ||▎▍▊

原料 瘦猪肉150克，莴笋300克

调料 酱油、料酒、盐、醋、蛋清、淀粉、鸡精、葱段、姜片、植物油

做法 1.将瘦猪肉洗净，切片，盛入碗内，加料酒、蛋清、盐、酱油拌匀，再加适量淀粉抓匀上浆。

2.莴笋去皮洗净，切成薄片。

3.炒锅上火，加入适量植物油烧热，投入葱段、姜片爆香，加入瘦猪肉片翻炒，下入莴笋片，烹入醋、酱油，加鸡精、盐翻炒至熟，盛盘即可。

莴笋炒腰花 难易度 |.ᵢᵢ

原料 莴笋200克，猪腰250克，金银花汁25毫升

调料 胡椒粉、酱油、盐、味精、湿淀粉、化猪油

做法 1.莴笋洗净，削皮，切成棱形条。

2.猪腰片开，去腰臊，洗净，改刀成凤尾条，加盐、味精、湿淀粉略腌。

3.胡椒粉、酱油、味精、湿淀粉、金银花汁调汁。

4.炒锅上火，加入化猪油烧至六成热，下猪腰条，滑散，滗去余油，加入莴笋条拌炒，烹入调汁，急火收浓，起锅即成。

樱桃香菇莴笋 难易度 |.ᵢᵢ

原料 水发香菇、莴笋各100克，鲜樱桃50克

调料 黄酒、盐、酱油、白糖、姜末、湿淀粉、植物油、香油

做法 1.水发香菇洗净，切薄片。莴笋去皮，洗净，切薄片。鲜樱桃洗净。

2.锅入油烧热，下香菇片煸炒，加姜末、黄酒、酱油、白糖、盐和水煮沸，改文火煨烧10分钟，再将莴笋片入锅，翻炒几下，用湿淀粉勾芡，最后加樱桃，淋入香油，出锅装盘即可。

猪蹄炖莴笋 难易度 |.ᵢᵢ

原料 猪蹄500克，莴笋300克

调料 姜片、化猪油、盐、味精、鲜汤

做法 1.猪蹄刮洗干净，剁块余水。

2.莴笋洗净，削皮，切滚刀块。

3.净锅内放化猪油烧热，下姜片、猪蹄块炒几下，加入鲜汤，烧至八成熟时，放入盐、莴笋块，烧至熟软，再放入味精，起锅即成。

鲜虾莴笋汤 难易度 |.ᵢᵢ

原料 鲜虾150克，莴笋250克

调料 葱花、姜丝、盐、鸡精、植物油

做法 1.鲜虾去除虾须，剪开虾背，挑去肠线，洗净。

2.莴笋去皮洗净，切菱形块。

3.锅置火上，倒入适量植物油，烧至七成热，下葱花、姜丝炒香，放入鲜虾和莴笋块翻炒均匀，加适量清水，煮至虾肉和莴笋熟透，用盐和鸡精调味即可。

芦笋

食疗作用： 味甘、性凉，具有平肝清热、除烦消肿、健胃利血、清肠利便、润肺止咳、降低血压、健脑镇静等功效。

适宜人群： 一般人群均可食用，特别适合高血压、动脉硬化、高血糖、缺铁性贫血患者食用。

芦笋的保存

◎将纯棉纱布用清水浸至略湿，包好芦笋，放冰箱冷藏，可保鲜数天。

◎将芦笋切去少许根，然后将根部浸泡在清水中，送入冰箱竖着冷藏存放，也可保鲜数天。

芦笋不宜食用过量

◎芦笋不可过量食用，因为芦笋在体内易产生挥发性气体，过量食用会产生胀气和排气过多，给人造成不快。

◎芦笋中的叶酸很容易被破坏，所以，若用其补充叶酸应避免高温烹煮。最佳的食用方法是用微波炉小功率加热至熟。

凉菜

芦笋莲珠 难易度

原料 芦笋200克，鲜玉米粒、鲜莲子、素火腿末各60克

调料 盐、味精、豆芽汤、湿淀粉、素汤、香油

做法 1.芦笋切段，下入锅中，加素汤、味精、盐烧制几分钟，取出抹干，排在盘内。

2.鲜莲子去黄衣，捅出莲心，和玉米粒同时下锅，加入豆芽汤、盐、味精烧至入味，用湿淀粉勾芡，淋香油推匀，浇在芦笋上，撒上素火腿末即成。

爱心提醒

选购芦笋，以柔嫩色鲜、较粗壮、长度在23厘米左右、基部直径1.5厘米以上者为佳。挑选时还需注意选无刀伤或虫蚀缺损者。绿芦笋常带5～10厘米的"白头"（埋在土里的茎），购买绿芦笋时，"白头"越短越好，因为"白头"吃口老。

芥油芦笋 难易度 |￭￭￭

(原料) 芦笋200克，番茄150克

(调料) 芥末油、姜、白糖、料酒、酱油、香油、鸡精、盐

(做法)
1. 芦笋洗净，去皮，入沸水中焯水，斜刀切成段；姜切丝。
2. 番茄洗净，切成厚片，摆在盘中，码成两排，将切好的芦笋分别放入番茄排中。
3. 锅烧热，倒入香油，煸香姜丝，加酱油、清水、鸡精、盐、白糖，放芥末油和料酒炒匀，淋在盘中即可。

凉菜

凉菜

芦笋拌茄块 难易度 |￭￭￭

(原料) 芦笋250克，茄子150克

(调料) 葱段、蒜末、姜末、盐、白糖、高汤、胡椒粉、香油、蚝油、鸡精、酱油、植物油

(做法)
1. 茄子洗净，去皮，切大块，上笼屉蒸好，晾凉；芦笋洗净，去老皮。
2. 锅入植物油烧热，放入葱姜蒜煸香，加入高汤、盐、胡椒粉、鸡精、白糖，放入芦笋烧开，捞出，切开，放入盘中。
3. 取一小碗，加盐、酱油、蚝油、鸡精、香油、胡椒粉调匀，与茄子拌在一起，盖在芦笋上即成。

凉菜

凉拌芦笋 难易度 |￭￭￭

(原料) 芦笋400克，青椒、洋葱各20克，白糖10克

(调料) 色拉油、醋、胡椒粉、盐

(做法)
1. 青椒、洋葱分别洗净，切成末。
2. 芦笋洗净，改切成段，盛入盘内。
3. 锅中注入500毫升水，加盐5克，大火烧开，放入芦笋段烫熟，捞出。
4. 白糖、醋、色拉油、盐、胡椒粉各取适量，入碗中混合调匀，倒入芦笋中，加入青椒末和洋葱末拌匀即可。

营养功效

　　芦笋所含多种维生素和微量元素，配以具有燃脂功效的青椒和具有护肤功效的洋葱，真是既营养又美容。

热菜

芦笋扒冬瓜 难易度 |

原料 芦笋200克，冬瓜300克

调料 姜丝、葱末、盐、味精、湿淀粉

做法
1. 芦笋去皮洗净，切段，入沸水中焯一下，捞出过凉，待用。
2. 冬瓜去皮、瓤，洗净切丁，入沸水中焯一下，捞出过凉。
3. 将芦笋、冬瓜、盐、葱末、姜丝一起放入锅中，加水适量，煨炖30分钟，再入味精、湿淀粉勾芡即可。

热菜

鲜虾芦笋 难易度 |

原料 鲜芦笋250克，鲜海虾100克

调料 葱花、姜末、盐、植物油

做法
1. 将鲜芦笋去皮，洗净切段。
2. 鲜海虾去除虾须，剪开虾背，挑出肠线，洗净。
3. 炒锅置火上，倒入适量植物油，烧至七成热，下葱花、姜末炒出香味，放入鲜海虾、芦笋段翻炒至熟，用盐调味，出锅装盘即可。

热菜

芦笋烧虾仁 难易度 |

原料 芦笋200克，鲜虾100克

调料 葱丝、姜丝、盐、味精、白糖、料酒、湿淀粉、植物油

做法
1. 芦笋去根，洗净，切斜段。
2. 鲜虾去头、尾，去壳，挑出肠线，洗净。
3. 盐、味精、白糖、料酒、湿淀粉拌匀，调成味汁。
4. 锅入适量油烧至六成热，炒香葱丝、姜丝，放入芦笋段炒至八成熟，倒入鲜虾，淋调味汁，大火收汁即可。

汤煲

芦笋瘦肉汤 难易度 |

原料 芦笋100克，猪瘦肉150克

调料 料酒、盐、味精、淀粉、葱段、姜片

做法
1. 芦笋洗净，切成3厘米长的段。
2. 瘦肉洗净，切成薄片，放入大碗中，调入盐、味精拌匀，加入淀粉，抓匀上浆。
3. 净锅置火上，加入适量清水，下入芦笋、瘦肉、料酒、葱段、姜片，大火烧沸，改中火煮20分钟，调入盐、味精即成。

萝卜

食疗作用：萝卜中所含的B族维生素和钾、镁等矿物质可促进肠胃蠕动，有助于体内废物的排出。吃萝卜可降血脂、软化血管、稳定血压。

适宜人群：一般人群均可食用，最适宜高脂血症、动脉硬化者食用。

萝卜的选购

◎萝卜应该挑选水分足、光滑细皮、无泥、无刀伤、无开裂、无八脚（两个以上的根部）、无灰心、无菊花心、无根须、个大均匀、不断头的。萝卜表面要细嫩光滑，以手指弹其中部，声音沉重的结实且不空心，声音浑浊的多空心。

萝卜的保存

◎贮存萝卜、胡萝卜时，一定得切头去根。切头可防止萝卜发芽，吸取内部的水分；去根可防止萝卜长须根，消耗养分。

萝卜小验方

◎治伤风感冒：白萝卜、葱白加水煮开，趁热喝下即可。

◎治细菌性痢疾：取90～120克干萝卜缨加水煎浓，当茶饮服。

◎治饮食不消：将500克萝卜取汁一次炖服；也可取萝卜30克做汤饮用。

凉菜

葱油萝卜丝 难易度 |..ıl

(原料) 白萝卜、胡萝卜各150克，海蜇100克

(调料) 香菜、葱丝、盐、白糖、醋、香油、鸡精

(做法) 1.胡萝卜、白萝卜择洗净，切丝，放入盛器中，加盐拌匀，腌渍出水，用清水洗去盐分，挤干水分；海蜇洗净，泡发，切丝，放入温水中浸一下，捞出沥水；香菜择洗干净，切段。

2.取盛器，放入胡萝卜丝、白萝卜丝、海蜇丝、葱丝、盐、鸡精、白糖，搅拌均匀。

3.锅置火上，倒入适量香油，待油温烧至五六成热时离火，浇在葱丝上，再加入醋和香菜段，拌匀后盛入碗中即可。

凉菜

爆腌萝卜皮 难易度 |..ıl

(原料) 萝卜皮、胡萝卜各150克，花生米、芝麻各适量

(调料) 醋、酱油、香油、盐、白糖、鸡精

(做法) 1.萝卜皮洗净，斜刀切成片，加盐腌渍15分钟；芝麻放入锅中炒熟，取出碾碎；花生米煮熟；胡萝卜洗净，切片。

2.将萝卜皮放碗中，加芝麻、花生米、白糖、醋、酱油、鸡精、香油，拌匀即可。

爱心提醒 🔍

萝卜、胡萝卜若要一起吃，应加些醋来调和，以利于营养吸收。

珊瑚萝卜 难易度 |.ıll

原料 樱桃小萝卜300克

调料 姜丝、干辣椒丝、盐、白糖、醋、香油、味精

做法
1. 樱桃小萝卜择洗干净，切梳子花刀，加盐拌匀，腌渍5分钟，抻开刀口，将其舒展成珊瑚状。
2. 锅置火上，倒入适量清水，放入姜丝，加盐、白糖、醋、味精、香油煮开，倒入碗中晾凉，加入干辣椒丝，淋在小萝卜上，送入冰箱冷藏至入味即可。

红焖萝卜海带 难易度 |.ıll

原料 海带、萝卜各200克，豆腐100克，高汤250克

调料 丁香、大茴香、桂皮、花椒、植物油、盐、味精、酱油

做法
1. 将海带、萝卜洗净，切丝。豆腐洗净，切片。
2. 锅入油烧热，下入海带丝、豆腐、丁香、大茴香、桂皮、花椒、豆腐片、酱油、高汤，烧开，改中火烧至海带熟烂，豆腐入味，再放入萝卜丝焖熟，加入盐、味精调味即可。

回锅萝卜 难易度 |.ıll

原料 白萝卜400克，鸡蛋1个，蒜苗40克

调料 郫县豆瓣(剁细)、菜油、干豆粉、豆豉、味精

做法
1. 白萝卜洗净，切薄片。蒜苗斜刀切节。
2. 锅倒水，放入萝卜片煮至半熟捞起，沥水晾干。
3. 鸡蛋同干豆粉调成全蛋糊，将萝卜片裹上蛋糊。
4. 锅入油烧至六成热，将裹上蛋糊的萝卜片入油炸至金黄色捞起，沥净油。
5. 锅留底油，炒香入豆豉，放萝卜片、豆瓣、蒜苗炒匀，炒至蒜苗断生，放味精，起锅装盘即成。

萝卜炖羊肉 难易度 |.ıll

原料 羊肉500克，萝卜1000克，陈皮10克

调料 料酒、葱、姜、味精、盐

做法
1. 将萝卜洗净，去皮，切大块。
2. 陈皮洗净，姜洗净拍松，葱洗净切段。
3. 羊肉洗净，切块。
4. 把羊肉、陈皮放入锅内，武火烧开，打去浮沫，改用文火煮半小时，再加入萝卜、姜、葱段、料酒、盐，炖至萝卜熟透，加味精调味，盛入碗中即可。

汤煲

白萝卜丝汤 难易度 | ▂▃▅

原料 白萝卜200克，鸡蛋3个

调料 蒜、葱末、盐、味精、植物油、香油

做法 1.将白萝卜洗净切丝。

2.鸡蛋打散，蒜拍碎剁成蓉。

3.炒锅置旺火上，倒入植物油，烧至五成热时放入蒜蓉爆香，再倒入白萝卜丝略炒，加水煮沸5分钟后，再淋入鸡蛋液，用味精和盐调味，撒上葱末即成。

汤煲

白萝卜海带汤 难易度 | ▂▃▅

原料 白萝卜450克，海带180克

调料 盐

做法 1.将海带洗净，用温水浸泡数小时；白萝卜洗净，去皮，切片。

2.海带和水一起放入沙锅中，加盐，用大火煮沸，再将白萝卜入锅，改用文火煨至原料熟烂即可。

爱心提醒 🔍

鲜海带不要洗，直接用保鲜袋密封，放于冰箱中冷藏，可以存放半年而不变味。

汤煲

萝卜羊肉汤 难易度 | ▃▅▆

原料 羊腰2只，白萝卜150克，高汤1000毫升

调料 料酒、葱花、姜末、盐、植物油

做法 1.将羊腰洗净，一切两半，除去白色臊腺，入沸水中氽一下，捞出切片。

2.白萝卜洗净，切片。

3.锅中加入适量植物油，烧至六成热，下入葱花、姜末爆香，倒入高汤烧沸，下入萝卜片，煮20分钟，加入羊腰片、盐、料酒，烧沸5分钟即可。

汤煲

萝卜鲤鱼汤 难易度 | ▂▃▅

原料 白萝卜100克，活鲤鱼1条，冬瓜皮30克

调料 葱段、姜丝、盐、香油

做法 1.白萝卜洗净切片。

2.冬瓜皮洗净。

3.将活鲤鱼宰杀，去鳞、鳃、内脏，治净。

4.将鲤鱼、冬瓜皮、萝卜片、葱段、姜丝一起入锅，加入适量清水，大火烧沸，改小火煮至汤汁稠浓，调入盐，淋入香油即可。

胡萝卜

食疗作用： 胡萝卜含有胡萝卜素，可补肝明目，治疗夜盲症。胡萝卜还含有降糖物质，并有一定降压、降血脂的作用。

适宜人群： 一般人群均可食用。特别适宜有眼疾者、吸烟者、糖尿病患者和婴幼儿食用。

食材选购

◎胡萝卜中的胡萝卜素在茎叶相连的顶部含量比较多，外层皮质的含量比中央髓质部位要多，所以购买胡萝卜时应该挑选肉厚、心小、身短的，以表皮光滑、形状整齐、肉厚、不糠、无裂口和无病虫伤害者为好。

烹调胡萝卜要多加油

◎胡萝卜含有能够破坏维生素C的酶，因此不能放入富含维生素C的果汁中，否则会破坏其他蔬菜或水果中的维生素C，造成双重损失。

◎烹制胡萝卜时要多加油，而且时间要短，这样才能减少胡萝卜中营养成分的流失。

胡萝卜的配膳指导

◎胡萝卜+绿豆芽：清热，祛湿。

◎胡萝卜+猪肝：养肝，明目补血。

◎胡萝卜+菠菜、莴苣：活血通络，强心，健脾。

胡萝卜拌合菜 难易度 ▏▃▅▇

原料 胡萝卜、绿豆芽、猪肉、粉丝、黄瓜各100克，韭菜、菠菜各适量

调料 盐、醋、酱油、味精、辣椒油、蒜泥

做法
1. 黄瓜、胡萝卜洗净，均切细丝。菠菜、韭菜洗净，切段。水发粉丝切段，绿豆芽去头后洗净。
2. 猪肉洗净，切成细丝，入油锅炒至变色时放入酱油，炒熟倒出，装入盘内。
3. 将胡萝卜、绿豆芽、粉丝、韭菜、菠菜分别用开水焯透捞出，用冷水过凉，沥干水分装盘，加黄瓜丝、粉丝及所有调料拌匀，淋香油即可。

爱心提醒 🔍

烹炒胡萝卜时不宜加醋，以免β-胡萝卜素被破坏。

凉菜

步骤图

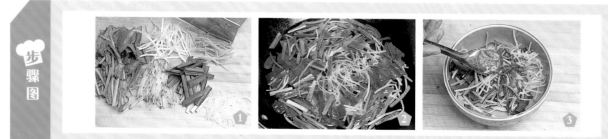

凉菜

温拌胡萝卜 难易度|

原料 胡萝卜200克，粉丝100克

调料 醋、味精、盐、蒜泥、植物油

做法 1.胡萝卜洗净切丝，粉丝泡好。

2.锅入油，放入胡萝卜丝、粉丝煸炒好，盛入盘中晾凉，加醋、味精、盐与蒜泥调味，拌匀即可。

爱心提醒 🔍

胡萝卜存放前不要用水清洗，只需将胡萝卜"头部"切掉，然后放入冰箱冷藏即可。

热菜

胡萝卜炒蛋 难易度|

原料 鸡蛋2个，胡萝卜100克，牛奶50毫升，黄油适量

做法 1.将鸡蛋与牛奶一起打好。

2.胡萝卜切碎，放入耐热容器中，加入清水，放入微波炉中，加热2分钟后取出，捞出胡萝卜，沥去水分。

3.在打好的鸡蛋中放入胡萝卜末，拌匀。

4.平底锅上中火烧热，加黄油，黄油融化后，倒入打好的鸡蛋胡萝卜液，边搅拌边炒成蛋花即成。

热菜

胡萝卜肉末豆腐 难易度|

原料 豆腐200克，猪肉末、胡萝卜末各50克，青豆(或鲜豌豆)10克

调料 猪油、盐、味精、香油、葱末、湿淀粉

做法 1.将豆腐洗净，切小丁。

2.锅置火上，加猪油烧热，葱末爆锅，放入胡萝卜末和青豆炒匀，加入肉末，继续煸炒，肉将熟时倒入豆腐丁，加水适量，中火煮10分钟，用湿淀粉勾浓芡，加盐、味精、香油调味即成。

热菜

炸胡萝卜盒 难易度|

原料 胡萝卜250克，猪肉125克，蛋白2个，面粉少许

调料 海米、盐、鸡精、葱姜、末、香油、花生油

做法 1.把猪肉剁碎，加入盐、香油、鸡精、海米、葱姜末，拌匀成馅。

2.将胡萝卜去皮，切成大片，用开水烫一下，再用凉水泡凉。蛋白加面粉做成糊。每两片胡萝卜中间夹上馅，先拍一层面粉，再挂一层糊，下六成热的油里炸至外面呈杏黄色、里面馅熟时捞出，控净油，装盘即成。

西蓝花炒胡萝卜 _{难易度} |..ıll

原料 西蓝花250克，胡萝卜50克

调料 葱花、蒜末、盐、鸡精、植物油

做法 1. 将西蓝花洗净，掰成小朵，入沸水中略焯，捞出，投凉沥水。

2. 胡萝卜洗净，切斜刀片。

3. 炒锅置火上，倒入适量植物油，烧至七成热，下葱花、蒜末炒香，放入胡萝卜炒熟，再加入西蓝花翻炒均匀，用盐、鸡精调味即可。

胡萝卜煮蘑菇 _{难易度} |..ıll

原料 胡萝卜150克，蘑菇50克，黄豆、西蓝花各30克

调料 色拉油、盐、清汤、味精、白糖

做法 1. 胡萝卜洗净去皮，切成滚刀块。蘑菇洗净切片。

2. 黄豆泡透，蒸熟。西蓝花洗净，掰成小朵。

3. 锅中放油烧热，放入胡萝卜、蘑菇翻炒数次，注入清汤，用中火煮，待胡萝卜块煮烂时，放入蒸熟的黄豆、西蓝花，调入盐、味精、白糖，煮透即可。

胡萝卜炖猪肉 _{难易度} |..ıll

原料 猪瘦肉200克，胡萝卜100克，阿胶10克

调料 盐、葱花、姜片

做法 1. 猪瘦肉洗净，切成4厘米见方的块，入沸水中氽一下，捞出沥水。

2. 胡萝卜洗净，切成同猪肉一样大小的块。

3. 锅内加入适量清水，放入猪肉块、胡萝卜块、阿胶、葱花、姜片，置武火上烧沸，撇去浮沫，改用文火煮至肉熟烂，加盐调味即成。

胡萝卜煲田螺 _{难易度} |..ıll

原料 田螺肉100克，胡萝卜250克

调料 料酒、葱段、姜片、盐、酱油、白糖、植物油

做法 1. 田螺肉用清水洗净，切片。

2. 胡萝卜洗净，切块。

3. 锅置火上，加入适量植物油，烧至六成热，下入葱段、姜片爆香，随即加入田螺肉片、胡萝卜块及适量清水，大火烧沸，转小火煲30分钟，烹入酱油、料酒，加入白糖、盐调味即可。

苦瓜

食疗作用： 苦瓜中的苦瓜甙和苦味素能增进食欲，健脾开胃；所含生物碱类物质奎宁能消炎退热。苦瓜汁含有类似胰岛素的物质，可降血糖。

适宜人群： 一般人群均可食用。尤其适宜糖尿病、癌症、痱子患者食用。

巧去苦瓜苦味

◎苦瓜洗净，去蒂并除掉瓤和籽，切得薄一些，用少量盐拌匀，然后将苦瓜浸泡在冷水中，能减淡苦瓜的苦味。

苦瓜的选购

◎苦瓜选购时要挑选果瘤大、果形直立、洁白美观的。如果苦瓜出现黄化现象，表明已过熟，已失去苦瓜应有的口感。

苦瓜预处理

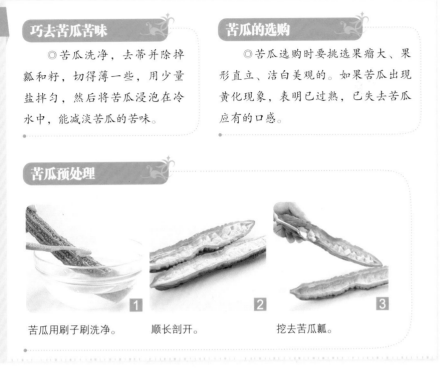

苦瓜用刷子刷洗净。　顺长剖开。　挖去苦瓜瓤。

凉菜

虾仁拌苦瓜 难易度 ▎▍▊

原料 虾仁150克，苦瓜250克

调料 红油、盐、味精

做法 1.苦瓜洗净，从中间剖开，挖去内瓤，改抹刀片。

2.虾仁处理干净，与苦瓜片一同汆水。

3.将虾仁、苦瓜入容器中，加红油、盐、味精拌匀，装盘即可。

营养功效

增进食欲，健脾开胃。

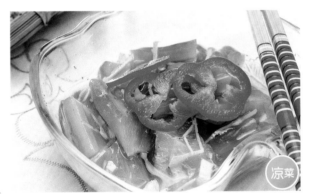
凉菜

泡苦瓜 难易度 ▎▍▊

原料 鲜苦瓜500克

调料 白糖、盐、料酒、白酒、辣椒面、白醋、姜丝、蒜末、味精

做法 1.将苦瓜洗净，顺长切开，去瓤，切成三角形块。

2.苦瓜块焯水后捞出，用凉水过凉。

3.将所有调料放入容器内拌匀，放入苦瓜，腌泡12小时即可。

爱心提醒

切好的苦瓜用沸水焯一下，可减淡苦瓜的苦味。

热菜

煎酿苦瓜 难易度 |.ıll

原料 苦瓜350克

调料 大蒜、葱花、豆豉、盐、味精、辣椒油、芝麻末、花生油

做法 1.苦瓜切成长段，放入开水锅中煮熟，捞出放冷水中浸凉，取出去瓤，挤干水分，改切成宽块。

2.豆豉用开水泡出味，大蒜切薄片。

3.锅入油烧热，放苦瓜块煎至变色，加蒜片、盐、辣椒油、味精和豆豉焖入味，收干汁，撒芝麻末和葱花，装盘即成。

热菜

蚝油豆豉苦瓜 难易度 |.ıll

原料 苦瓜200克，豆腐150克，鲜香菇30克，豆豉10克

调料 植物油、蚝油、香菜、盐

做法 1.将苦瓜切开，去瓤洗净，切块。香菜择洗干净，切末。豆腐、香菇切块。

2.锅入油烧至六成热，放入豆腐块煎至金黄色，捞出控油。

3.锅留底油，放入香菇、苦瓜煸炒，加入蚝油、豆豉、少许水，小火略焖，再放入豆腐块炒匀，加入盐、香菜末调味即可。

热菜

苦瓜焖鸡翅 难易度 |.ıll

原料 苦瓜250克，鸡翅4个

调料 姜汁、料酒、味精、白糖、盐、豆粉、蒜泥、豆豉、红辣椒丝、葱段、植物油

做法 1.鸡翅洗净，剁块，放入碗中，加入姜汁、料酒、白糖、盐、豆粉，拌匀。

2.苦瓜洗净，切小块，入沸水中略氽，捞出沥水。

3.锅入油烧至六成热，爆香蒜泥、豆豉，放入鸡翅快炒至将熟时，加入苦瓜、红辣椒丝、葱段，加适量清水，文火焖30分钟，加盐、味精调味即成。

热菜

苦瓜炒猪肝 难易度 |.ıll

原料 苦瓜150克，熟猪肝250克

调料 盐、鸡精、植物油

做法 1.苦瓜洗净，切成片，入沸水中氽一下，捞出沥水，待用。

2.将猪肝切成3厘米长、2厘米宽的片。

3.净锅置火上，加入适量植物油火烧至六成热，倒入猪肝片和苦瓜片同炒，待将熟时加入盐、鸡精调味即可。

汤煲

泰汁煮双瓜 难易度 |

原料 南瓜350克，苦瓜100克，虾仁、白果各适量

调料 玉米油、泰式鸡酱、番茄酱、盐、味精、上汤、蒜
蓉、姜末、葱花、蛋清、淀粉

做法 1.南瓜去皮、瓤，苦瓜去瓤，均洗净切菱形块，入
锅中焯水。

2.虾仁去沙线洗净，用蛋清、淀粉上浆。

3.锅入油烧热，放蒜蓉、姜末、葱花爆香，加入泰
式鸡酱、番茄酱炒匀，加入上汤，放入南瓜、苦
瓜块调味煮透，加入虾仁煮熟，出锅即可。

汤煲

苦瓜红焖兔块 难易度 |

原料 苦瓜150克，兔肉300克

调料 糖色、酱油、色拉油、白糖、料酒、味精

做法 1.苦瓜洗净，去籽，切块。

2.兔肉洗净，剁成块，入沸水中余水。

3.净锅内放色拉油烧热，下兔块炒香，加入清水、
糖色、酱油、白糖、料酒，烧至肉烂，放入苦瓜
块、味精，烧熟，起锅即成。

汤煲

赤豆苦瓜煮棒骨 难易度 |

原料 赤豆50克，苦瓜、猪棒骨各500克

调料 料酒、姜、葱、盐、鸡精

做法 1.苦瓜洗净，去瓤，切4厘米长的块。赤豆淘洗干
净，姜拍松，葱切段。

2.猪棒骨洗净余水，捶破。

3.将赤豆、苦瓜、姜、葱、猪棒骨、料酒同放炖锅
内，加水1500毫升，置武火上烧沸，再用文火煮
30分钟，加入盐、鸡精调味即可。

汤煲

苦瓜炖猪蹄 难易度 |

原料 苦瓜300克，猪蹄2只

调料 姜、葱、盐、味精、植物油

做法 1.猪蹄余烫后切块。苦瓜洗净，去瓤，切成长条。
姜、葱拍松。

2.锅中加油烧热，放入姜、葱煸炒出香味，加适量
清水，放猪蹄和盐同煮。

3.猪蹄熟烂后，放入苦瓜稍煮，加味精调味，出锅
即可。

豆芽

食疗作用： 味甘、性寒，具有清热解毒、醒酒利尿的功效。

适宜人群： 一般人群均可食用，特别适合坏血病患者、口腔溃疡和减肥人士食用。

如何识别豆芽

◎ 无公害豆芽的颜色自然，而经过激素催生的豆芽亮度明显增加，同时饱含水分；无公害豆芽细长匀称，而激素催生的豆芽弯曲、粗短；无公害豆芽根部有比较长的须根，而激素催生的豆芽没有根。

发豆芽的窍门

◎ 挑选颗粒饱满整齐的黄豆或绿豆，用清水浸泡豆粒，直到表面无皱纹、能捏扁，将豆捞出，装入经过消毒的木桶中，桶底要有几个漏水小孔。底层应铺草以保持水分；豆面上铺草以防淋水时冲断芽根。当豆芽长到0.5厘米时，把漏水孔堵住，放水轻搅，使有芽豆上漂，无芽豆下沉，然后排水，这有助于发芽。芽生到3厘米左右，就可以食用。

烹炒豆芽少放盐

◎ 绿豆芽性寒，烹调时应配上一点姜丝，以中和其寒性，适于夏季食用；烹调绿豆芽时油、盐不宜放太多，以保持其清爽的口感。

凉菜

凉菜

冬笋炝黄豆芽 难易度

原料 黄豆芽200克，冬笋、猪肉各100克

调料 葱、姜、花椒、鸡精、香油、料酒、盐、淀粉、植物油

做法
1. 黄豆芽洗净；冬笋洗净，切成粗丝。将黄豆芽和冬笋分别入沸水焯一下，捞出，沥干水分。
2. 将猪肉洗净，切成丝，加盐、料酒、淀粉上浆，放入沸水中汆散，捞出沥干水分，放凉；用葱、姜、花椒分别炸出葱姜油和花椒油，备用。
3. 将汆好的黄豆芽、笋丝、猪肉丝放入器皿中，加入香油、花椒油、葱姜油、盐、鸡精，拌匀后盛入盘中即可。

醉酒豆芽 难易度

原料 豆芽200克，青椒100克

调料 花椒、香油、盐、葱段、姜片、曲酒、鸡精、高汤

做法
1. 豆芽洗净，去头；青椒洗净，去蒂及籽，切丝；将豆芽和青椒丝放入容器中。
2. 锅内加水、葱段、姜片烧开，放花椒、盐、鸡精、曲酒煮沸，煮5分钟，将汤倒入容器中，加入豆芽和青椒丝，盖上盖子，浸泡3小时。
3. 打开盖子，将菜捞至盘中，滴上香油拌匀即可。

爱心提醒

豆芽的热量很低，水分和纤维素含量很高，有减肥瘦身的效果。

热菜

糖醋黄豆芽 难易度 |.ıl

(原料) 黄豆芽300克

(调料) 葱花、植物油、盐、醋、白糖

(做法) 1.将黄豆芽漂洗干净，控净水。

2.炒锅上火，倒入适量植物油烧热，下葱花炝香，随即放入黄豆芽煸炒，待黄豆芽的豆瓣上有少许焦斑时，调入盐、白糖、醋，炒熟即成。

爱心提醒 🔍

烹炒黄豆芽时不可加食用碱，但可稍加一点醋，以减少B族维生素的流失。

热菜

韭菜炒绿豆芽 难易度 |.ıl

(原料) 绿豆芽300克，韭菜100克

(调料) 植物油、葱花、姜丝、盐、味精

(做法) 1.将绿豆芽去根，洗净。

2.韭菜择洗干净，切成段。

3.炒锅置火上，加入植物油烧热，入葱花、姜丝炝锅，下绿豆芽炒至将熟，加入韭菜炒匀，调入盐、味精即可。

汤煲

猪血豆芽煲 难易度 |.ıl

(原料) 猪血400克，豆芽菜100克，韭菜60克

(调料) 姜丝、植物油、盐

(做法) 1.猪血洗净切块，韭菜洗净切段，豆芽菜洗净。

2.煲内加入清水1000毫升，煮沸后倒入适量植物油，放入韭菜、姜丝、豆芽菜，煮沸5分钟后再放入猪血，文火煮10分钟，加盐调味即可。

营养功效 🥄

清热，润肠，通便。

汤煲

豆芽蛤蜊瓜皮汤 难易度 |.ıl

(原料) 鲜蛤蜊肉250克，绿豆芽500克，豆腐200克，冬瓜皮1000克

(调料) 香油、酱油、盐、味精

(做法) 1.将绿豆芽漂洗干净。豆腐洗净，切块。

2.冬瓜皮洗净，改刀。

3.将冬瓜皮放入锅内，加适量清水，旺火烧沸，改文火煲半小时，加入豆腐、蛤蜊肉、绿豆芽，烹入酱油煮熟，调入盐、味精，淋入香油即成。

茄子

食疗作用： 味甘、性凉，具有清热止血、消肿止痛的功效，用于辅助治疗皮肤溃疡、口舌生疮、痔疮下血、便血、衄血等。

适宜人群： 一般人群均可食用，对治疗痱子、疮疖有非常好的效果。

多吃茄子好处多

◎茄子是防动脉硬化、防癌、抗衰佳蔬。

◎茄子含有维生素P，维生素P又叫芦丁，具有增强血管弹性、降低毛细血管通透性、防止毛细血管破裂的作用。常吃茄子，不仅能保护心脏和血管，还能提高微细血管对疾病的抵抗力。

◎茄子富含抗癌物质龙葵碱，是食疗抗癌佳品。此外，茄子能增强体内抗氧化物质的活动，使人抗衰延年。

巧烹茄子不变黑

◎烹调茄子时加几滴柠檬汁，肉质可变白。

◎炒茄子时加少许醋，可使炒出来的茄子不黑。

茄子的配膳指导

最佳搭配：

◎茄子+黄豆：通气，养血，保护血管。

◎茄子+苦瓜：清心明目，活血。

◎茄子+猪肉：养血补脑，增加营养。

凉菜

酱拌茄子 难易度 |．．ⅠⅠⅠ

(原料) 鲜茄子200克，大蒜50克

(调料) 香菜、芝麻酱、香油、酱油、姜、醋、白糖

(做法)
1. 将茄子洗净，去蒂；大蒜剥去皮，拍松切碎；生姜洗净，切成末；香菜切段。
2. 蒸锅置火上，放入茄子蒸熟，取出凉透。
3. 碗内倒入香油、姜末，加入酱油、白糖、醋、蒜末，加芝麻酱拌匀，浇在茄子上，盛盘即成。

爱心提醒 🔍

在茄子萼片与果实相连的地方，有一圈浅色环带。这条带越宽、越明显，表明茄子越新鲜。

凉菜

薏仁大蒜拌茄子 难易度 |．．ⅠⅠⅠ

(原料) 薏苡仁20克，大蒜15克，茄子200克

(调料) 醋、盐、酱油、味精、葱花、香油

(做法)
1. 将薏苡仁洗净，蒸熟。
2. 茄子洗净，切成条。
3. 大蒜去皮，剁成蓉。
4. 把茄子放入蒸盘内，上笼蒸30分钟，取出晾凉，加入葱花、酱油、薏苡仁、蒜蓉、盐、味精、醋、香油，拌匀即成。

营养功效 🥄

除湿健脾，清热和胃，降糖降脂。

大蒜烧紫茄 难易度

原料　茄子500克，大蒜50克

调料　姜末、酱油、盐、味精、葱花、白糖、淀粉、植物油

做法　1.茄子洗净，去蒂，切成大片，剞十字花刀，改刀成长方块。大蒜去皮，一切为二。

2.锅入油烧热，下入茄子翻炒，放入姜末、蒜片，烹入酱油，加水烧沸，小火焖10分钟，炒匀，撒葱花，调入白糖、盐、味精，用淀粉勾芡即成。

茄子烧马蹄 难易度

原料　瘦猪肉100克，茄子200克，马蹄150克

调料　酱油、白糖、葱姜丝、清汤、盐、植物油

做法　1.瘦猪肉洗净，切成细丝。茄子洗净，切成丝。马蹄洗净去皮，切成块。

2.净锅上火，加入适量植物油，烧至六成热，下入葱姜丝爆香，放入肉丝炒至变色，加入马蹄、茄子，烹入酱油，注入清汤，加入盐、白糖，小火烧煮30分钟即成。

蒸茄子 难易度

原料　茄子400克

调料　盐、味精、植物油

做法　1.茄子洗净，去蒂把，切5厘米长的段。

2.茄段码好，放在蒸碗内，加植物油、盐和味精少许，稍拌，隔水蒸熟即可。

营养功效

清热，消肿，止痛。

酱爆茄子 难易度

原料　茄子250克，葱花30克，黄瓜、番茄各100克

调料　酱油、味精、色拉油、甜面酱、高汤

做法　1.茄子洗净去蒂，切成条。

2.黄瓜洗净，切成半圆片，摆放在圆盘内形成一个圆。将番茄洗净切成圆片，摆放在黄瓜片外围。

3.炒锅置火上，倒入色拉油烧热，下葱花、甜面酱爆香，加入高汤、茄子条、酱油，烧至入味无汤汁时放味精拌炒均匀，起锅，装盘即成。

51

番 茄

食疗作用： 性甘、酸，微寒，具有生津止渴、健胃消食、清热解毒、凉血平肝和增进食欲的功效。

适宜人群： 一般人群均可食用，尤其适宜食欲不振、习惯性牙龈出血、贫血、头晕、心悸、高血压患者食用。

番茄去皮的窍门

◎番茄含有丰富的维生素和矿物质，且生熟皆能食用，深受人们喜爱。食用时，有时需要将番茄的外皮去除。如果用手去剥，费时费力，还会造成浪费。若将其放入盆中，淋浇开水，然后倒掉开水，再用冷水淋浇，则可轻而易举地撕去外皮。

餐前勿食番茄

◎餐前吃番茄，容易使胃酸增高，食用者会产生烧心、腹痛等不适症状。应餐后吃番茄，由于此时胃酸已经与食物混合，胃内酸度会降低，就能避免出现上述症状。

盐放多了加片番茄

◎做汤时如果盐放多了，可在汤里放几片番茄煮2～3分钟后捞出，不但会减轻汤的咸味，而且不会减淡汤的鲜味。

凉菜

糖拌番茄

难易度 |📶

原料 番茄200克

调料 白糖、香油、蜂蜜

做法 1.将番茄洗净切块，装入盘内，备用。

2.将蜂蜜、香油搅匀，浇入盘内，撒入白糖即成。

爱心提醒 🔍

番茄含有大量的番茄红素，有预防前列腺癌的作用。烧煮过的番茄抗癌效果更为明显，建议男士应多吃番茄。

凉菜

菠菜番茄拌肉丝

难易度 |📶

原料 猪肉200克，菠菜100克，番茄150克

调料 酱油、姜末、盐、白糖、味精、香油

做法 1.猪肉去筋膜，洗净，切细丝。菠菜洗净，切段。番茄去皮，切成丝。

2.将肉丝和菠菜一起氽熟，过凉。

3.将原料一起放大碗内，加入酱油、姜末、盐、白糖、味精、香油拌匀，装盘即可。

营养功效 🎈

番茄中富含维生素C，可生津止渴、清热解毒、降血压。

热菜

热菜

番茄炒鲜贝 难易度 | .ᵃ||

原料 鲜贝200克，番茄100克，番茄酱15克，洋葱25克，鸡蛋1个

调料 盐、白糖、酱油、湿淀粉、植物油

做法 1.鲜贝洗净，控水，加鸡蛋液和少许盐拌匀。

2.番茄洗净去皮、籽，切小丁。洋葱洗净，切碎末。

3.锅入油烧至六成热，放入鲜贝稍炸一下，捞出沥油，摆入盘中。

4.锅入油烧热，爆香洋葱末、番茄丁，入白糖、酱油、盐、番茄酱炒匀，勾芡，淋在鲜贝上即可。

山药炒番茄 难易度 | .ᵃ||

原料 山药300克，番茄150克

调料 淀粉、花生油、葱、大蒜、盐、味精、白糖

做法 1.山药去皮，切圆形片，用水泡去黏液，焯熟捞出。

2.葱、蒜洗净，切片。番茄洗净略烫，剥去皮，切成小丁。

3.炒锅上火，倒入花生油烧热，放葱、蒜片炒香，加入番茄丁翻炒，再放入山药片，加盐、味精、白糖炒匀，用淀粉勾芡即可。

热菜

热菜

番茄炒鲜蘑 难易度 | .ᵃ||

原料 番茄300克，鲜蘑菇250克

调料 味精、葱花、姜末、料酒、白糖、花生油

做法 1.将番茄洗净，切成块。

2.鲜蘑菇去杂洗净，撕成条，入沸水中焯一下，捞出，投凉，挤去水分。

3.炒锅上火，加入花生油烧热，下入葱花、姜末爆香，放入鲜蘑菇炒熟，加入番茄，调入味精、白糖，烹入料酒，旺火炒匀，出锅盛盘即可。

番茄烧菜花 难易度 | .ᵃ||

原料 番茄200克，菜花300克

调料 花生油、葱花、姜末、盐、味精

做法 1.番茄洗净，烫去外皮，切块。

2.菜花洗净，切块，入沸水中焯透，捞出沥水。

3.锅内加入花生油烧热，下葱花、姜末炒香，加入番茄炒至糊状，放入菜花炒匀，加盐、味精调味即可。

番茄虾仁 难易度 |.ıll

（原料）虾仁200克，番茄酱50克，黄瓜100克

（调料）鸡蛋清、料酒、白糖、淀粉、姜汁、味精、植物油、盐、鲜汤

（做法）1.虾仁洗净，加入鸡蛋清、淀粉、盐拌匀。

2.黄瓜洗净去皮，顺长剖开，切薄片，摆入盘底。

3.炒锅置上火，倒入植物油，烧至五成热，下入虾仁，炒至熟透，加入姜汁、料酒、番茄酱、白糖、鲜汤、盐、味精烧开，用淀粉勾芡，翻炒几下即可。

番茄鳜鱼泥 难易度 |.ıll

（原料）鳜鱼1条，番茄酱100克

（调料）盐、白糖、淀粉、花生油

（做法）1.将洗净的鳜鱼取其肉，要避免带入鱼刺，入笼蒸至八成熟。

2.在锅内加花生油少许烧热，加番茄酱、盐、白糖、淀粉和适量水煸炒，再加入鳜鱼肉，一起炖成泥即成。

永结同心 难易度 |.ıll

（原料）猪心150克，彩椒、番茄各80克

（调料）盐、味精、骨汤、淀粉、蒜米、植物油

（做法）1.猪心冲洗干净，切两半，除去白筋，再洗净积血，片成薄片。

2.彩椒去蒂切片；番茄洗净去瓤，做成番茄盅。小碗内放入盐、味精、骨汤、淀粉，调成芡汁。

3.锅入油烧至四成热，放入猪心片滑油至刚熟，捞出沥油。锅留底油，炒香蒜米，放彩椒片，倒芡汁，加入猪心炒匀，倒入番茄盅内，装盘即可。

番茄煮牛肉 难易度 |.ıll

（原料）牛肉300克，番茄200克

（调料）植物油、盐、味精、白糖、香葱末

（做法）1.将牛肉切成小块，入沸水中汆一下，捞出沥水。

2.番茄洗净，切块。

3.净锅置火上，倒入少许植物油烧热，下入牛肉略炒，加入适量清水烧沸，放入番茄，烧煮至牛肉熟烂，加盐、味精、白糖调味，出锅撒入香葱末即可。

番茄炖牛肉　难易度 |▪▪▫▫▫

(原料) 番茄200克，牛肋条肉300克

(调料) 酱油、葱段、姜末、绍酒、盐、植物油

(做法) 1.番茄洗净，入沸水烫一下，捞出剥皮，切瓣。

2.牛肋条肉洗净，切成小方块。

3.锅入油烧至六成热，放牛肉块炸至变色，捞出。

4.煲置火上，加入适量清水，放入炸过的牛肉，烹入酱油、绍酒加入姜末、葱段，旺火烧沸，下入番茄，转小火煲煮1小时，待牛肉熟烂时，加盐调味，稍焖即可。

双菇番茄紫菜汤　难易度 |▪▪▫▫▫

(原料) 黄瓜50克，番茄100克，草菇、平菇各80克，干紫菜30克

(调料) 白酒、香油、盐、味精

(做法) 1.将草菇、平菇、番茄、黄瓜均洗净，切成斜片。

2.将紫菜撕成片状，洗净。

3.将紫菜之外的所有材料放入煮开的素汤中续煮2~3分钟，加盐、味精、料酒后熄火，趁热加入紫菜片，淋入香油搅匀即可。

番茄木耳鸡肝汤　难易度 |▪▪▫▫▫

(原料) 鸡肝200克，番茄150克，水发黑木耳20克

(调料) 鲜汤、盐、味精、胡椒粉、香油

(做法) 1.鸡肝洗净，切片，入沸水中氽一下，捞出沥水。

2.番茄洗净，切片。

3.水发黑木耳洗净，撕成小片。

4.净锅置火上，加入鲜汤烧沸，下入鸡肝、黑木耳、番茄片，调入盐、味精、胡椒粉，烧至鸡肝片熟透，起锅淋入香油即成。

番茄土豆炖牛肉　难易度 |▪▪▫▫▫

(原料) 牛肉200克，土豆150克，番茄、卷心菜各50克，牛肉汤800毫升

(调料) 葱姜末、盐、香油

(做法) 1.牛肉洗净，切小块，氽水，捞出沥水。

2.土豆去皮洗净，切滚刀块。卷心菜洗净，切片。番茄洗净，用开水烫一下，剥去皮，切小块。

3.净锅上火，倒入牛肉汤、牛肉块烧沸，撇去浮沫，加入土豆块、葱姜末，煮至牛肉熟烂，放入卷心菜、番茄块烧沸，调入盐，淋入香油即可。

莲藕

食疗作用： 富含植物蛋白质、维生素、淀粉以及铁、钙等微量元素，有清热凉血、通便止泻、健脾开胃、止血散淤等功效。

适宜人群： 一般人群均可食用，特别适宜老幼妇孺，以及高血压、食欲不振、缺铁性贫血者食用。

怎样选购莲藕

◎选择莲藕，首先要选择两端节细，中间圆身、笔直，敲起来声音厚实的；其次是看颜色，选择淡茶色、有刺、无伤痕的；最后要选择泥较少的，因为有泥巴就不好清洗，处理起来很费工夫。莲藕的孔都泛黑则表示不新鲜，不要购买。

莲藕预处理

1 将莲藕从藕结处切开，切去两头。

2 用削皮刀削去莲藕的表皮。

3 将去皮莲藕用清水清洗干净。

凉菜

柠檬藕片 难易度

原料 鲜藕300克

调料 浓缩柠檬汁、白糖、盐

做法 鲜藕刮净外皮，洗净切片，放入用浓缩柠檬汁、白糖、盐、冷开水调成的柠檬汁中浸泡10分钟，取出装盘即可。

营养功效

促进消化，开胃消食，美白肌肤。

爱心提醒

如食蟹中毒，可将生藕捣烂，绞汁饮用。

凉菜

麻辣藕片 难易度

原料 鲜藕400克

调料 植物油、味精、花椒、醋、白糖、红尖椒、盐

做法 1.鲜藕去皮，洗净切片，入沸水中焯透，捞出，投入凉开水中过凉，沥水。

2.红尖椒去蒂、籽洗净，切片。

3.将藕片倒入盘中，加盐、醋、味精、白糖、红尖椒拌匀。

4.锅入油烧热，投入花椒，炸成花椒油，捞出花椒，将花椒油倒入藕片盘中，拌匀即可。

绿豆藕合  难易度

原料 莲藕4节，绿豆200克，胡萝卜100克

调料 白糖

做法
1. 将绿豆淘洗干净，浸泡3小时，研碎。
2. 胡萝卜洗净切片，研成泥，加入绿豆末，做成馅料，待用。
3. 莲藕去皮洗净，一端切开作盖，藕洞中塞入豆馅，盖上盖，入蒸笼中隔水蒸熟，食用时切片装盘即成。

凉菜

热菜

白云藕片 难易度

原料 嫩藕300克，粉丝、青椒、水发银耳各25克，水发木耳15克

调料 花生油、盐、白糖、芥末油、淀粉、香油、姜末、醋

做法
1. 嫩藕洗净去皮，切薄片，放盐腌10分钟。
2. 青椒洗净切丁。木耳、银耳洗净，撕成小朵。
3. 净锅点火，倒入花生油，待油八成热时放入藕片、青椒丁、木耳拌炒均匀，倒入盘中。
4. 用芥末油、醋、盐、香油调成汁，和粉丝、银耳拌匀，倒在藕片上。用少许清水放入白糖、醋、盐、淀粉调成糖醋汁。
5. 净锅点火倒油，待油热后煸炒姜末、糖醋汁，倒在藕片上即成。

热菜

糖醋藕条 难易度

原料 莲藕300克，苏打粉1克，小麦面粉50克

调料 植物油、淀粉、盐、香油、酱油、醋、素汤、白糖

做法
1. 藕洗净，削皮，切成3.5厘米长、1厘米宽的条。
2. 将面粉、苏打粉、盐加水100毫升，调成糊。
3. 锅入油烧至六成热，将藕条放入面糊中拌匀，逐条炸至微黄，捞起拣去渣末，待油温回升至六成热时，再将藕条入锅炸至呈金黄色，捞出沥油。
4. 锅中加入素汤、酱油、白糖、醋烧开，用湿淀粉勾芡，汁稠浓时倒入藕条，迅速颠翻炒锅，淋上香油，装盘即成。

黄 瓜

食疗作用： 味甘、性凉，具有除热、利水、解毒、清热利尿的功效，可辅助治疗烦渴、咽喉肿痛、烫伤等症。

适宜人群： 一般人群均可食用，尤其适宜热病患者、高血压、高血脂、糖尿病患者食用。

巧存黄瓜

◎夏季天热时，把黄瓜尾部朝上浸在冷水里，入水3/4，每天换一次水，可存贮7～20天。也可在水里加一些食盐，使水成为淡盐水，再把黄瓜放在其中，这时就会从水底喷出许多小水泡，使液体摇动，水中含氧量增加，利于黄瓜保鲜。

◎将新鲜黄瓜装在塑料袋内，把口扎紧，放在阴凉通风的地方，每天打开袋口一次，通风换气，可保鲜5～6天。

巧吃黄瓜

◎黄瓜蒂部含有较多的苦味素。苦味素有抗癌作用，所以食用黄瓜不宜把蒂部丢弃。

◎黄瓜中的分解酶会破坏其他蔬果中含有的维生素C，因此黄瓜不宜与富含维生素C的食物配膳。

◎黄瓜丝不要切太细，否则难以成型，还容易流失大量维生素。

◎黄瓜中维生素含量较少，因此吃黄瓜时应同时搭配其他蔬果。

凉菜

蛋丝拌黄瓜 难易度 |....|

原料 黄瓜250克，鸡蛋1个

调料 葱花、香菜末、蒜末、盐、鸡精、植物油、香油

做法
1.黄瓜洗净，切成丝。

2.鸡蛋打入碗内，搅匀。

3.锅置火上，倒入适量植物油烧至六成热，淋入蛋液，制成蛋皮，出锅切丝。

4.将黄瓜丝、蛋皮丝放入大碗内，加入葱花、香菜末、蒜末，调入盐、鸡精，淋入香油，拌匀装盘即可。

凉菜

蓑衣黄瓜 难易度 |....|

原料 黄瓜300克，胡萝卜、香菇、冬笋、红辣椒各适量

调料 白糖、盐、鸡精、植物油、姜、葱

做法
1.黄瓜洗净，切蓑衣花刀，加盐腌渍10分钟；香菇洗净，去柄，切丝；冬笋洗净，切丝；胡萝卜洗净，切丝；红辣椒切丝。

2.锅内倒油烧热，放入葱、姜煸香，加辣椒丝、香菇丝、胡萝卜丝、冬笋丝、鸡精、白糖，调成调味料，晾凉。

3.将调味料倒入黄瓜中拌匀即可。

凉菜

黄瓜炝黄豆芽 难易度 |▮▮▯

原料 黄瓜、黄豆芽、熟肉丝

调料 盐、味精、花椒油

做法
1.黄瓜洗净去瓤，改刀切丝，用开水焯一下，捞出过凉。
2.黄豆芽洗净，入沸水锅中焯一下，捞出晾凉。
3.将黄瓜丝、黄豆芽、熟肉丝入盆中，加盐、味精、花椒油拌匀即可。

凉菜

甜酸黄瓜 难易度 |▮▮▯

原料 黄瓜350克

调料 盐、白糖、辣椒末、白醋

做法
1.黄瓜洗净，切去两头，间隔削皮，直刀剖开去瓤，切成薄片。
2.黄瓜片加盐腌15分钟，洗去盐分，沥干。
3.将黄瓜片与白糖、白醋一同放入容器内，拌匀，腌5分钟后滗去汁，置冰箱冷藏。食用时取出黄瓜片，盛盘，撒上辣椒末即可。

凉菜

麻辣黄瓜 难易度 |▮▯▯

原料 黄瓜300克

调料 辣椒油、酱油、盐、醋、白糖、花椒油、香油、味精、大蒜末

做法
1.将黄瓜洗净，去皮，切成薄片，放盐拌匀，稍置片刻，沥去多余水分，装入盘内。
2.将酱油、醋、白糖、辣椒油、花椒油、味精、香油、大蒜末混合调匀，淋入盘内即可。

热菜

青瓜炒肉片 难易度 |▮▮▮

原料 猪瘦肉100克，黄瓜250克

调料 植物油、淀粉、盐、葱花、姜片、味精

做法
1.将猪瘦肉洗净，切成薄片，放入碗中，加入淀粉抓匀。
2.黄瓜洗净，斜刀切片。
3.净锅上火，加入适量植物油，烧至五成热，下入肉片滑散，放入葱花、姜片炒香，加入黄瓜，调入盐、味精，炒匀盛盘即可。

豆腐

食疗作用： 豆腐为补益养生的食品，常食可以补中益气、清热润燥、生津止渴、清洁肠胃。豆腐不含胆固醇，为高血压、高血脂、高胆固醇症患者的药膳佳肴，也是儿童、病弱者及老年人的食疗佳品。

豆腐的选购

◎ 南豆腐：俗称水豆腐，剖面无水纹、无杂质，晶白细嫩的为优质豆腐；内有水纹、有气泡、有细微颗粒，颜色微黄的为劣质豆腐。

◎ 北豆腐：俗称老豆腐，如果表面光润，四角平整，厚薄一致，有弹性，无杂质，无异味，颜色微呈浅黄色或奶白色，则豆腐质量较好；如果豆腐的颜色过黄，则表明不新鲜，不宜购买。

豆腐巧去腥味

◎ 为除去异味，许多豆腐菜肴在烹调前都要将豆腐汆水。豆腐正确的汆水方法：将豆腐切成大小一致的小块，放在冷水锅中加热，水温上升到90℃左右时，转微火，待看见豆腐慢慢上浮，用漏勺舀出一块用手按一下，如有一定韧性则可将其全部捞出，浸冷水中即成。

凉菜

小葱拌豆腐 难易度 |📶

原料 豆腐250克，小葱50克

调料 辣椒、香油、盐、鸡精

做法 1. 豆腐洗净，去外皮，放入沸水中煮2~3分钟，晾凉，切块；小葱洗净，切成葱花。

2. 将豆腐和葱花放入容器中，加盐、鸡精拌匀，盛盘。

3. 锅中倒入香油烧热，放入辣椒，制成辣椒油，浇在豆腐上即可。

营养功效

豆腐中富含钙质和植物雌激素，可防治骨质疏松。

凉菜

麻酱豆腐 难易度 |📶

原料 豆腐200克，芝麻酱100克

调料 海椒面、豆瓣酱、酱油、味精、熟香油、熟素油、葱花、盐

做法 1. 豆瓣酱剁碎，加味精、盐、酱油、葱花、熟香油、熟素油、海椒面、芝麻酱，拌成汁。

2. 豆腐切成3厘米长、2厘米宽的块，放入锅内，加适量水，烧开即起锅，盛入盘中，浇入料汁即可上桌。

辣子拌豆腐 难易度 |.ıll

原料 彩辣椒150克，卤水豆腐300克

调料 盐、味精、胡椒粉、辣椒油、花椒油、香葱

做法 1.卤水豆腐切小块；彩辣椒洗净去籽，切成末，备用。

2.炒锅上火，入水烧沸，下入豆腐氽透，用清水过凉，码入盘内，备用。

3.将盐、味精、胡椒粉、辣椒油、花椒油、香葱入碗中调匀，浇在豆腐上即成。

高手支招 ☼

·巧煎豆腐不破碎·

将豆腐放盐水中浸泡30分钟，取出擦干水分，再切成约1厘米厚的块，入锅中以小火慢慢煎制，先煎一面，外皮呈金黄色且定型后再翻面续煎。最好用平底锅煎豆腐。豆腐还可以蘸淀粉或面粉煎制，因为豆腐一煎会出水，而淀粉或面粉可以吸收水分，不容易散。

·豆腐的保存·

豆腐变干后容易破碎，因此放入水中冷藏保存较好；或者放入冷冻库制成冻豆腐。另外，没有外包装的传统豆腐容易变质，购买后应尽快浸泡于水中，冷藏保存。切记从冰箱取出的豆腐要在4小时内食用完。

·豆腐的清洗·

买回家的豆腐只需用清水冲洗一下即可用于烹调，不宜冲洗太久。氽豆腐时若火太旺致水大开，易使豆腐中心出现孔洞，影响成菜口感。

奶汁豆腐 难易度 |▂▃▄▅

原料 豆腐250克，牛奶、花生油、胡萝卜、油菜叶各25克

调料 湿淀粉、盐、味精、姜丝、鲜汤

做法
1. 胡萝卜洗净，切小方丁。油菜叶洗净，切小片。
2. 豆腐放沸水锅内烫透，捞出过凉，切成小方丁。
3. 锅入油烧热，下豆腐丁煎至呈黄色，下入姜丝，注入牛奶和鲜汤，加入盐烧沸，转小火加盖慢烧，至水乳交融、奶香四溢时，转旺火，加入烫过的胡萝卜丁、油菜叶片，炒匀后用湿淀粉勾薄芡，加味精拌匀，盛入盘内即成。

海参扒豆腐 难易度 |▂▃▄▅

原料 嫩豆腐300克，水发海参200克，鸡蛋清30克，水发香菇20克，鲜牛奶150毫升，青菜心50克

调料 葱花、姜末、黄酒、鸡汤、盐、味精、湿淀粉、植物油

做法
1. 将海参洗净，入沸水中氽一下，捞出。
2. 将嫩豆腐加入鲜牛奶、鸡蛋清、味精、盐，搅拌均匀，上笼蒸20分钟，取出。
3. 水发香菇洗净，切片。青菜心洗净。
4. 锅入油烧热，煸香葱花、姜末，放海参，烹入黄酒，加入鸡汤、水发香菇片、青菜心，翻炒均匀，加盐、味精调味，用湿淀粉勾芡，起锅倒在蒸好的奶汁豆腐上即成。

虾仁酿豆腐 难易度 |▂▃▄▅

原料 豆腐300克，干虾仁25克

调料 葱花、花椒粉、盐、鸡精、湿淀粉、植物油

做法
1. 豆腐洗净，切成正方块。
2. 干虾仁泡发，洗净，剁成虾泥。
3. 在每块豆腐中间挖去一部分，填入虾泥，摆放在盘内，放入烧沸的蒸锅蒸熟。
4. 锅入植物油烧至七成热，放入葱花和花椒粉炒香，加入适量清水烧沸，调入盐、鸡精，用湿淀粉勾芡，淋在蒸熟的豆腐上即可。

木耳豆腐汤 难易度 |.ııl

原料 水发黑木耳25克，嫩豆腐200克

调料 葱花、盐、鸡精、植物油

做法 1.水发木耳择洗干净，撕成小片。

2.嫩豆腐洗净，切块。

3.锅置火上，倒入适量植物油，烧至七成热，下葱花炒香，放入豆腐和木耳翻炒均匀，加适量清水，大火烧沸，转小火炖煮5分钟，用盐和鸡精调味即可。

白菜豆腐汤 难易度 |.ııl

原料 白菜、豆腐各150克

调料 葱花、盐、鸡精、植物油

做法 1.白菜洗净切段。豆腐洗净切块。

2.锅置火上，倒入适量植物油，烧至七成热，下葱花炒出香味，放入豆腐翻炒均匀，加适量清水，大火煮沸，转小火煮5分钟，加入白菜，再煮2分钟，用盐和鸡精调味即可。

苦瓜炖豆腐 难易度 |.ııl

原料 豆腐400克，苦瓜200克

调料 植物油、黄酒、酱油、香油、盐、味精、湿淀粉

做法 1.豆腐用清水冲一下，切长方块。

2.苦瓜去皮、瓤，洗净切片。

3.净锅上火，加入适量植物油烧热，放入苦瓜片翻炒几下，倒入开水、豆腐块，烹入黄酒、酱油烧沸，加盐、味精调味，用湿淀粉勾薄芡，淋入香油即可。

羊杞豆腐汤 难易度 |.ııl

原料 豆腐200克，羊肉100克，枸杞10克，高汤500毫升

调料 盐、味精

做法 1.豆腐用清水冲一下，切长方块。

2.羊肉洗净，切薄片，入沸水中汆一下，捞出沥水。枸杞洗净，待用。

3.净锅置火上，倒入高汤，下入枸杞、羊肉烧沸，加入豆腐，小火炖至羊肉熟烂，加盐、味精调味即成。

猪 肉

食疗作用： 猪肉含有丰富的蛋白质、脂肪、碳水化合物及微量元素，具有补虚强身、滋阴润燥的作用，且其蛋白质为完全蛋白质，易被人体充分利用。

适宜人群： 一般人群均可食用。

猪肉不宜用热水清洗

◎猪肉中含有一种肌溶蛋白，在15℃以上的水中易溶解，使营养成分大量流失，严重影响口味。即使用冷水清洗，也不可久泡。如果冷水洗不干净，可先用温的淘米水清洗，再用清水冲洗即可。

猪肉的保存

◎巧用醋保存鲜肉：用浸过醋的干净湿布将鲜肉包起来，可保鲜一昼夜。

◎巧用料酒保存鲜肉：将肉切成片，放入保鲜盒里，抹上一层料酒，盖上盖，放入冰箱冷藏室，可贮藏2天不变味。

猪肉要斜切

◎猪肉的肉质较细、筋少，如横切，烹调后易碎；斜切猪肉可使其不破碎，吃起来又不塞牙。

卤水花腩 难易度 |.ııl

原料 带皮五花肉300克

调料 一般卤水、黄瓜

做法 1.五花肉刮去皮上细毛，入沸水锅中汆水，过凉。

2.卤水烧开，放入五花肉再次烧开，改小火煮20分钟后熄火，浸泡入味。

3.将五花肉取出，晾至凉透，切片装盘，黄瓜切条伴边即可。

爱心提醒 🔍

优质五花肉肉质扎实，肉色接近鲜红色，油脂颜色接近乳白色，肥肉与瘦肉均匀分布，比例约各占一半，层次分明。

九味白肉 难易度 |.ııl

原料 猪五花肉300克，菠菜150克

调料 葱段、姜片、姜末、蒜泥、香油、花椒粉、料酒、鸡精、米醋、酱油、盐

做法 1.将五花肉洗净，放入锅中，加入适量水，放入葱段、姜片、料酒，煮熟捞出，晾凉。

2.将蒜泥、姜末放在同一个容器中，加盐、鸡精、花椒粉、酱油、料酒、香油、米醋，用凉开水制成九味汁。

3.菠菜洗净，焯水，捞出，切成段，放在盘子中。

4.将煮熟的肉从锅里捞出，沥干汤汁，切成薄片，放在盘内，再将九味汁浇在上面即可。

蒜泥拌白肉 难易度 |..ıl

原料　猪后腿肉300克，大蒜50克

调料　白糖、酱油、盐、姜片、葱段、香醋、味精、辣椒油

做法　1.将猪腿肉洗净，放冷水锅内，加入姜片、葱段，煮至九成熟离火，自然冷却后切成大薄片，码在盘中即可。

　　　2.将大蒜去皮洗净，放入盐，捣成蒜泥，拌入酱油、香醋、味精、辣椒油，调成调料汁，浇在盘中肉片上即成。

爱心提醒 🔍

　　做蒜泥拌白肉最好选择猪后腿肉，因为其口感较好，并且不腻。

凉菜

香菇炒肉 难易度 |..ıl

原料　卷心菜50克，鲜香菇100克，猪瘦肉150克

调料　植物油、盐、味精、葱花、姜末

做法　1.卷心菜洗净，切块。鲜香菇洗净，撕成块。猪瘦肉洗净，切成片。

　　　2.净锅置火上，加少许植物油，烧至六成热，下入葱花、姜末爆香，放入肉片翻炒至变色，加入香菇、卷心菜一起炒熟，加盐、味精调味即可。

营养功效 🥄

　　香菇具有降低胆固醇、降血压、增强人体免疫力、抗癌、补血等功效。

热菜

酱汁烤猪排 难易度 |..ıl

原料　猪排500克

调料　葡萄酒、酱油、烤肉酱、白糖

做法　1.猪排洗净，放入用葡萄酒、酱油、烤肉酱、白糖调成的酱汁中，腌制30分钟。

　　　2.烤箱预热至200℃，放入腌好的猪排烤15分钟，取出，均匀刷上剩余的酱汁，继续入烤箱烤5分钟，两面翻动，烤至上色即可。

爱心提醒 🔍

　　猪排要腌透方能入味。葡萄酒不宜用多，以免酒味过重。

热菜

热菜

黄花菜炒肉丝 难易度 |.ₐₗₗ

原料 猪肉、黄花菜(干)各100克，鸡蛋1个

调料 姜末、盐、鸡精、花生油

做法 1.将猪肉洗净切成丝。

2.黄花菜用温水泡发，洗净。

3.鸡蛋打散后用平底锅摊成薄饼，冷却后切成丝。

4.炒锅放油烧热，爆香姜末，下入肉丝，炒至变色，倒入黄花菜一起翻炒至熟，下入鸡蛋丝，用盐、鸡精调味即成。

热菜

米粉蒸肉 难易度 |.ₐₗₗ

原料 五花猪肉250克，糯米(或大米)150克

调料 酱油、白糖、料酒、味精、高汤

做法 1.将糯米用温水洗一遍，用冷水冲一遍，捞出，沥干水分。将糯米放入锅中，炒至米变成金黄色出锅，碾成米粉。

2.将五花猪肉洗净，切成薄片。

3.将切好的肉放入碗中，加入酱油、白糖、味精、料酒、高汤拌匀，腌约半小时，再加入米粉拌匀，上蒸锅蒸烂即可。

营养功效

补虚强身，滋阴润燥。

热菜

回锅肉 难易度 |.ₐₗₗ

原料 青红尖椒100克，五花肉400克，蒜苗、笋片各30克

调料 川花椒、川红泡椒碎末、十三香料面、植物油、酱油、盐、葱姜片、红油、淀粉

做法 1.青红椒洗净，去蒂、籽，切成片。蒜苗段洗净。

2.五花肉洗净，放入汤锅中煮透，捞出，用清水冲凉，切大片。

3.笋片洗净，入沸水中余一下，捞出沥水。

4.锅入油烧热，下入五花肉片煸炒片刻，用勺将肉片拨至锅的一边，放入川花椒、川红泡椒碎末、十三香料面稍炒，再下葱姜片、青红尖椒片、蒜苗段、笋片，翻炒均匀，烹入酱油、加盐调味，用淀粉勾薄芡，淋入红油，出锅盛盘即可。

冬瓜肉丸汤 难易度 ▮▁▁▁

原料 冬瓜250克，肥瘦猪肉50克

调料 葱末、姜末、盐、鸡精、香油

做法 1.冬瓜去皮去瓤，洗净切片。

2.肥瘦猪肉洗净，剁成肉馅，加葱末、姜末、香油，朝一个方向搅打至上劲。

3.锅置火上，加适量清水烧沸，将肉馅做成肉丸，下入锅中煮熟，捞出。

4.另起锅，加入适量清水烧沸，倒入冬瓜片煮熟，加入做好的肉丸，调入盐、鸡精、香油即可。

猪皮木耳汤 难易度 ▮▁▁▁

原料 净猪皮300克，水发木耳100克

调料 花椒、八角、盐、葱姜丝、清汤、鲜蔬菜、香油

做法 1.猪皮洗净，切成方块，余水，捞出洗净，再置于净锅内，放入清水，加花椒、葱姜丝、八角，烧沸后撇去浮沫，改小火煮约1小时，捞出沥水。

2.鲜蔬菜洗净，切小段。水发木耳洗净，撕小朵。

3.锅内加清汤，倒入猪皮、木耳、蔬菜，加葱姜丝、盐武火烧开，撇去浮沫，小火煮一会儿，加香油调味即成。

木耳瘦肉汤 难易度 ▮▮▮▁

原料 猪瘦肉150克，黑木耳25克，韭菜25克

调料 淀粉、盐、味精

做法 1.猪瘦肉洗净切片，放入碗内，加盐、淀粉抓匀。

2.黑木耳用温水浸泡洗净，撕小片。

3.韭菜择洗干净，切成段。

4.汤锅上火，加入适量清水，放入木耳、肉片煮沸，待肉片熟时调入盐、味精，撒入韭菜段，起锅盛入汤碗中即可。

芦笋瘦肉汤 难易度 ▮▮▮▁

原料 芦笋100克，猪瘦肉150克

调料 料酒、盐、味精、淀粉、葱段、姜片

做法 1.芦笋洗净，切成3厘米长的段。

2.瘦肉洗净，切成薄片，放入大碗中，调入盐、味精拌匀，加入淀粉，抓匀上浆。

3.净锅置火上，加入适量清水，下入芦笋、瘦肉、料酒、葱段、姜片，大火烧沸，改中火煮20分钟，调入盐、味精即成。

猪 腰

食疗作用： 猪腰富含蛋白质、脂肪、碳水化合物、核黄素、维生素A、硫胺素、抗坏血酸、钙、磷、铁等成分，具有健肾补腰、和肾理气的作用。中医认为，猪腰可大补元气、补脾益肺、生津止渴、安神益智。

猪腰如何清洗、去腥味

◎清洗：把猪腰外层薄膜撕去，横向剖开，片去里面白色筋状物，在外面先斜剞花刀，再切件，最后用细盐擦洗数次，清洗干净即成。

◎腰花放入大碗内，加拍松的葱白、姜，倒入黄酒没过腰花，腌20分钟后取出，用干净纱布擦去黄酒，拣出葱白、姜，即可用于烹调。

◎猪腰收拾干净，沥干水分，每500克猪腰加50克白酒拌和捏挤，再用清水漂洗2～3遍，用开水烫一遍，腥味即除。

巧炒猪腰更鲜嫩

◎猪腰在炒制之前，最好先入开水中快速氽烫一下，氽烫时间不宜过久。炒制也不宜过久，否则猪腰容易出水，体积变小，口感会变得较硬。

凉菜

木耳拌腰花 难易度 |

（原料）腰花200克，木耳、笋片、香菜段各适量

（调料）葱姜末、酱油、味精、盐、玫瑰露酒、香油、花椒

（做法）
1. 腰花治净，片成两半，改花刀，切块。锅入水烧开，下入木耳、笋片焯一下捞出，待水再开后下入腰花，氽至断生捞出。

2. 将腰花、木耳、笋片、香菜段放入大碗中，加葱末、姜末、酱油、味精、盐、玫瑰露酒略拌。

3. 锅入香油烧至八成热，爆香花椒，浇在腰花、木耳上，盖上碗盖放置片刻，拌匀装盘即可。

凉菜

生拌腰片 难易度 |

（原料）猪腰200克，木耳、粉丝、莴笋各适量

（调料）姜末、蒜片、胡椒粉、醋、酱油、香油、料酒、盐、鸡精

（做法）
1. 木耳泡发，切丝；莴笋洗净，去外皮，切丝；将莴笋丝、木耳丝和粉丝放入开水中稍焯，捞出。

2. 猪腰洗净，去掉白色筋膜，片成片，放入开水中氽烫至变色，捞出控干，趁热加少许料酒、盐、胡椒粉搅拌均匀。

3. 取大碗，放入莴笋丝、粉丝、木耳丝，加盐、酱油、醋拌匀，倒入腰片拌匀，加姜末、蒜片、香油、鸡精，拌匀后盛入盘中即可。

银杏腰花 难易度 ▎▁▂▃▅

原料 猪腰300克，银杏50克

调料 植物油、葱段、姜片、酱油、盐、白糖、黄酒、醋、味精、胡椒粉、淀粉、清汤、香油

做法
1.猪腰洗净，纵剖两半，剔去臊膜，先斜刀剞十字花刀，再切成条，放碗内，加盐、淀粉拌匀浆好。

2.银杏焯熟，去皮衣，入水中煮2分钟，捞出去心。

3.锅入油烧热，下入腰花滑散，捞出沥油。

4.锅入油烧热，煸香葱段、姜片，加银杏、腰花、黄酒和清汤，急火翻炒，加入酱油、盐、白糖、醋、味精、胡椒粉调味，勾芡，淋香油即可。

热菜

热菜

凉菜

凉粉拌腰花 难易度 ▎▁▂▃▅

原料 腰花200克，凉粉、香椿、黄豆芽、花生碎各适量

调料 醋、白糖、酱油、花椒粒、味精、香油、油泼辣椒、芝麻酱、盐、植物油

做法
1.凉粉洗净，切条；黄豆芽、香椿择洗干净，入水焯过，切段；花椒粒用热水泡软，切碎。

2.腰花倒入原锅的热水中，关火，加盖闷3~5分钟，捞出，沥干水分，晾凉。

3.取小碗，放入芝麻酱，加凉开水、盐、白糖、酱油、醋、香油、花椒碎搅匀，制成调味汁。

4.取一碗，依次放入黄豆芽、凉粉、香椿、腰花，淋上调味汁，撒上花生碎，浇上油泼辣椒，拌匀后盛入盘中即可。

山药炒猪腰 难易度 ▎▁▂▃▅

原料 山药50克，猪腰1只

调料 葱花、姜丝、盐、料酒、酱油、淀粉、植物油

做法
1.猪腰一切两半，除去白色臊腺，洗净，切成腰花，放入碗内，加入淀粉、水、酱油、盐、料酒稍腌上浆。

2.山药洗净，去皮切丝。

3.炒锅置火上，加入植物油，烧至六成热，下入葱花、姜丝煸香，加入猪腰、山药丝，炒熟即成。

营养功效 🥄

补脾益肺，生津止渴，安神益智。

热菜

火爆腰花 难易度 |￼

原料 猪腰150克，黄瓜200克

调料 葱姜蒜末、泡红辣椒末、盐、味精、酱油、白糖、醋、料酒、湿淀粉、鲜汤、熟菜油

做法 1.猪腰平刀片两块，去净油皮和腰臊，剞眉毛形，用盐、湿淀粉调味上浆。黄瓜洗净去心，切条。

2.盐、白糖、味精、酱油、醋、料酒、湿淀粉、鲜汤对成滋汁。

3.锅烧热油，入腰花炒散，加葱姜蒜末、泡红辣椒末、黄瓜条炒匀，烹滋汁，急火收汁，装盘即可。

热菜

汤煲

功夫腰花 难易度 |￼

原料 猪腰300克，蒜薹段、山药条各80克，水发木耳条、小米椒段各30克

调料 盐、味精、白糖、陈醋、老抽、胡椒粉、湿淀粉、花椒油、花生油

做法 1.猪腰改花刀，上浆，过油后捞出。

2.将盐、味精、白糖、陈醋、老抽、胡椒粉、湿淀粉对成芡汁。

3.起油锅烧热，放入腰花、蒜薹、木耳、山药、小米椒急火快炒，倒入芡汁炒匀，淋花椒油即可。

枸杞腰片汤 难易度 |￼

原料 枸杞子15克，猪腰1只，菜心100克，高汤300毫升

调料 葱段、姜片、料酒、盐、胡椒粉、植物油

做法 1.将猪腰一切两半，除去白色臊腺，洗净，切成片，待用。

2.枸杞子、菜心洗净。

3.炒锅置火上，加入植物油烧热，下葱花、姜片爆香，倒入高汤烧沸，加入猪腰片、枸杞子、菜心、盐、料酒、胡椒粉，煮熟即成。

猪肚

食疗作用： 猪肚含有蛋白质、脂肪、碳水化合物、维生素及钙、磷、铁等，具有补虚损、健脾胃的功效。从猪胃黏膜提取的胃蛋白酶有促进消化作用。

适宜人群： 一般人群均可食用，最宜腹泻、慢性胃炎患者食用。

猪肚如何清洗

◎猪肚烹调前，要用清水反复冲洗，再加大量盐用力搓揉，冲洗干净后翻到内侧，加盐再搓一次，然后冲洗干净，再加少量面粉揉搓，最后冲洗干净即可。也可以倒入一点生菜油，里外揉搓后清洗干净。洗干净的猪肚还要用刀剔去内侧筋膜，方可应用。

猪肚巧烹调

◎煮猪肚时切不可放盐，否则会使猪肚收缩。猪肚煮好后切片，加适量汤，放锅里蒸一下，可使猪肚变嫩，而且还会使猪肚体积增大一倍。

凉菜

香菜拌肚丝 难易度 |▁▃▅▇

原料 熟猪肚400克，香菜10克，大葱10克

调料 生姜、辣椒油、盐、酱油、醋、味精、香油

做法 1.将熟猪肚切成细丝，放入盘中。

2.将香菜、大葱、生姜分别洗净，切成粗丝，放在肚丝上。

3.将盐、酱油、醋、味精、辣椒油、香油倒入碗内调成汁，浇在盘中菜上，拌匀即成。

营养功效

补虚损，健脾开胃。

凉菜

红油猪肚丝 难易度 |▁▃▅▇

原料 熟猪肚150克，大葱5克，彩椒10克

调料 盐、味精、白糖、辣椒红油、花椒油

做法 1.将熟猪肚、大葱、彩椒均切成丝，备用。

2.将原料倒入容器内，调入盐、味精、白糖、辣椒红油和花椒油拌匀，装盘即成。

爱心提醒

新鲜猪肚呈乳白色或淡黄褐色，内部粘膜清晰，有较强的韧性，无腐败、恶臭气味。变质猪肚呈淡绿色，内部黏膜模糊，组织松弛、易破，有腐败恶臭气味。

汤煲

红小豆炖猪肚 难易度 |.ıll

(原料) 红小豆150克，太子参20克，猪肚500克

(调料) 料酒、胡椒粉、葱姜汁、鲜汤、盐、味精

(做法)
1. 将猪肚内外洗净，去净油筋，投入沸水中烫后捞起，再次刮洗干净，投入沸水中汆水至断生，捞起改刀成条。

2. 将红小豆、太子参洗净，入净锅内，加入鲜汤、料酒、胡椒粉、猪肚条、葱姜汁，炖至熟烂，放盐、味精煮至入味，起锅即成。

凉菜

热菜

鸡腿菇拌猪肚 难易度 |.ıll

(原料) 猪肚500克，鲜鸡腿菇200克

(调料) 辣椒油、酱油、白糖、盐、味精、香油、蒜泥

(做法)
1. 猪肚加工干净后，放入水锅中煮熟，捞出放凉，切成丝。

2. 鸡腿菇洗净，切成丝，入沸水锅中焯熟，捞出，沥干水分。

3. 将盐、白糖、酱油、蒜泥、味精、辣椒油、香油放入碗中调成蒜泥料。

4. 将肚丝、鸡腿菇丝与蒜泥料调拌均匀，装盘即可食用。

竹笋爆肚皮 难易度 |.ıll

(原料) 竹笋100克，猪肚500克

(调料) 植物油、盐、料酒、葱花、姜片

(做法)
1. 将猪肚清洗干净，先用高压锅烧至八成熟，起锅切片。

2. 竹笋洗净，切片。

3. 净锅上火，加入植物油烧热，下入葱花、姜片煸香，放入肚片爆炒片刻，加入竹笋，再加适量盐、料酒，焖熟即可。

爱心提醒 🔍

　　竹笋以肉质白色，新鲜娇嫩、无腐烂的为佳。将新摘竹笋的臭头切去，才能食用或干制，否则会有怪味。

猪耳 猪肝

食疗作用： 猪耳中含有丰富的蛋白质、脂肪、碳水化合物、钙、磷、铁等营养素，具有补虚强身、滋阴润燥的作用。猪肝含丰富的维生素A，可维持正常视力，防止眼睛干涩、疲劳。

猪耳、猪皮如何挑选

◎挑选猪耳、猪皮时，首先要看颜色，以接近肉色者为佳，过白、发黑及颜色不正的不要买；其次要闻气味，新鲜的猪耳、猪皮有肉的味道，有异味或臭味者千万不要购买。

如何烹制猪肝更鲜嫩

◎烹调前先用淀粉拌腌一下。下锅炒的时候，火力不要太大，最好待猪肝表面一转白、不出血水时起锅。七分熟的猪肝最好吃。另外，猪肝不要切太厚，以缩短烹调时间。

猪肝去异味

◎先用水冲洗净肝血，剥去外层薄皮，加牛奶浸泡几分钟即可。也可加米酒腌一下，再入沸水锅中汆烫，便能去腥。

凉菜

土豆丝拌双脆 难易度 |

原料 土豆200克，酱猪耳100克，海肠100克，香菜20克

调料 盐、味精、辣椒油、白糖、米醋、香油

做法
1. 将土豆去皮洗净，酱猪耳切成丝，香菜择净切成段，海肠治净切成段，备用。

2. 炒锅上火倒入水，下入土豆丝、海肠、香菜汆至成熟，捞起冲凉，控净水分，备用。

3. 将酱猪耳、土豆丝、海肠、香菜倒入盛器内，调入盐、味精、白糖、米醋、辣椒油、香油拌匀装盘即成。

凉菜

千层云耳 难易度 |

原料 净猪耳350克

调料 葱白、生姜、红辣椒、八角、花椒、香叶、酱油、料酒、白糖、味精、花生油

做法
1. 将葱白、生姜、红辣椒均洗净，葱白、红辣椒切成段，生姜切成片。

2. 锅入油烧热，放花椒、八角、葱白段、生姜片、红辣椒、香叶，炒出香味，加入酱油、料酒、白糖、味精和适量清水，调成酱汁。将猪耳放入酱汁锅内，用旺火烧沸后改小火酱至猪耳熟透。

3. 将猪耳捞出，趁热卷起，压上一重物，待凉透后顶刀切成片，装入盘内即成。

拌双脆 难易度 ▮▮▮

原料 酱猪耳200克，脆芹100克

调料 生抽、花椒油、味精、香油

做法 1.将酱猪耳、脆芹择洗干净，切条备用。

2.炒锅上火倒入水烧沸，下入脆芹焯水，捞起冲凉，控净水分，备用。

3.将酱猪耳、脆芹倒入盛器内，调入生抽、花椒油、味精、香油拌匀即成。

麻辣双耳 难易度 ▮▮▮

原料 酱猪耳（酱油煮制即成）300克，水发木耳50克

调料 生抽、味精、辣椒油、花椒油、葱、尖椒

做法 1.将酱猪耳片成片，水发木耳洗净切成块，备用。

2.炒锅上火入水烧沸，下入水发木耳余水，捞起过凉，挤去水分，备用。

3.将水发木耳、酱猪耳倒入盛器内，调入生抽、味精、辣椒油、花椒油，撒入葱、尖椒拌匀即成。

猪耳拌黄瓜 难易度 ▮▮▮

原料 熟猪耳300克，黄瓜200克

调料 盐、味精、酱油、食醋、蒜、香油

做法 1.将猪耳切成小块，放入盘内。

2.黄瓜去皮洗净，切块，放入沸水中余一下捞出，再放入凉开水中凉透，控净水，放在猪耳盘内。

3.将蒜去皮洗净，捣成蒜泥，加上盐、味精、酱油、食醋、香油，对成调味汁，浇在盘内菜上，拌匀即成。

香卤猪耳 难易度 ▮▮▮

原料 猪耳朵300克，蒜薹50克

调料 一般卤水

做法 1.猪耳朵洗净，入沸水锅中余水，再入蒸箱蒸熟。蒜薹洗净改刀。

2.卤汤烧开后放入猪耳朵，再次烧开后熄火，浸泡20分钟卤至入味。

3.将猪耳朵趁热捞出，切成条状，摆上蒜薹段即可。

凉菜

卤猪肝 难易度 |.ᵢₗₗ

原料 猪肝400克

调料 料酒、盐、酱油、蒜瓣、葱段、姜片、八角、茴香、花椒

做法 1.将猪肝洗净，剞花刀，入沸水中氽一下，捞出沥水。用纱布袋把八角、茴香、花椒装成料包。

2.将净锅内加入清水，放入料包，加入料酒、盐、酱油、蒜瓣、葱段、姜片烧沸，放入猪肝再煮，烧沸后撇去浮沫，改用小火焖烧，烧至猪肝入味将熟即可出锅，凉透后切片，装盘即成。

热菜

春笋炒肝 难易度 |.ᵢₗₗ

原料 猪肝200克，春笋250克

调料 花生油、湿淀粉、料酒、酱油、葱花、姜末、盐

做法 1.春笋削皮洗净，控干水分，切成片。猪肝洗净，控干水分，切成片。

2.炒锅上火，加入花生油烧热，下猪肝炒散，依次放入葱花、姜末、料酒、酱油、盐、春笋片翻炒至熟，淋入湿淀粉勾芡，炒匀即可。

热菜

香菇黑木耳炒猪肝 难易度 |.ᵢₗₗ

原料 新鲜猪肝200克，香菇30克，黑木耳20克

调料 葱花、姜末、黄酒、湿淀粉、鸡汤、香油、盐、味精、酱油、红糖、植物油

做法 1.香菇、黑木耳分别泡发，香菇切成片，黑木耳撕成瓣。猪肝洗净切片，加黄酒、湿淀粉抓匀，待用。

2.锅入油烧热，煸香葱花、姜末，投入猪肝片急火翻炒，加入香菇及木耳，翻炒片刻，加鸡汤，倒入浸泡香菇、木耳的水，加盐、味精、酱油、红糖，小火煮沸，勾薄芡，淋香油即成。

汤煲

猪肝豆腐汤 难易度 |.ᵢₗₗ

原料 猪肝80克，豆腐250克

调料 盐、姜、葱、味精、湿淀粉

做法 1.将猪肝洗净，切成薄片，加湿淀粉抓匀上浆。豆腐切厚片。

2.锅中加入适量水，放入豆腐片，加少许盐，煮开后放入猪肝，加盐、味精、葱、姜，再煮5分钟即可。

牛 肉

食疗作用： 性味甘温，有补中益气、健脾养胃、强筋健骨、消肿利水等功效，是健身治病的良药，可治疗慢性腹泻、脱肛、面浮足肿等。

适宜人群： 一般人群均可食用，宜贫血、身体虚弱、酸软无力、目眩者食用。

巧辨新鲜牛肉

◎新鲜牛肉肉质坚实细嫩，光滑富有弹性，呈鲜红色，同时具有浓烈的牛膻香味；肉纹清楚，呈大理石花纹，间有血丝流出，且切口有弹性，能立即收缩。有时肉质因暴露于空气过久，呈淡黄玫瑰红色，并无大碍，肉质仍新鲜可口。

巧切牛肉

◎牛肉的蛋白质中有一种叫肌氨酸的氨基酸，可增强肌力，增长肌肉。

1 新鲜牛肉洗净。

2 横刀切片。

（凉菜）

海带芦笋拌牛肉 难易度

原料 牛肉、水发海带、芦笋尖、胡萝卜、白芝麻各适量

调料 白糖、芝麻酱、香油、醋、胡椒粒、盐、味精、植物油、葱末、姜末、蒜末

做法
1. 海带洗净，切丝；牛肉洗净，切片；胡萝卜择洗净，切丝；芦笋尖择洗净。
2. 取小碗，放入各种调料，制成调味汁。
3. 锅内加热水，加少许油和盐烧开，分别放入芦笋尖和海带丝焯水，捞出，用凉水冲去浮沫。
4. 锅置火上，倒入适量热水，放入牛肉片汆熟，捞出晾凉。取盘，依次放入胡萝卜丝、海带丝、芦笋尖、牛肉片，淋上调味汁，撒上芝麻即可。

（凉菜）

苦瓜拌牛肉 难易度

原料 熟牛腱肉400克，苦瓜150克

调料 花椒油、盐、白糖、红油、味精

做法
1. 苦瓜竖剖成两半，挖去瓤，洗净，切成薄片，下入沸水锅中焯熟，捞出沥净水分。
2. 熟牛腱肉切片，摆盘中。
3. 将苦瓜摆在熟牛腱肉片上，浇上用花椒油、红油、盐、味精、白糖调成的味汁即可。

营养功效

牛肉中脂肪含量低，它既能补充高质量的蛋白质，又不具有太多的热量，因此具有减肥瘦身的功效。

夫妻肺片 难易度 |..ⅲ

原料 牛舌、牛心、牛肚、牛肉各100克，芹菜、熟芝麻、油酥花生仁各20克

调料 红油、花椒面、盐、味精、酱油、料酒、五香料、麻油

做法 1.油酥花生仁研磨成碎米粒状，芹菜洗净切花。

2.牛舌、牛心、牛肚、牛肉洗净，入沸水锅中，加五香料、料酒卤熟，捞起沥水，晾凉，切片装盘，待用。

3.油酥花生仁粒、芝麻装在碗中，放红油、味精、盐、酱油、花椒面、麻油，调成麻辣味汁，淋在牛肉片上，撒上芹菜花即成。

卤水牛展 难易度 |..ⅲ

原料 牛腱子肉400克

调料 精卤水

做法 1.牛腱子肉洗净，入沸水锅中氽水，撇去浮沫后捞出。

2.精卤水烧开，熄火，放入牛腱子肉浸泡40分钟，再开大火煮沸，转小火卤40分钟，熄火，继续浸泡40分钟至入味，捞出晾凉。

3.食用时将牛腱子肉切片，淋少许卤水即可。

凉菜

凉菜

小白菜拌牛肉末 难易度 |.il

原料 小白菜100克，牛肉末25克

调料 番茄酱、高汤、盐、湿淀粉

做法 1.小白菜（前段叶）洗净，放入锅中煮一下，捞出，撕成小块，放入容器中。

2.将高汤、番茄酱与牛肉末一同放入锅中煮熟，加少许盐调味，用湿淀粉勾芡，淋在小白菜上即可。

热菜

金针炒牛肉 难易度 |.il

原料 嫩牛肉300克，金针菇150克，鸡蛋1个

调料 盐、花生油、蒜末、鸡精

做法 1.嫩牛肉洗净，切成薄片。金针菇择洗干净。

2.鸡蛋用清水煮熟，过凉后去壳，把蛋白、蛋黄分别切成粒。

3.锅中下油烧热，放入蒜末、牛肉炒至断生，加少量水，小火焖煮15分钟，放入金针菇，调入盐、鸡精炒匀，再焖5分钟，撒上鸡蛋粒即可。

热菜

仙人掌炒肉片 难易度 |.il

原料 鲜仙人掌300克，牛肉200克

调料 葱花、姜末、花生油、盐、味精

做法 1.牛肉洗净，切片。

2.仙人掌去皮，洗净切丝。

3.净锅上火，加入适量花生油烧热，下葱花、姜末爆香，放入牛肉片煸炒，将熟时，加入仙人掌炒熟，加盐、味精调味，出锅盛盘即可。

热菜

洋葱炒牛肉 难易度 |.il

原料 洋葱250克，瘦牛肉150克

调料 葱花、料酒、湿淀粉、盐、鸡精、植物油

做法 1.洋葱去老皮，去蒂，洗净切丝。

2.牛肉洗净切片，加料酒和湿淀粉抓匀入味，腌渍15分钟。

3.炒锅置火上，倒入适量植物油，烧至七成热，下葱花炒香，放入牛肉片滑熟，淋入适量清水，加入洋葱丝炒熟，用盐、鸡精调味即可。

热菜

甜椒牛肉 难易度 |..ull

原料 瘦牛肉250克，甜椒100克

调料 淀粉、植物油、酱油、甜面酱、盐、味精、姜

做法 1.牛肉洗净，去筋切丝，加入盐、淀粉调匀入味。姜、甜椒洗净，切丝。酱油、味精、淀粉调汁。

2.锅入油烧热，下甜椒炒至断生，盛出。

3.锅内再加油烧热，放入牛肉丝滑散，加入甜面酱炒至断生，再放入姜丝、甜椒丝、料汁炒匀入味，用淀粉勾芡，翻炒均匀即可。

汤煲

土豆炖牛肉 难易度 |..ull

原料 土豆100克，牛肉200克

调料 生抽、姜片、盐、绍酒、淀粉

做法 1.牛肉洗净切块。土豆洗净去皮，切滚刀块。

2.锅中加适量清水烧开，放入切好的牛肉块汆烫，捞出沥水。

3.煲置火上，入适量清水烧沸，放入牛肉和姜片，再沸后改中火煲至牛肉将熟，放入土豆煲至熟透，加生抽、盐、绍酒、淀粉调味即可。

汤煲

黄芪牛肉 难易度 |..ull

原料 黄芪20克，白萝卜300克，牛肉200克

调料 葱段、姜片、盐、鸡精

做法 1.白萝卜洗净，去皮切块。黄芪浸泡洗净。

2.牛肉洗净，切块，入沸水中汆一下，捞出沥水。

3.净锅置火上，加入适量清水，下入牛肉、黄芪、葱段、姜片烧沸，再加入白萝卜，小火煲至牛肉熟烂，调入盐、鸡精，稍焖即可。

汤煲

番茄煮牛肉 难易度 |..ull

原料 牛肉300克，番茄200克

调料 植物油、盐、味精、白糖、香葱末

做法 1.将牛肉切成小块，入沸水中汆一下，捞出沥水。

2.番茄洗净，切块。

3.净锅置火上，倒入少许植物油烧热，下入牛肉略炒，加入适量清水烧沸，放入番茄，烧煮至牛肉熟烂，加盐、味精、白糖调味，出锅撒入香葱末即可。

牛肉桂圆汤 难易度 |..⣿

原料 牛肉300克，桂圆100克

调料 盐适量

做法
1. 将牛肉洗净，切成块，入沸水中汆一下，捞出沥水，待用。
2. 桂圆去壳，取肉洗净。
3. 净锅内加入适量清水，下入牛肉块、桂圆肉，大火烧沸，转小火煲至牛肉熟烂，加入盐，出锅装汤盆中调味即可。

汤煲

汤煲

番茄牛骨汤 难易度 |..⣿

原料 牛骨1000克，牛肉200克，番茄、胡萝卜、黄豆各50克

调料 姜片、盐

做法
1. 将牛骨洗净，剁成大块。牛肉洗净，切块，将牛骨、牛肉一起入沸水中汆一下，捞出沥水。
2. 黄豆去杂洗净，浸泡5小时。
3. 胡萝卜、番茄洗净，切块。
4. 煲置火上，加入适量清水，下入姜片、牛骨、牛肉块、黄豆烧沸，煲约1小时，放入番茄、胡萝卜，小火煲至肉烂，加盐调味即可。

汤煲

萝卜牛肉汤 难易度 |..⣿

原料 白萝卜250克，瘦牛肉100克

调料 香菜末、葱花、姜片、八角、花椒粒、盐、鸡精、香油

做法
1. 将白萝卜洗净，切块。
2. 瘦牛肉洗净，切块，入沸水中汆透，捞出沥水。
3. 锅置火上，放入牛肉、葱花、姜片、八角、花椒粒，加适量清水，大火烧沸，转小火炖至牛肉九成熟，倒入萝卜块煮熟，用盐、鸡精和香油调味，出锅前撒上香菜末即可。

营养功效

　　白萝卜还含有促进脂肪代谢的物质，能降低血胆固醇，防治冠心病。

牛蹄筋 牛肚

食疗作用：牛蹄筋中含有丰富的胶原蛋白，脂肪含量也比肥肉低，并且不含胆固醇，能增强细胞生理代谢，使皮肤更富有弹性。

适宜人群：一般人群均可食用。尤其适宜于虚劳羸瘦、腰膝酸软、产后虚冷、中虚反胃的人食用。

牛肚如何选购

◎选购牛肚时要注意：如果水发的牛肚摸起来比较滑腻，可能是用工业氢氧化钠处理过的；如果闻起来有刺激的味道，可能是用甲醛浸泡过的；颜色过于鲜亮雪白的牛百叶，则大多经过化学处理。

如何清洗牛肚

◎牛肚抖尽杂物，摊于案上，将肚叶层层理顺，用清水反复洗至无黑膜和异味，切去肚门的边沿，撕去底部（无肚叶的一面）的油皮，再用水冲洗干净即可。

如何去除牛肚异味

◎牛肚清洗干净后放入盆中，加盐、玉米面、食醋搓洗15分钟，冲洗2遍，入沸水锅中汆水2遍后再用于烹调，异味即除。

凉菜

热菜

卤水金钱肚 难易度 |￭￭￭

原料 金钱肚300克

调料 精卤水、葱、姜、料酒

做法 1.金钱肚洗净，入沸水中汆水。

2.将金钱肚放入盛器内，依次加入葱、姜、料酒和水，入蒸锅中隔水蒸熟，取出后沥干水分。

3.将精卤水烧开，放入蒸熟的金钱肚，浸泡20分钟至入味，取出晾至凉透，改刀装盘即可。

营养功效

牛肚含蛋白质、脂肪、钙、磷、铁、硫胺素、核黄素、尼克酸等，具有补益脾胃、补气养血、补虚益精、消渴等功效。

葱油牛蹄筋 难易度 |￭￭￭

原料 水发牛蹄筋400克，油菜心100克

调料 葱段、姜丝、料酒、湿淀粉、高汤、鸡精、老抽、蚝油、盐、白糖、胡椒粉、植物油

做法 1.将水发牛蹄筋切成段，用沸水汆一下；油菜心洗净，用加了盐、食用油的沸水焯烫熟，取出，码放在盘子四周。

2.锅内倒油烧至三成热，下葱段炒出葱香味，倒出适量葱油，待用。原锅内放入姜丝、盐、料酒、胡椒粉、老抽、鸡精、白糖、高汤，下入牛蹄筋，转小火煨炖30分钟，待蹄筋软烂且汁浓时转大火，用湿淀粉勾芡，淋入倒出的葱油即可。

羊肉

食疗作用： 羊肉在《本草纲目》中被称为补元阳、益血气的温热补品，可以祛湿气、避寒冷、暖心胃。

适宜人群： 一般人群均可食用，最宜胃寒、气血两虚、体虚、骨质疏松患者食用。

羊肉巧除膻味

◎漂洗法：把羊肉肥瘦分离，剔除肌肉间的脂肪膜，将肥瘦肉分开漂洗。冬天用45℃的温水，夏天可用凉水，漂洗30分钟左右即可清除膻味。

◎米醋法：将500克羊肉切成块，放入500克开水锅中，加25克米醋，煮沸后将羊肉捞出，即可去除膻味了。

羊肉巧改刀

◎改刀：羊肉改刀之前应先将肉间的白膜剔除，否则成菜口感发柴。

◎如何切薄羊肉片：将净羊肉放入冰箱冷冻1小时至稍硬取出，就很容易将肉切成薄片。也可用刨刀将冻过的羊肉片成薄片，适合涮火锅。

新鲜羊肉洗净。　　剔除羊肉的筋膜。　　横刀切片。

凉菜

双色拌羊肉 难易度 |

原料 羊肉400克，洋葱50克，胡萝卜50克

调料 盐、味精、胡椒粉、米醋、香油、香菜末

做法
1. 将羊肉洗净氽水；洋葱、胡萝卜洗净去皮，切片备用。
2. 炒锅上火倒入水烧沸，调入少许盐，下入羊肉氽至成熟，捞起晾凉切丁，待用。
3. 将羊肉倒入盛器内，调入盐、味精、胡椒粉、米醋、香油，再下入洋葱、胡萝卜拌匀装盘，撒入香菜末即成。

凉菜

粉皮拌羊肉 难易度 |

原料 熟羊肉200克，鲜粉皮100克，香菜20克

调料 盐、味精、胡椒粉、老陈醋、香油

做法
1. 将熟羊肉切片，鲜粉皮切条，香菜择净切段，备用。
2. 将熟羊肉、鲜粉皮倒入盛器内，调入盐、味精、胡椒粉、老陈醋、香油搅匀，装入盘内，撒入香菜段即成。

爱心提醒 🔍

1000克羊肉中加入10克甘草和适量料酒、生姜一起烹调，既能够去其膻气，又可保持其鲜美的羊肉风味。

家常拌羊百叶 难易度 |.ılı

原料 熟羊百叶300克、香菜50克、香葱50克

调料 盐、味精、白糖、生抽、香油

做法 1.将熟羊百叶切成丝，香葱、香菜择净切成段，备用。

2.将熟羊百叶、香菜、香葱倒入盛器内，加白糖、味精、盐、生抽、香油，拌匀装盘即成。

营养功效

益气补虚，增强御寒能力。

香葱爆羊肉 难易度 |.ılı

原料 熟羊肉350克，香葱100克，香菜50克

调料 色拉油、盐、味精、白胡椒粉、香油

做法 1.熟羊肉切片。香葱择洗净，切段。香菜洗净，切段。

2.炒锅上火，倒入色拉油烧热，下入羊肉爆炒至成熟，盛出。

3.净锅上火，倒入色拉油烧热，下入香葱煸炒出香味，下入羊肉，调入盐、白胡椒粉、味精翻炒至入味，撒入香菜，淋香油即可。

七彩绵羊肉 难易度 |.ılı

原料 羊肉200克，绿豆芽、榨菜丝、木耳丝、胡萝卜丝各100克，蒜苗适量

调料 姜丝、盐、味精、醋、植物油

做法 1.绿豆芽去头尾，沥干水分。蒜苗切丝，备用。

2.羊肉切丝，上浆抓匀，入油锅滑油，捞出沥油。

3.锅置火上，入油烧热，下姜丝煸炒，倒入豆芽、胡萝卜丝、榨菜丝、木耳丝一起炒匀，下入蒜苗丝，加盐、味精，烹少许醋快速翻炒，出锅装盘即可。

羊腰补肾汤 难易度 |.ılı

原料 羊腰2只，白萝卜150克，高汤1000毫升

调料 料酒、葱花、姜末、盐、植物油

做法 1.将羊腰洗净，一切两半，除去白色臊腺，入沸水中汆一下，捞出切片。

2.白萝卜洗净，切片。

3.锅中加入植物油，烧至六成热，下入葱花、姜末爆香，倒入高汤烧沸，下入萝卜片，煮20分钟，加入羊腰片、盐、料酒，烧沸5分钟即可。

鸡 肉

食疗作用： 性温味甘，具有补中益气、补虚健胃、活血舒筋、调经止崩、补精填髓等功效。

适宜人群： 一般人群均可食用，最宜气血不足、营养不良、产后无乳、贫血患者食用。

鸡肉巧去腥味

◎ **啤酒法：** 将宰好的鸡放在加有盐和胡椒的啤酒中浸1个小时，即可除去腥味。

◎ **清水法：** 宰杀的鸡、鸭若血尚未放净，烧煮后肉色易发黑，并有腥味。只要将鸡、鸭用清水浸泡至白净再烹制，血腥味就没了。

◎ **水余法：** 炖鸡前，先把切好的鸡块放在冷水锅中烧开，稍等片刻即捞出鸡块，将锅中的水全部倒掉，换新水再放入鸡块，置火上烧，并加放作料，这样炖出的鸡醇香无腥味。

鸡肉巧改刀

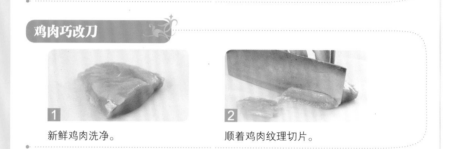

1 新鲜鸡肉洗净。

2 顺着鸡肉纹理切片。

（凉菜）

口水鸡 难易度 |

（原料）仔公鸡400克，黑芝麻5克，油酥花生仁50克

（调料）花生酱、辣椒油、花椒面、盐、味精、冷鸡汤、小葱、麻油

（做法）
1. 小葱洗净，切成葱花。黑芝麻炒香，油酥花生仁用刀背砸成碎末。

2. 公鸡宰杀治净，入沸水汤锅中煮至刚熟时捞起，晾凉后斩成5厘米长、1厘米宽的条，装盘待用。

3. 用麻油把花生酱搅散，加盐、味精、辣椒油、冷鸡汤、花椒面、黑芝麻、油酥花生仁拌匀，调成麻辣味汁，淋在鸡肉上，撒上葱花即成。

（凉菜）

怪味鸡 难易度 |

（原料）鸡肉400克

（调料）盐、味精、酱油、醋、料酒、花椒油、辣椒油、辣椒末、花生酱、葱段、姜块、花椒、葱姜丝

（做法）
1. 鸡肉入锅，加葱段、姜块、花椒、盐、料酒煮熟后捞出，改刀装盘，上撒葱姜丝。

2. 盐、味精、酱油、醋、花椒油、辣椒油、辣椒末、花生酱一同放碗内调匀，浇在鸡肉上即可。

营养功效

鸡肉肉质细嫩，营养丰富，且易消化，利于人体消化吸收，有增强体力、强壮身体的作用。

凉拌小公鸡 难易度 |.ıll

原料 小公鸡1只，炸花生米150克

调料 辣椒酱、红油、醋、辣椒粉、白糖、酱油、香油、花椒粉、盐、味精、香菜段、香葱段、高汤

做法 1.小公鸡治净，放入沸水锅中氽烫15分钟至熟，捞出，放凉后改刀，剔除鸡骨头，切条。

2.将花椒粉、盐、味精、香油、酱油、白糖、醋、红油、辣椒粉、辣椒酱入容器中，加适量高汤搅匀成味汁，淋到鸡肉上，撒香菜段、香葱段、炸花生米即可。

凉菜

凉菜

清凉白切鸡 难易度 |.ıll

原料 净小公鸡1只，大米、番茄、薄荷叶各适量

调料 葱花、姜末、盐、味精、植物油

做法 1.大米淘洗干净，用清水浸泡；小公鸡冲洗干净；薄荷叶择洗干净，取其中一部分捣碎，加入葱花、盐，再将另一部分切碎；番茄洗净，切粒。

2.锅入油烧热，浇在捣碎的薄荷叶和葱花上，加入番茄粒和味精搅拌均匀，制成调味汁。

3.锅入油烧热，倒入植物油，炒香姜末，放入大米，加切碎的薄荷叶翻炒，倒入沸水锅中，放入小公鸡小火煨5分钟，关火，盖上锅盖焖8分钟，捞出，沥干水分，晾凉后斩段，摆放在盘中。

4.调味汁加米汤拌匀，淋在盘中的鸡肉上即可。

凉菜

清香鸡丝黄瓜 难易度 |.ıll

原料 鸡胸肉350克，黄瓜、柠檬各适量

调料 姜片、盐、味精、橄榄油、花椒、黑胡椒粒

做法 1.鸡胸肉洗净；黄瓜洗净，去蒂，切丝；柠檬洗净，切开，待用。

2.锅置火上，倒入适量热水烧沸，加入姜片、花椒、盐，放入鸡胸肉煮7~8分钟，捞出，放入冰箱冷却，取出，撕成丝，放入盘中，加少许盐、味精、橄榄油调味，挤入柠檬汁，放上黄瓜丝，加少许盐和黑胡椒粒拌匀即可。

凉菜

火鸡拌莼菜 难易度 |￭ul

原料 莼菜400克，熟鸡肉、火腿各50克

调料 盐、香油、鸡精

做法
1. 将莼菜洗净，用沸水焯一下，待变色后捞出，控干水分。
2. 将熟鸡肉和火腿切丝，待用。
3. 取一大碗，放入莼菜、鸡丝、火腿丝、盐、香油、鸡精拌匀，装盘即可。

热菜

热菜

苦瓜焖鸡翅 难易度 |￭ul

原料 鸡翅中250克，苦瓜300克，红辣椒丝10克

调料 姜汁、料酒、味精、白糖、盐、淀粉、蒜泥、豆豉、葱段、花生油

做法
1. 将鸡翅中洗净，剁块，放入碗中，加入姜汁、料酒、白糖、盐、淀粉拌匀，腌20分钟。
2. 苦瓜洗净去瓤，切成2厘米长的段，入沸水中略焯，捞出沥水。
3. 净锅置火上，加入适量花生油烧热，下蒜泥、豆豉爆香，放入鸡翅快炒至将熟，加入苦瓜、红辣椒丝、葱段炒几下，倒入半碗清水，加盖，小火焖煮30分钟，加盐、味精调味，出锅盛盘即可。

鸡肉丸子 难易度 |￭ul

原料 鸡胸脯肉100克，海带1段，菠菜3棵

调料 鸡蛋液、淀粉、葱花、盐、味精、香油

做法
1. 将海带漂洗干净，放清水中充分泡发。
2. 将菠菜洗净烫一下，切成末。
3. 将鸡胸脯肉、鸡蛋液、淀粉用搅拌机搅拌成浆，放入葱花、盐拌匀。
4. 将泡好的海带与泡海带水同煮，捞去海带不用，将拌匀的鸡肉浆用小勺制成丸子放入汤中，等丸子煮熟漂起来后放入菠菜末，汤煮沸，加味精、香油调味即可。

菠萝鸡块 难易度 |.ıll

原料 新鲜菠萝1个，鸡腿2只，胡萝卜1根，青椒1个

调料 花生油、盐

做法
1.鸡腿洗净切成块，入沸水中汆至半熟，捞出。

2.胡萝卜、青椒洗净，切成小块。

3.菠萝洗净外皮，对半切开，挖出里面的果肉，切成块。

4.热锅加油烧热，倒入菠萝块、胡萝卜块、鸡腿同炒至熟烂，加盐调味，放入青椒稍拌，急火收汁，稍凉后盛出即可。

热菜

热菜

香椿鸡丝 难易度 |.ıll

原料 海螺肉150克，鸡肉100克，罐头竹笋25克，蘑菇15克，青豆20克，花生油60克

调料 盐、料酒、湿淀粉、蛋清、鸡汤、葱姜丝、蒜末

做法
1.将竹笋和蘑菇均切成丝。海螺肉切片，放入开水锅内焯一下。鸡肉切丝，加蛋清抓拌均匀。

2.锅入油烧至五成热，放入鸡丝，用温油炒至鸡丝变白，捞出沥油。

3.净锅倒油烧热，先放入葱丝、姜丝、蒜末煸炒出香味，再放入竹笋丝、蘑菇丝、青豆和海螺片，翻炒均匀后，加料酒、味精、鸡汤和盐，待汤烧开后，放入鸡丝同炒几下，用湿淀粉勾芡即可。

热菜

清蒸红汤鸡翅 难易度 |.ıll

原料 鸡翅500克，鲜香菇100克，油菜心50克

调料 植物油、料酒、葱段、姜片、盐、鸡精、酱油、高汤

做法
1.鸡翅膀分成翅尖、翅中两段，放入沸水中汆一下，捞出过凉，用料酒、酱油腌5分钟。

2.油菜心洗净，香菇洗净切片。

3.锅入油烧至七成热，将腌好的鸡翅尖、翅中放入油内，煎炸至呈酱红色时捞出，装入汤罐内。

4.将高汤倒入汤罐内，加入香菇片、料酒、葱段、姜片、盐、鸡精，上屉蒸1小时，拣去葱段、姜片，放入油菜心，再蒸5分钟，装盘即成。

黄焖栗子鸡 难易度 |.᎒ll

原料 栗子仁200克，小公鸡1只

调料 酱油、白糖、甜面酱、高汤、花椒油、料酒、葱花、姜片、味精、水淀粉、花生油

做法
1. 栗子仁切成两半，入热油中氽一下，捞出沥油。
2. 公鸡宰杀治净，剁块，氽水，捞出沥水。
3. 锅入油烧热，炝香葱花、姜片，放入鸡块翻炒至出油，烹入酱油、料酒，加入高汤、甜面酱、白糖、栗子拌炒翻匀，小火焖至八成熟时转中火，待鸡肉已熟烂时用水淀粉勾芡，淋花椒油即可。

蒸香菇鸡块 难易度 |.᎒ll

原料 水发香菇50克，鸡肉300克，大枣20克

调料 姜丝、葱末、酱油、白糖、盐、味精、料酒、鸡汤、湿淀粉、香油

做法
1. 水发香菇洗净，撕成小块。
2. 鸡肉洗净，切块。大枣洗净，去核。
3. 将鸡块、香菇、大枣放小盆中，加入姜丝、葱末、酱油、盐、白糖、味精、料酒、鸡汤和湿淀粉拌匀，入笼蒸熟后取出，淋香油即可。

柠檬汁煨鸡 难易度 |.᎒ll

原料 仔鸡1只

调料 白糖、芝麻油、盐、植物油、柠檬

做法
1. 仔鸡宰杀，治净，剁成小块，入沸水中氽一下，捞出沥水。
2. 柠檬洗净，取汁。
3. 锅入油烧热，下鸡块炒至金黄色，加适量清水，再加入适量柠檬汁、白糖、芝麻油、盐，盖好盖，用文火煨50分钟，至鸡块熟透时急火收汁，起锅装盘，用柠檬片装饰在鸡块周围即成。

薏米番茄炖鸡 难易度 |.᎒ll

原料 薏米50克，鸡腿200克，番茄100克

调料 盐

做法
1. 薏米淘洗净，加水煮开，转小火熬40分钟。
2. 将鸡腿洗净切块，入沸水中氽烫，捞出。
3. 番茄表面轻划数刀，入开水中稍烫，取出去皮，切成块。
4. 将鸡腿、番茄加入薏米中，大火煮开后，再转小火煮至鸡肉熟烂，加盐调味即可。

鸡血豆腐汤 难易度 |.ııl

原料 豆腐50克，熟鸡血25克，瘦肉25克

调料 熟胡萝卜、水发木耳、鲜汤、香油、酱油、盐、料酒、葱花、湿淀粉

做法 1.将豆腐、熟鸡血切细条。瘦肉切丝。

2.水发木耳、熟胡萝卜切丝。

3.锅置火上，倒入鲜汤，下入切好的豆腐、鸡血、木耳、瘦肉、胡萝卜，烧开后撇去浮沫，加入酱油、盐、料酒，烧沸后，用湿淀粉勾薄芡，加入香油、葱花，盛入碗内即成。

当归桂圆煲鸡 难易度 |.ııl

原料 当归、桂圆各20克，鸡半只

做法 1.当归洗净。桂圆去壳，取肉。

2.将鸡洗净剁块，入沸水中氽一下，捞出沥水。

3.煲置火上，加入适量清水，下入鸡块炖至半熟，加入桂圆、当归，小火煲至熟透即可。每日1剂，食肉饮汤。

肉丝莼菜汤 难易度 |.ııl

原料 鸡肉丝100克，莼菜200克，火腿丝30克，鸡汤500毫升

调料 盐、味精、香油

做法 1.莼菜洗净切段，入沸水中氽一下，捞出。

2.净锅上火，加入鸡汤烧开，下入鸡肉丝，烧沸后加入莼菜、火腿丝，调入味精、香油即可。

党参黄芪煲鸡 难易度 |.ııl

原料 母鸡1只，党参、黄芪各15克

调料 姜片、盐

做法 1.将母鸡宰杀，治净，入沸水中氽一下，捞出沥水，待用。

2.将黄芪、党参洗净，同姜片一起装入鸡腹内。

3.煲置火上，加入适量清水，放入母鸡，大火烧沸，撇去浮沫，转小火煲至鸡肉酥软，调入盐，煲至入味即可。

鸡 爪

鸡爪预处理

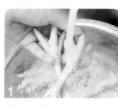

1. 鸡爪用清水冲洗干净。

2. 用小刀将鸡爪掌心的小块黄色茧疤去掉。

3. 将鸡爪上残留的黄色外衣褪去。

4. 用剪刀将趾甲剪去。

5. 处理完毕。

食疗作用：鸡爪对营养不良、畏寒怕冷、乏力疲劳、贫血等有很好的食疗作用，并有温中益气、补虚填精、健脾胃、活血脉的功效。鸡爪含有丰富的钙质及胶原蛋白，多吃不但能软化血管，而且具有美容功效。

（凉菜）

（凉菜）

酸沙凤爪 难易度

原料 鸡爪300克，西芹、胡萝卜、青柠片各适量

调料 蒜末、葱段、姜块、朝天椒碎、鱼露、白醋、柠檬醋、白糖、盐

做法
1. 鸡爪洗净，去爪尖。西芹、胡萝卜择洗净，切条。

2. 锅置火上，倒入适量冷水，放入鸡爪、葱段、姜块煮10分钟，捞出，放入白醋中浸泡5分钟，取出用水冲一下。

3. 取小碗，放入白糖、盐、鱼露、柠檬醋、蒜末、朝天椒碎，挤入青柠汁拌匀，调成酸沙汁。

4. 取大碗，放入鸡爪、西芹、胡萝卜，淋入酸沙汁拌匀即可。

翡翠凤爪 难易度

原料 拆骨凤爪300克

调料 青红椒、蒜泥、绍酒、卤汁、盐、味精

做法
1. 青红椒去籽、蒂，洗净后切成块，下入沸水锅中焯熟，捞入清水中漂凉，待用。

2. 净锅上火，放入凤爪、清汤、卤汁、绍酒，旺火烧沸，改用小火焖至凤爪熟烂，将蒜泥下锅，再下入盐、味精调味。捞出凤爪冷凉后，装入盘内，边上围上青红椒即成。

营养功效

鸡爪含有丰富的钙质及胶原蛋白，多吃不但能软化血管，而且具有美容功效。

鸭 肉

食疗作用： 鸭肉中的脂肪酸熔点低，易于消化；其所含B族维生素和维生素E较其他肉类多，能有效抵抗脚气病、神经炎等炎症，还有抗衰老的作用。

适宜人群： 一般人群均可食用，尤其适于体内有热、上火者食用。

去鸭毛的窍门

◎ 杀鸭前给鸭子灌1汤匙白酒，宰杀后用冷水将鸭毛浸湿，用少许洗衣粉搓揉鸭毛，然后用热水浸烫(水温不要过高，鸭的毛孔遇到100℃的沸水就会收缩，毛将难以拔除)。热水中加入1汤匙食盐，去毛时，顺着毛推，这样夹在粗毛之间的绒毛就容易同时除尽。

◎ 煺鸭毛时，在热水中滴几滴洗洁精，再将杀好的鸭子放入水中，翻转浸烫，鸭毛就很容易被拔掉。

鸭子去臊豆

鸭子处理好，洗净。

去除鸭尾部两端的臊豆，可去鸭肉腥臊味。

盐水鸭 难易度 |▁▃▅▆

原料 活肥仔鸭1只

调料 盐、大料、花椒、葱段、姜块、陈卤

做法

1. 鸭子宰杀治净，斩去小翅和脚掌，取出内脏，用清水浸泡，洗净血水后沥干。

2. 锅置火上，放入盐、花椒炒熟后装入碗内，取热椒盐擦遍鸭脯、鸭身、鸭嘴，然后将鸭放入陈卤缸中腌制3小时，取出后再从翅下刀口中放入姜片、葱段、大料。

3. 汤锅置火上，倒入清水烧沸，放入姜块、葱段、大料，转微火，取1根12厘米长的空心芦管插入鸭子肛门内，把鸭腿朝上、头朝下放入锅内，焖20分钟后，转中火，待锅边起小泡时，揭开锅盖，提起鸭腿，把鸭腹中的汤汁沥入锅内，再将其放入汤中，使鸭肚内灌入热汤，如此反复3～4次，改微火煮约20分钟取出，抽去芦管，沥去汤汁，冷却后剁成小块，摆盘即可。

凉菜

热菜

绿豆芽炒鸭丝 难易度 |.ıll

原料 绿豆芽130克，鸭脯肉150克

调料 蒜丝、姜丝、湿淀粉、泡红辣椒、盐、味精、胡椒粉、化猪油

做法
1. 绿豆芽洗净，切两刀。泡红辣椒去蒂洗净，切丝。
2. 将味精、盐、湿淀粉调成味汁。
3. 鸭脯肉洗净，切丝，用盐、胡椒粉、湿淀粉略腌。
4. 锅入油烧至五成热，下鸭脯肉丝滑散，滗去余油，放入蒜丝、姜丝、绿豆芽，煸炒几下，加入泡红辣椒丝、调汁炒匀，收汁起锅即成。

热菜

翡翠鸭掌 难易度 |.ıll

原料 拆骨鸭掌2只，青椒100克

调料 大蒜、色拉油、绍酒、卤汁、盐、味精、水淀粉、清汤

做法
1. 青椒洗净，去籽、蒂，切成块，投入沸水锅内焯熟，用清水漂凉。大蒜去皮，拍成蒜泥。
2. 鸭掌洗净，剥去外衣，斩去趾尖。
3. 锅入油烧至六成热，煸香蒜泥，再投入鸭掌、青椒，加入绍酒、盐、味精和少量清汤煮沸，用水淀粉勾芡，翻炒几下，浇上卤汁，起锅即可。

汤煲

鸭舌冬瓜 难易度 |.ıll

原料 冬瓜250克，熟鸭舌20只

调料 葱段、姜片、黄酒、盐、味精、清汤、胡椒粉、色拉油

做法
1. 鸡胸肉洗净；黄瓜洗净，去蒂，切丝；柠檬洗净，切开，待用。
2. 锅置火上，倒入热水烧沸，加入姜片、花椒、盐，放入鸡胸肉煮熟捞出，晾凉后撕成丝，放入盘中，加盐、味精、橄榄油调味，挤入柠檬汁，放上黄瓜丝，加少许盐和黑胡椒粒拌匀即可。

汤煲

口蘑鸭子 难易度 |.ıll

原料 光鸭1只(约1 000克)，口蘑100克

调料 盐、葱段、姜片、黄酒、清汤

做法
1. 光鸭治净，涂上盐、黄酒，静置20分钟后，投入沸水中煮烫3分钟，取出洗净。
2. 口蘑洗净，用沸水浸泡5分钟，再用清水洗净，切成1厘米见方的小丁。
3. 砂锅内加入清汤、葱段、姜片、黄酒、光鸭，烧开后改小火焖约2小时，投入口蘑丁，改旺火烧15分钟，加盐调味即成。

砂锅鸭血豆腐 难易度|

原料 豆腐60克，熟鸭血50克，熟瘦猪肉、熟胡萝卜各20克，水发木耳25克，高汤250克

调料 香油、酱油、盐、料酒、葱花、湿淀粉

做法 1.将豆腐、熟瘦猪肉、熟胡萝卜和鸭血切成条，水发木耳撕碎。

2.砂锅内加入高汤，下入所有原料，烧开后撇去浮沫，加入调料，改温火慢炖，最后加香油和葱花，勾芡即可。

绿豆炖老鸭 难易度|

原料 绿豆150克，老白鸭1只(约重2000克)

调料 姜片、料酒、盐、味精

做法 1.将老白鸭宰杀，治净，投入沸水中余一下，捞出沥水，切块。

2.绿豆淘洗干净。

3.净锅内加入清水、绿豆、姜片、料酒、鸭块烧沸，撇净浮沫，小火炖至肉烂，放盐煮至入味，加味精调味，起锅即成。

萝卜炖鸭块 难易度|

原料 鸭块500克，萝卜100克

调料 黄酒、盐、味精、葱段、姜片

做法 1.将鸭块投入沸水锅内余水，捞出，洗净血沫。

2.萝卜洗净切块。

3.锅置火上，放入鸭块，加黄酒、盐、葱段、姜片，倒入清水没过鸭块，加盖，上旺火烧开，撇去浮沫，转用微火焖，待鸭肉八成熟时，加入萝卜块，继续在火上焖烂，加入盐、味精调味，盛入碗中即可。

姜母鸭 难易度|

原料 鲜姜100克，鸭块500克，米酒200毫升

调料 葱花、盐、花生油

做法 1.鲜姜洗净，分切成片和丝。

2.鸭块洗净，入沸水中余一下，捞出沥水。

3.锅置火上，加少许花生油烧热，投入姜片炒出香味，加入鸭块一起煸炒，烹入米酒，调入盐，注入少许清水煮开，倒入大碗中，撒上姜丝，入蒸锅中蒸至鸭肉熟透，取出撒入葱花即可。

鲍鱼杜仲炖水鸭 难易度 | 📶

（原料）鲍鱼150克，水鸭200克，杜仲5克，陈皮3克

（调料）料酒、姜片、葱段、盐

（做法）
1. 鲍鱼洗净余水，去壳、肠杂，洗净切片。

2. 水鸭洗净，剁块，入沸水中余烫，捞出沥水。

3. 杜仲、陈皮洗净，装入料袋。

4. 锅内加入适量清水，放入料袋、鸭块、姜片、葱段，武火烧沸，打去浮沫，转文火炖至鸭块熟透，加入鲍鱼片，烹入料酒，调入盐，稍煮片刻即成。

鸭肉牡蛎煲 难易度 | 📶

（原料）鸭肉400克，牡蛎100克，干贝40克，金针菇50克

（调料）盐

（做法）
1. 将鸭肉洗净，切成块，入沸水中余一下，捞出沥水，待用。

2. 牡蛎、干贝、金针菇分别洗净。

3. 汤锅内加入适量清水，放入鸭肉烧开，加入牡蛎、干贝、金针菇烧沸，文火煮1.5小时，调入盐，稍煮入味即成。

赤豆炖仔鸭 难易度 | 📶

（原料）赤豆50克，仔鸭500克

（调料）料酒、盐、姜、葱、胡椒粉、味精

（做法）
1. 将赤豆淘洗干净。姜洗净拍松，葱洗净切段。

2. 鸭宰杀后，去毛、内脏及爪，洗净，剁块余水。

3. 将仔鸭、赤豆、姜、葱、料酒同放炖锅内，加水3000毫升，置武火上烧沸，再用文火炖30分钟，加入盐、味精、胡椒粉调味即可。

金针白鸭汤 难易度 | 📶

（原料）小白鸭1只(约重1000克)，鲜金针菇200克

（调料）葱段、胡椒粉、料酒、盐、味精、鲜汤

（做法）
1. 鲜金针菇洗净，投入沸水中焯熟，捞起，放入清水中泡1小时，捞出沥水。

2. 小白鸭宰杀治净，投入沸水中余一下，捞出沥水，切成块。

3. 净锅内加入鲜汤、葱段、胡椒粉、白鸭块、料酒炖烂，下盐稍煮入味，放金针菇烧沸，加味精调味，起锅即成。

鲫鱼

食疗作用： 鲫鱼所含的蛋白质齐全，易于消化吸收。常食鲫鱼可增强抗病能力。鲫鱼有健脾利湿、和中开胃、活血通络之功效。

适宜人群： 一般人均可食用，最适宜脾胃虚弱、食欲不振、产后乳汁缺乏、小儿麻疹初期者食用。

鲫鱼如何保存

◎将鲫鱼一尾一尾地摆在铝盘上，放入冰箱冷冻室中冷冻，待结冻后再放入全密封袋里保存。解冻时连同包装袋一同浸在热水中解冻，或放入冰箱冷藏室自然解冻。

鲫鱼的配膳指导

最佳搭配：

◎鲫鱼+韭菜：润肠止泻。

◎鲫鱼+蘑菇：滋补强身，健脑益智。

◎鲫鱼+番茄：补中益气，养肝补血。

◎鲫鱼+豆腐：促进营养素的吸收。

◎鲫鱼+木耳：温中补虚，养颜。

不易和禁忌搭配：

◎鲫鱼+冬瓜：导致身体脱水。

◎鲫鱼+蒜：使人体力下降，伤身体。

◎鲫鱼+蜂蜜：易致中毒。

◎鲫鱼+猪肝、鸡肉：易致生痈疮。

热菜

大蒜烧鲫鱼 难易度 |▁▃▅

原料 活鲫鱼1条(约750克)，大蒜40克

做法 1.将鲫鱼宰杀，去鳞、鳃及内脏，冲洗干净。

2.大蒜去皮，待用。

3.将大蒜装入鱼腹内，外面裹上干净白纸，用水湿透，放入谷糠内烧熟即成。

营养功效

鲫鱼含丰富的蛋白质，容易消化吸收，是肝肾疾病、心脑血管疾病患者的良好蛋白质来源。经常食用，可补充营养，增强抗病能力。

热菜

香菇鲫鱼 难易度 |▁▃▅

原料 干香菇100克，活鲫鱼500克，熟笋50克

调料 绍酒、盐、葱花、姜丝、醋、香油

做法 1.香菇用冷水洗净，去根，用温水泡软，切片。熟笋切片。

2.将活鲫鱼宰杀，去鳞、鳃、内脏洗净，加绍酒、盐、葱花、姜丝拌匀，腌渍片刻，弃去葱花、姜丝，将香菇片、熟笋片平铺在鱼身上，上笼，旺火蒸约15分钟，取出，再撒上少许葱花，将香油淋浇在鱼身上即成。用碟盛香醋、姜丝上桌，供蘸食。

鲫鱼烧莴苣 难易度 |￭￭￭

原料 鲫鱼300克，莴苣杆300克，泡红辣椒节40克

调料 葱白、盐、味精、湿淀粉、鲜汤、料酒、色拉油

做法 1.莴苣去皮，洗净，改刀成条。葱白洗净，切段。

2.鲫鱼去鳞、鳃、内脏，洗净。

3.锅内放色拉油烧至七成热，下鲫鱼炸至定型，捞起，倒去余油，放葱白、泡红辣椒节炸一下，加鲜汤、鲫鱼、料酒烧沸，放莴苣杆条，加盐烧熟，再放味精、湿淀粉收汁，起锅即成。

热菜

汤煲

木瓜鲫鱼汤 难易度 |￭￭￭

原料 木瓜150克，活鲫鱼1尾(约500克)

调料 植物油、盐、料酒、胡椒粉、姜片、葱段、鸡汤

做法 1.木瓜去皮、籽，洗净切片。

2.将鲫鱼宰杀，去鳞、鳃和内脏，洗净，在两面剞花刀。

3.净锅置火上，加入适量植物油烧热，下入鲫鱼，煎至两面呈金黄色时取出。

4.另起锅，加入少许植物油烧热，下姜片、葱段爆香，烹入料酒，倒入鸡汤，加入木瓜片、鲫鱼同煮，小火炖至汤色乳白，加盐、胡椒粉调味，出锅即可。

汤煲

富贵有余 难易度 |￭￭￭

原料 鲫鱼1条，豆腐、竹笋、山药各50克

调料 料酒、清汤、姜片、葱段、盐、味精

做法 1.鲫鱼宰杀去内脏，洗净沥干水分。豆腐切片，放入沸水中烫熟捞出。山药切片。竹笋切块。

2.将鱼放煎锅内，煎至两面金黄，淋料酒，加清汤，放入姜片、葱段、竹笋块、山药片烧沸，烧至汤汁浓白时，放入豆腐片烧开，加盐、味精，倒入火锅内，撒葱花即可上桌。

营养功效

健脾利湿，和中开胃，温中下气。

奶汤鲫鱼 难易度 |▮▮▮▯▯

原料 鲫鱼2条，油菜、海米各50克，香菜5克

调料 奶汤、盐、醋、味精、胡椒粉、葱、姜、花生油

做法 1.鲫鱼处理干净，待用。

2.锅中放油烧热，爆香葱、姜，放入鲫鱼煎至变色，加入奶汤及海米炖熟，加盐、醋、味精、胡椒粉调味，撒香菜末即可。

爱心提醒 🔍

鲫鱼炖熟后要去掉葱、姜。

牡蛎鲫鱼汤 难易度 |▮▮▮▯▯

原料 牡蛎肉、豆腐、青菜叶各100克，鲫鱼200克，鸡汤500毫升

调料 绍酒、葱花、姜片、酱油、盐

做法 1.将鲫鱼去鳞、鳃、内脏，洗净。

2.将青菜叶、牡蛎肉洗净。豆腐切长块。

3.酱油、盐、绍酒调汁，抹在鲫鱼身上。将鱼放入炖锅内，加入鸡汤、葱花、姜片、牡蛎肉，烧沸，加入豆腐，文火煮30分钟后下入青菜叶，再稍煮即成。

柿饼百合鲫鱼汤 难易度 |▮▮▮▯▯

原料 活鲫鱼1条，柿饼2个，百合30克

调料 香油、盐、味精

做法 1.将鲫鱼宰杀，去鳞、鳃及内脏，洗净。

2.将百合、柿饼用温水浸软洗净。

3.将煮锅洗净，把全部用料一齐放入锅内，加适量清水，大火煮沸，打去浮沫，改用小火煮1小时左右，调入盐、味精、香油，盛碗即成。

豆腐炖鲫鱼 难易度 |▮▮▮▯▯

原料 鲫鱼1条(约250克)，豆腐200克

调料 黄酒、葱花、姜片、盐、味精、植物油、湿淀粉

做法 1.将鲫鱼宰杀，去鳞、鳃及内脏，洗净沥水，抹上黄酒、盐腌5分钟。

2.豆腐切片，入加盐的沸水中烫5分钟，捞出沥水。

3.锅入油烧热，爆香姜片，下鲫鱼两面煎黄，加入适量清水煮沸，放豆腐片，小火炖30分钟，加盐、味精调味，再煮5分钟，勾薄芡，撒葱花即可。

草鱼

食疗作用： 草鱼含有丰富的硒元素，经常食用有抗衰老、养容颜的功效。草鱼肉易消化，适于身体瘦弱、食欲不振的人食用，具有滋补开胃的功效。

适宜人群： 一般人群均可食用。

如何选购草鱼

◎青鱼和草鱼的体形非常相似，挑选时需注意区分。青鱼的背部及两侧上半部呈乌黑色，腹部青灰色，各鳍均为灰黑色；草鱼呈茶黄色，腹部灰白，胸、腹鳍带灰黄色，其余各鳍颜色较淡。青鱼嘴部呈尖形，草鱼嘴部呈圆形。

鱼胆破了如何补救

◎草鱼胆有毒，应去除。如果不小心弄破了，可把鱼放在淡盐水里泡上一小会儿，再洗一洗，最后用自来水冲一冲，这样烧出来的鱼就不会有苦味了。

切鱼如何不打滑

◎切鱼前在鱼身表面均匀地涂抹一层醋，静置5～10分钟，然后再切鱼就不会打滑了。

豆香鱼丁　难易度 |

（原料）草鱼350克，卤水豆腐150克

（调料）色拉油、盐、味精、鸡蛋清、干淀粉、料酒、香菜末、香油、葱姜蒜末

（做法）1.草鱼治净，去除主骨，切丁，加入鸡蛋清、干淀粉抓匀。卤水豆腐切丁。

2.锅入油烧至四成热，下入鱼丁滑散至熟，捞起，待油温升至七成热时下锅复炸，至呈金黄色时捞出，沥净油，备用。

3.锅内留底油，下葱姜蒜末爆香，烹入料酒，下入卤水豆腐，再调入盐、味精，下入鱼丁翻炒均匀，淋香油，撒入香菜段即可。

松仁草鱼　难易度 |

（原料）炒好的松子仁25克，草鱼1条(约600克)

（调料）鸡蛋清、番茄酱、白醋、盐、白糖、淀粉、植物油

（做法）1.将草鱼宰杀去鳞、鳃及内脏，冲洗干净，取鱼肉改刀成块，剞花刀，放入大碗中，加入蛋清抓匀，拍淀粉，入油锅中炸至外酥里嫩，捞出沥油，装入盘中，撒上松子仁。

2.净锅置火上，加少许清水烧沸，下入番茄酱，加入盐、白糖，烹入白醋，调成酸甜汁，用淀粉勾芡烧沸，浇在鱼肉上即可。

金针鱼片 难易度 |.ııl

（原料）草鱼（或鲢鱼）400克，金针菇200克

（调料）色拉油、盐、味精、鸡粉、蚝油、白糖、鸡蛋清、干淀粉、葱姜末、蒜蓉、料酒

（做法）
1.草鱼刮鳞，洗净，去除主骨，片薄片，打入鸡蛋清，加干淀粉抓匀。金针菇洗净，切段。
2.锅入油烧三成热，下草鱼滑熟，捞起控油。
3.锅内留底油，爆香蒜蓉，烹料酒，下金针菇，调入盐、味精炒熟，起锅盛入盘中垫底。
4.净锅倒油烧热，炒香葱姜末，调蚝油、白糖、鸡粉，下草鱼炒匀，起锅盛金针菇上即可。

芒果烧草鱼 难易度 |.ııl

（原料）八成熟的芒果2个，草鱼1条，清水笋、香菇各30克

（调料）植物油、葱、姜、蒜、白糖、酱油、鲜汤、黄酒、味精、干湿淀粉、盐、香油

（做法）
1.草鱼治净，在鱼身的两侧剞花刀。芒果去皮，取肉切丁。香菇、笋切丁。葱、姜、蒜切粒。
2.锅入油烧至五成热，将鱼抹上少许盐后拍上淀粉，投入油锅炸至熟透后捞出，沥干油，上碟。
3.锅内留少许底油，逐次放入姜、葱、蒜、香菇丁、清水笋丁、黄酒、酱油、盐、味精、白糖、鲜汤，烧开，调好味后放入芒果肉丁，用湿淀粉勾芡，浇在鱼身上，淋上香油即成。

草鱼扒油菜 难易度 |.ııl

（原料）草鱼尾400克，油菜250克

（调料）色拉油、盐、味精、酱油、蒜蓉、葱姜末、鸡蛋清、干淀粉

（做法）
1.草鱼尾洗净，去除主骨，片成片，加鸡蛋清、干淀粉抓匀。油菜择洗净。海米用温水浸泡5小时，洗净。
2.锅倒油烧三成热，下入草鱼片滑散，捞起沥油。
3.锅内留底油，下蒜蓉炒香，放入油菜，调入盐、味精煸炒至成熟，摆在盘内，待用。
4.锅上火，倒油烧热，下葱姜末炒香，烹入酱油，放入草鱼尾炒匀，起锅扒在油菜上即可。

鲤鱼

食疗作用： 鲤鱼肉富含蛋白质和钾离子，具有显著的健脾、养胃、利水作用。鱼头中含丰富的卵磷脂，对维护大脑营养、增强记忆大有裨益。

适宜人群： 一般人均可食用，最适宜营养不良患者及乳汁缺少的产妇。

鲤鱼如何选购

◎新鲜的鱼，鱼嘴清晰不糊；鱼鳃鲜红，鳃盖紧闭；眼珠饱满凸起，角膜透明；鳞片紧且不易脱落，鱼体坚实而富有弹性；鱼腹内没有胀气、鼓起等现象；肛门发白，且向腹内紧缩。

鲤鱼如何去白锦

◎鲤鱼鱼腹两侧各有一条白筋，烹调前必须将其去掉，以去除腥味。方法是：在靠近鳃部两侧和尾部的地方各切一个小口，白筋就露出来了，用镊子将其夹住，轻轻用力，即可将其抽掉。

干烧鲤鱼 难易度 |｜｜｜

原料 鲤鱼1条，木耳碎25克，蘑菇碎、竹笋、熟青豆各15克

调料 鸡汤、盐、酱油、葱姜蒜末、白糖、料酒、豆油、熟芝麻、芝麻油、彩椒碎

做法
1.鲤鱼取中段两侧斜剞数刀，抹上酱油。

2.锅入烧八成热时，放鲤鱼炸3分钟，捞出控油。

3.锅入油烧热，放白糖，翻炒至化开，倒进葱姜蒜末煸炒，再放蘑菇、竹笋、木耳、彩椒、鸡汤、盐、酱油、料酒，烧开，放入鱼，用小火煨5分钟，把鲤鱼翻个儿，让另一面吸收料汁，待汁浓时，加料酒、青豆，再淋芝麻油，撒熟芝麻即可。

白灼鲜鲤鱼 难易度 |｜｜｜

原料 干红辣椒30克，小葱2棵，活鲤鱼1条(约600克)

调料 盐、料酒、生抽、鸡精、花椒、姜末、高汤、植物油

做法
1.小葱洗净，切碎末。干红辣椒切碎。

2.活鲤鱼治净，再去骨、去刺，片成鱼片。

3.将高汤、盐、料酒、生抽、鸡精同入碗中，调成海鲜汁。

4.将鲤鱼片下入沸水中，加盐、料酒余烫至八成熟，捞出，码入盘中，撒入葱末姜。

5.锅入油烧至六成热，下干红辣椒、花椒炸成辣椒油，浇在鱼片上，淋入调好的海鲜汁，拌匀即可。

薏仁陈皮蒸鲤鱼 难易度 |.ıll

- **原料** 薏仁100克，鲤鱼1条
- **调料** 陈皮、草果、姜片、盐、味精、鲜汤
- **做法** 1.薏仁用温水浸泡1小时。陈皮用温水浸泡，洗净。
  2.鲤鱼宰杀，去鳞、鳃及内脏，冲洗干净。草果去壳。
  3.将草果、陈皮丝、薏仁塞入鲤鱼腹内，放入大碗中，加入姜片、盐、味精、鲜汤，上笼蒸熟，取出，去除鱼腹内的姜片、草果、陈皮丝、薏苡仁即成。

酸汤鲤鱼 难易度 |.ıll

- **原料** 鲤鱼1条，泡番茄、鲜番茄、黄豆芽各50克，黑木耳20克
- **调料** 盐、味精、白糖、醋、花生油、汤、胡椒粉、葱、姜、香菜
- **做法** 1.鲤鱼治净，切块，入开水中氽一下，备用。
  2.泡番茄加鲜番茄绞碎，备用。
  3.锅入油烧热，爆香葱、姜，放入番茄炒香，加入汤、黄豆芽、黑木耳，加盐、白糖、醋、味精、胡椒粉，放入氽过的鱼块炖熟，撒香菜段即可。

洋参鲤鱼汤 难易度 |.ıll

- **原料** 西洋参10克，鲤鱼1条(约500克)，大枣5枚，高汤500毫升
- **做法** 1.将鲤鱼宰杀，去鳞，鳃洗净，两面剞花刀。西洋参洗净切片。大枣洗净去核。
  2.将鲤鱼放入炖锅内，加入高汤、西洋参、大枣，置武火上烧沸，改文火炖煮25分钟即成。

营养功效 🍗

　　生津止渴，清热消肿，降血糖。

冬瓜鲤鱼汤 难易度 |.ıll

- **原料** 鲤鱼1条(约500克)，冬瓜200克，茯苓、大枣、枸杞各10克
- **调料** 姜片、盐
- **做法** 1.将鲤鱼宰杀治净，取鱼肉切片，鱼骨待用。
  2.大枣洗净，与茯苓、枸杞一起装入料包。
  3.冬瓜去皮，切成块。
  4.煲置火上，加水1500毫升，下入姜片、冬瓜块、鱼骨、料包烧沸，小火煮至冬瓜熟透，加入鱼片，转大火煮沸，去除料包，加盐调味即可。

鲢 鱼

食疗作用： 鲢鱼具有健脾补气、温中暖胃、散热的功效，尤其适合冬天食用，也可用于脾胃气虚所致的乳汁缺乏等症。

适宜人群： 一般人群均可食用。最适宜久病体虚、食欲不振、头晕乏力、产后乳汁缺乏者食用。

巧做清蒸鱼不腥

◎水烧开后将鱼放入蒸笼，3分钟后取出，倒掉盘中的鱼汤，然后放入蒸笼继续蒸，这样蒸出的鱼，口感鲜嫩，不腥。

◎烹制清蒸鱼时，先将洗净的鱼放入沸水中烫一下，然后蒸，有利于保持鱼的鲜嫩度。

◎将50克五花肉切片，拌入少许酱油、香油、盐、葱姜丝、笋丝，然后将拌好的食材装入鱼肚内，这样会使蒸出来的鱼更鲜更嫩。

鲢鱼的配膳指导

最佳搭配：

◎鲢鱼+豆腐：补脑，解毒，美容。

◎鲢鱼+萝卜：健脾补中，通乳。

◎鲢鱼+青椒：利水消肿，减肥通乳。

◎鲢鱼+红豆：健脑益智，养目润肠。

不易和禁忌搭配：

◎鲢鱼+番茄：降低营养价值。

◎鲢鱼+猪肉：产生不良反应，影响身体健康。

吊锅烧鱼头 难易度 ▮▮▮

原料 鲢鱼头1个

调料 蒜子、姜、葱、辣椒、红椒丝、料酒、海鲜酱、柱侯酱、蚝油、老抽、盐、高汤、香油、植物油

做法
1. 鱼头洗净，一剖两半，放锅中煎至两面金黄。
2. 用姜、葱、辣椒爆锅，放料酒、海鲜酱、柱侯酱、蚝油、老抽、盐，加高汤调味收汁。
3. 吊锅中加蒜子、姜片垫底，放鱼头继续烧制，待汁呈红色时淋香油，用葱丝、红椒丝点缀即可。

营养功效

补中益气，美容养颜。

剁椒鱼头 难易度 ▮▮▮

原料 鲢鱼头1个，红尖椒、泡辣椒各适量

调料 盐、味精、白糖、醋、料酒、花生油、辣椒油、葱姜蒜末

做法
1. 鱼头处理干净，加盐、味精、白糖、醋、料酒腌制入味。
2. 红尖椒、泡辣椒分别剁细，加葱姜蒜末、花生油、辣椒油调匀，抹在鱼头上，入笼蒸熟，用热油浇一下即可。

爱心提醒

鱼头要新鲜，腌制味要准。

酸汤鱼腰 难易度 |.ıllı

原料 鲢鱼肉250克，黄豆芽、番茄各100克

调料 盐、味精、白糖、醋、料酒、汤、葱、姜、蒜、胡椒粉、花生油、泡椒、番茄酱、香菜

做法 1.鲢鱼肉、番茄分别洗净，切块。

2.起油锅烧热，下葱、姜、蒜爆香，放入番茄酱、番茄略炒，加泡椒及汤，加入鱼块、黄豆芽，小火炖熟，放盐、味精、白糖、醋、料酒、胡椒粉调味，点缀香菜叶即成。

汤煲

汤煲

玫瑰野菌煨鱼头 难易度 |.ıllı

原料 花鲢鱼头1个，鸡腿菌、玫瑰花、鲜笋各适量

调料 熟猪油、黄酒、葱姜汁、盐、葱末、山珍汤、素味鲜、胡椒粉

做法 1.花鲢鱼头洗净，剞花刀。鸡腿菌洗净切片。玫瑰花取花瓣洗净。鲜笋焯水后切片。

2.锅入猪油烧至八成热，放入鱼头煎至鱼皮亮黄，倒入黄酒，加盖焖制，待无响声后倒入葱姜汁、葱末、山珍汤、笋片和菌片，加盖小火焖烧至鱼头熟透，加盐、素味鲜、胡椒粉，大火煨至汤汁肥浓时撒玫瑰花瓣，盛入砂锅中，再次烧沸即可。

汤煲

鲢鱼豆腐锅 难易度 |.ıllı

原料 鲢鱼中段500克，卤水豆腐块250克

调料 奶汤、鲜汤、胡椒粉、料酒、盐、姜、葱结、花椒、味精、菜油、青葱丝、香油、水豆粉

做法 1.鲢鱼去骨刺，切段，加姜、葱拌匀，腌制15分钟至入味。

2.锅入菜油烧至八成热，放入豆腐炸至呈金黄色时捞出，用鲜汤煨两次。

3.砂锅入奶汤烧沸，下鱼块、姜、葱结、料酒、胡椒粉、盐烧开，改小火煨15分钟，拣去姜、葱结，下豆腐同煨5分钟，加味精，用水豆粉勾芡后关火，下花椒、青葱丝，淋上烧滚的香油即成。

鳜 鱼

食疗作用： 鳜鱼味甘性平，具有补气血、益脾胃的功效，可用以治疗虚劳赢瘦、肠风泻血等症。

适宜人群： 一般人群均可食用，最适宜营养不良、脾胃虚弱、食欲不振者食用。

鳜鱼的烹调方式

◎鳜鱼肉多刺少，肉质洁白细嫩，适宜各种烹调方法。鲜活品最宜于清蒸，醋熘亦佳，还可以烧、炸、烤等。筵席大菜多用整料，也可将整鱼出肉加工成片、丝、块、丁、蓉使用，还可以做瓤菜。

煎鱼时如何防粘锅

◎煎鱼时，锅热后用姜块涂擦一遍锅底，然后入油煎制，这样鱼皮不会与锅底相粘。

◎鱼肉上涂一些醋，不论煎或煮，鱼皮也不会粘锅。

◎将鲜鱼洗净，用净布吸干水分，或让其自行晾干，或用蛋糊挂鱼身后再炸，都不会粘锅。

◎煎鱼时，先在锅里喷上半杯葡萄酒，可以防止粘锅。

热菜

扒腐皮鱼卷 难易度

原料 鳜鱼肉250克，豆腐皮100克，香菇丝150克

调料 盐、料酒、鸡粉、胡椒粉、上汤、淀粉

做法
1. 鱼肉切丝，加盐、料酒、淀粉入味上浆。豆腐皮改成12厘米见方的块。
2. 将鱼肉丝、香菇丝用豆腐皮包起，卷成卷，上笼蒸熟后取出。
3. 锅中加入上汤烧开，加盐、鸡粉、料酒、胡椒粉调味，勾芡，浇在鱼卷上即可。

营养功效

鳜鱼肉的热量不高，且富含抗氧化成分，养颜瘦身效果明显。

汤煲

宋嫂鱼羹 难易度

原料 鳜鱼肉300克，火腿丝、熟笋丝、香菇丝、鸡蛋黄各75克

调料 盐、味精、酱油、香醋、胡椒粉、料酒、花生油、葱、姜、清汤、淀粉

做法
1. 鱼皮朝下，加葱、姜，上笼蒸熟后取出，去掉葱、姜、鱼骨，将鱼肉拨碎。
2. 起油锅烧热，爆香葱，加清汤、蒸鱼汁、笋丝、香菇丝、碎鱼肉，加盐、味精调味，勾芡，加蛋黄搅匀，撒火腿丝、姜丝，加调料调味即可。

醋椒鳜鱼 难易度 |.ᵢᵢᵢ

原料 鳜鱼1条，香菜段10克，葱丝20克

调料 葱段、姜片、盐、料酒、醋、胡椒面、白胡椒、花椒、香油、熟猪油、清汤

做法 1.将鳜鱼治净，两边剞上十字花刀，入开水中氽一下，待用。

2.锅入油烧热，放入葱段、姜片、花椒、白胡椒及其他调料，烧沸后放入鱼，旺火煮15分钟，撒上香菜段、葱丝即成。

汤煲

热菜

热菜

松鼠鳜鱼 难易度 |.ᵢᵢᵢ

原料 鳜鱼1条

调料 盐、白糖、料酒、醋、淀粉、花生油

做法 1.鳜鱼治净，去头去骨，尾部相连，切下鱼腩。

2.鱼肉打花刀，加料酒和少许盐腌制入味。

3.将入好味的鱼肉拍粉，入七八成热油中炸熟，捞出装盘。鱼腩拍粉炸熟，装盘，点缀作为头部。

4.白糖、醋加水调成汁，入锅烧开，勾芡，淋明油，浇在鱼肉上即可。

爱心提醒 🔍

鱼肉改刀、拍粉要均匀；炸制时油温要稍高一点。

鱼咬羊 难易度 |.ᵢᵢᵢ

原料 鳜鱼1条，羊肉150克

调料 八角、桂皮、孜然、花椒、盐、味精、料酒、白糖、酱油、葱、姜、淀粉、花生油

做法 1.鳜鱼处理干净。羊肉洗净，加八角、桂皮、孜然、花椒，上锅煮熟。

2.将煮好的羊肉装入鱼肚内，鱼身抹一层酱油，入油锅煎至鱼身两面呈金黄色时取出。

3.起油锅烧热，下葱、姜爆锅，加入羊汤和煎好的鱼，加盐、味精、白糖、料酒、酱油调味，慢火煨透，急火收汁，用湿淀粉勾芡即可。

爱心提醒 🔍

羊肉应选肥瘦相间的肋肉；烧制时用慢火烧熟。

鲈鱼

食疗作用： 鲈鱼富含蛋白质、维生素A、B族维生素等营养元素，具有补肝肾、益脾胃之功效，对肝肾不足者有很好的补益作用。

适宜人群： 一般人群均能食用。最适宜贫血、头晕、水肿者食用，利于缓解孕妇胎动不安。

如何清洗鲈鱼

◎为了保证鲈鱼的肉质洁白，宰杀时应把鲈鱼的鳃夹骨斩断，倒吊放血，待血污流尽后放在砧板上，从鱼尾部跟着脊骨逆刀而上，剖断胸骨，将鲈鱼分成软、硬两边，取出内脏，洗净血污即可。

鲈鱼的烹调方法

◎鲈鱼肉质白嫩清香，肉为蒜瓣形，最宜清蒸、红烧、炖汤，若佐以鸡汤烹煮，味道更佳。鲈鱼多作主料，也可与其他原料配合成菜。

如何清蒸鲈鱼

◎将新鲜鲈鱼清蒸，原味不失，且鱼肉中的营养物质流失少，是一种很好的吃法。

◎将治净的鱼用沸水烫一烫，以清除腥味、血污，同时使鱼体外层的蛋白质凝固，然后进行蒸制。一般500克左右的鲜鱼，用旺火蒸制6～8分钟即能熟透。如果火力小，蒸的时间就长，鱼肉就会失水变老，影响口感。

热菜

菜卷鱼 难易度 |￼

原料 鲈鱼肉、笋丝、木耳丝、火腿丝、大头菜叶、葱姜丝各适量

调料 鸡粉、盐、味精、白糖、胡椒粉、淀粉、香油、上汤

做法
1. 将鲈鱼肉切成丝，加盐、味精、料酒腌制入味。
2. 入好味的鱼丝加笋丝、木耳丝、火腿丝、葱姜丝拌匀，包入大头菜叶中，卷成卷，码入盘中，上笼蒸熟。
3. 上汤注入锅内烧开，加盐、鸡粉、味精、白糖、胡椒粉调味，勾薄芡，淋香油，浇在盘中即可。

热菜

葱油鲈鱼 难易度 |￼

原料 鲈鱼1条

调料 葱段、姜片、鲜汤、鱼露、酱油、料酒、猪油、葱油

做法
1. 将鲈鱼刮去鱼鳞，取出内脏，洗净，用刀从里面将两扇鱼肉于鱼骨处分开，使整鱼展开，放盘内，下垫葱段，上放姜片。
2. 葱姜切丝，酱油加鲜汤、鱼露等调成鱼汁。
3. 将鱼身淋料酒、猪油，入笼旺火蒸8分钟，取出，拣去葱姜，将盘中汤汁倒掉，淋上调好的鱼汁，撒上葱姜丝，锅烧葱油至九成热时浇在鱼身上即可。

鸡汤鲈鱼 难易度 |.ıll

原料 鲈鱼500克，鸡汤1000毫升

调料 盐、鸡精、姜片、香菜段

做法 1.鲈鱼刮鳞、去鳃，去除内脏，洗净。

2.鲈鱼放入锅内，加入鸡汤、姜片，煮熟后加盐、鸡精调味，稍煮至入味，撒香菜段即成。

营养功效

补虚、安胎、通乳，适用于孕妇体虚、胎动不安及产后乳汁不下者。

汤煲

热菜

香辣鲈鱼 难易度 |.ıll

原料 鲈鱼1条，干辣椒、西蓝花各适量

调料 盐、味精、白糖、胡椒粉、淀粉、辣椒油、花生油、料酒、辣椒面、五香粉

做法 1.将鲈鱼处理干净，头、尾留用，取净鱼肉片成薄片，鱼骨剁成块。

2.鱼骨、鱼片分别加盐、味精、白糖、胡椒粉、料酒入味，然后将鱼片加辣椒面、五香粉、湿淀粉拌匀。

3.将鱼头、尾、骨拍粉炸熟，鱼片滑油至熟。

4.将鱼头、鱼尾摆放于盘两端，中间放入鱼骨、鱼片，用熟西蓝花点缀。干辣椒入辣椒油炸香，一起浇在鱼片上即可。

热菜

油泼鲈鱼 难易度 |.ıll

原料 鲈鱼1条，葱丝100克

调料 上汤、生抽、鸡粉、盐、味精、料酒、白糖、花生油、胡椒粉

做法 1.鲈鱼去内脏，处理干净，从背部顺长改刀，加盐、味精、料酒腌制入味后上笼蒸熟。

2.将葱丝摆在鱼身上，用热油浇一下，淋入用上汤、生抽、鸡粉、白糖、胡椒粉等调料调好的鱼汁即可。

爱心提醒

泼油后应倒掉多余的油；鱼汁要用上汤加调味品提前对好。

甲鱼

食疗作用： 鳖甲性寒味咸，可以养阴清热，平肝熄风，软坚散结；鳖肉可滋阴凉血，主治骨蒸劳热，久疾久痢等症。

适宜人群： 一般人群均可食用，最适宜肝肾阴虚、营养不良、糖尿病、冠心病患者食用。

甲鱼巧烹调

◎甲鱼的食法较多，最宜清炖、清蒸、扒烧，原汁原味，风味独特，鲜香四溢，最能体现其肥美甘鲜之特色。既可整烹，又可切小件。

◎甲鱼腥味较重，宜热不宜冷，炒菜、大菜、汤羹、火锅均可。鳖裙是肉质中最美的部分，自古以来都被视作宫廷中的滋补佳品、筵席上的上乘名菜，被广泛应用于高档筵席。

甲鱼去腥味

◎甲鱼宰杀后洗净，用其胆囊取胆汁，加水，涂抹于甲鱼全身，稍待片刻即用清水漂洗干净，这样处理过的甲鱼再用于烹调，则鲜香不腥。甲鱼胆汁不苦，不用担心会使甲鱼肉变苦。

甲鱼的营养成分

◎鳖滋味肥厚，营养丰富，是一种珍贵的补品。每100克鳖肉中约含蛋白质17.3克、脂肪4克、钙15毫克、磷94毫克、铁2.5毫克，并含有多种维生素。鳖甲、肉、头、血、卵、胆等都有一定的食疗功效。

热菜

热菜

蒜子铁锅甲鱼 难易度 |￭￭￭

原料 甲鱼1只，蒜子100克

调料 盐、煲仔酱、白糖、生抽、料酒、花生油、香葱末

做法 1.甲鱼处理干净，用热水氽透，捞出洗净，加盐、料酒腌制入味。

2.铁锅加油烧热，放蒜子炒香，加入甲鱼块，调入盐、白糖、生抽、煲仔酱炒匀，烹入料酒，慢火至甲鱼熟透，撒香葱末即可。

爱心提醒

氽甲鱼时要冷水下锅，氽水后再加调料腌制。

清蒸甲鱼 难易度 |￭￭￭

原料 甲鱼1只，熟火腿片25克，冬菇25克，鸡清汤100克

调料 盐、味精、姜片

做法 1.将甲鱼宰杀治净，刮净裙边白膜以及腹部的黑膜，洗净，剁去尾和脚爪，劈开肚壳，挖去内脏，用水冲洗干净，切成块。

2.冬菇去蒂，洗净切片。

3.将甲鱼块放入锅中，加清水淹没，烧开，稍煮捞出，用清水洗去肚内黑污，放入蒸碗，加姜片和适量水，上笼，旺火蒸1小时，取出姜片，放入火腿片、冬菇片、鸡汤、味精、盐适量，再上笼蒸10分钟，取出即成。

汤煲

枸杞子甲鱼 难易度 |.ıll

原料 甲鱼1只(约250克)，枸杞子30克

调料 盐

做法 1.将甲鱼宰杀，去内脏洗净。

2.枸杞子洗净。

3.煲置火上，加入适量清水，下入甲鱼，放入枸杞子烧沸，小火煮至熟烂，加盐调味即可。

营养功效

养阴清热，平肝熄风。

汤煲

牛尾甲鱼 难易度 |.ıll

原料 甲鱼1只，牛尾200克，菜心、枸杞、大枣各适量

调料 盐、白糖、鸡粉、胡椒粉、浓汤、香葱末

做法 1.甲鱼处理干净，剁成块，氽透洗净。牛尾切片，氽透洗净。

2.浓汤中加入牛尾煲半小时，加入大枣、枸杞、甲鱼块，慢火再煲半小时，加盐、白糖、鸡粉、胡椒粉调味，加入菜心稍煮，撒香葱末即可。

汤煲

山药桂圆炖甲鱼 难易度 |.ıll

原料 甲鱼1只，山药50克，桂圆肉30克

做法 1.将甲鱼宰杀，去内脏，洗净，入沸水中氽一下，捞出。

2.山药去皮，洗净切片。

3.将甲鱼连壳带肉一起放入汤锅内，加入适量清水，放入山药片、桂圆肉清炖至熟即可。

营养功效

健脾生血，补肾固精。

汤煲

洋参炖甲鱼 难易度 |.ıll

原料 甲鱼1只，西洋参10克

调料 姜片、菜心、盐

做法 1.甲鱼去肠杂，洗净。西洋参洗净，切片。菜心洗净，烫熟。

2.煲置火上，加入适量清水，下入甲鱼、姜片、西洋参片，大火烧沸，撇去浮末，转小火煲至肉烂汤浓时，加入菜心，调入盐稍煮即可。

营养功效

益气滋阴，补肾健脾。

带鱼

食疗作用： 带鱼味甘性温，具有和中开胃、补虚暖胃、补中益气、润泽肌肤、美容养颜的功效。

适宜人群： 一般人群均可食用，最适宜高血压、高血脂、皮肤干燥、急慢性肠炎患者食用。

如何清洗带鱼

◎一般先刮带鱼身上的鱼鳞。在刮鱼鳞时，不能用力过大，否则会刮破鱼皮，影响成菜美观。鱼鳞刮完后，用剪刀沿着鱼背剪去背鳍，再用剪刀沿着鱼的口部至脐部剖开，挖去内脏和鱼鳃，切去鱼的尖嘴和细尾，然后用清水把鱼身冲洗干净。

带鱼鳞有抗癌功效

◎带鱼的鳞和银白色油脂层中含有一种抗癌成分，对治疗白血病、胃癌、淋巴肿瘤等有益，所以带鱼表面的白膜也可保留，食用后对人体有益。

热菜

带鱼扒白菜 难易度 |📶

原料 带鱼段300克，大白菜150克

调料 葱花、姜片、蒜片、醋、酱油、料酒、盐、植物油

做法
1. 带鱼段洗净，大白菜洗净切片。
2. 净锅置火上，倒油烧热，放入带鱼煎至两面金黄，盛出。
3. 原锅留底油烧热，下葱花、姜片、蒜片炒香，倒入带鱼段和白菜翻炒均匀，烹入醋、酱油、料酒和适量清水烧10分钟，用盐调味即可。

营养功效

带鱼具有美容养颜、抗癌防癌之功效。

热菜

木瓜烧带鱼 难易度 |📶

原料 木瓜400克，鲜带鱼500克

调料 姜片、葱段、醋、盐、酱油、料油、味精

做法
1. 木瓜削皮、去瓤洗净，切成长3厘米、厚2厘米的块，待用。
2. 将鲜带鱼去头、尾、内脏，洗净切段。
3. 净锅置火上，加入带鱼、木瓜、葱段、姜片、醋、盐、酱油、味精、料酒和适量清水，大火烧沸，转小火炖至鱼肉熟透即可。

营养功效

带鱼富含蛋白质、不饱和脂肪酸等，对产后乳汁不足等有一定补益作用。

传统焖带鱼 难易度 |.ıll

(原料) 带鱼300克

(调料) 葱花、姜末、蒜片、绍酒、酱油、香油、白醋、白糖、盐、味精、花椒、淀粉、植物油

(做法)
1.将带鱼治净，在鱼身两侧剞十字花刀，剁成段，下入八成热的油中炸至呈金黄色时捞出，沥油。

2.锅留底油，炒香花椒、葱花、姜末、蒜片，烹绍酒、白醋，加酱油、白糖、盐，添汤烧开，再下鱼段，转小火焖至入味，待汤汁浓稠时加味精，移旺火上收汁，勾芡，淋香油，出锅装盘即可。

热菜

热菜

热菜

红烧带鱼段 难易度 |.ıll

(原料) 带鱼500克

(调料) 姜片、蒜片、酱油、葱段、醋、大料、料酒、白糖、盐、植物油

(做法)
1.将带鱼去头、尾及内脏洗净，切成段。

2.净锅置火上，加入适量植物油烧热，下入带鱼段，中火炸至外皮略硬呈金黄色时，捞出沥油。

3.锅留底油烧热，下大料炸出香味，取出，投入葱段、姜片、蒜片爆香，加入醋、白糖、酱油、料酒、盐、适量清水，烧沸后加入炸过的鱼段，转小火炖15分钟即成。

青豆带鱼 难易度 |.ıll

(原料) 带鱼500克，香菇、玉兰片、青豆、胡萝卜各20克

(调料) 花生油、葱花、姜蒜末、盐、料酒、味精、白糖、面粉、香油、鲜汤、酱油、醋、湿淀粉

(做法)
1.将带鱼去头、尾及内脏，冲洗干净，去鱼骨，改刀成块，剞花刀，放入大碗中，加料酒、盐拌匀，拍上面粉，入油锅炸至肉酥，捞出沥油。

2.将香菇、玉兰片、胡萝卜均洗净切丁。

3.净锅上火，加入适量花生油烧热，放入香菇丁、玉兰片丁、胡萝卜丁和青豆炒熟，加鲜汤和葱花、姜蒜末、盐、料酒、味精、酱油煮沸，再加白糖、醋，用湿淀粉勾芡，淋上香油，浇在鱼片上即可。

鲅鱼

食疗作用： 常食鲅鱼对治疗贫血、早衰、营养不良、产后虚弱和神经衰弱等症会有一定辅助疗效。鲅鱼还具有提神和防衰老等食疗功能。

适宜人群： 一般人群均可食用。

如何选购鲅鱼

◎ 质量好的冻鲅鱼，色泽鲜亮，鱼鳞完整，机体完整。

◎ 质量好的冻鲅鱼，眼球凸起、清亮、黑白分明、洁净无污物。

◎ 新鲜冻鲅鱼的肛门外形紧缩，完整无破裂，没有黄色或红色的浑浊颜色。

煎鲅鱼时避免粘锅

◎ 先把鱼表面的水分擦干，加盐腌渍一下，再将鱼放入热油锅中煎，可避免鱼皮粘锅。

◎ 煎鱼之前抹上一层薄薄的面粉，不仅鱼皮不粘锅，还能获得酥脆的口感。

鲅鱼的烹调方法

◎ 新鲜鲅鱼肉质紧密，味道鲜美，最宜红烧，也可用炸、熘、烹等法。红烧鲅鱼口味咸鲜略甜，是江浙一带典型的家常菜。干炸鲅鱼，成菜干香、爽口，食时可配上调味碟，以丰富口味。

热菜

热菜

五香酱熏鱼 难易度 |▂▃▄▅

原料 鲅鱼50克

调料 香油、胡椒粉、五香面、大茴香粉、姜汁、葱汁、盐、白糖

做法
1. 鲅鱼治净，斜切厚片。将盐、白糖、大茴香粉、五香面、香油、胡椒粉与姜汁、葱汁调匀，放入鱼片腌制30分钟。

2. 锅入油烧热，放入鱼片炸熟，取出沥油。待油冷却后再次烧热，把鱼重入锅中复炸至呈赤红色，捞出沥油即可。

豆豉鲅鱼 难易度 |▂▃▄▅

原料 鲅鱼500克

调料 盐、白糖、酱油、料酒、五香粉、葱、姜、花生油、香油、豆豉、上汤、味精

做法
1. 鲅鱼处理干净，切厚片，加盐、味精、料酒、酱油、葱、姜腌制入味。

2. 腌好的鱼入六七成热油中炸至酱红色，捞出沥油。

3. 起油锅烧热，下葱、姜爆香，加豆豉、上汤，放盐、白糖、五香粉调味后放入鱼片，急火烧开，慢火煨透，再转用急火收汁，淋香油即可。

热菜

萝卜蒸咸鱼 难易度 |.ıll

原料 咸鲅鱼1条，萝卜200克

调料 姜片、葱段、猪油、味精、干辣椒节

做法 1.咸鲅鱼洗净，切条。萝卜洗净，切条。

2.将萝卜垫底摆在盘上，将咸鲅鱼摆在萝卜上，在鱼上放葱段、姜片，抹上猪油，撒干辣椒节。

3.将咸鱼放入蒸箱蒸熟，取出即可。

热菜

酱焖鲅鱼 难易度 |.ıll

原料 鲅鱼1条

调料 甜面酱、白糖、酱油、料酒、蒜子、花生油、香油

做法 1.鲅鱼处理干净，在背上改直刀。

2.锅中加油烧热，放入鲅鱼两面煎一下，取出备用。

3.起油锅烧热，下入蒜子、甜面酱炒香，加水，入酱油、白糖、料酒调味，放入煎好的鲅鱼，慢火煨透，急火收汁，淋香油即成。

汤煲

白菜煲咸鲅鱼 难易度 |.ıll

原料 白菜200克，咸鲅鱼100克

调料 色拉油、葱、姜、味精、鸡精

做法 1.将咸鲅鱼洗净切成小丁，用清水略泡，去盐分；白菜洗净，撕成小块，备用。

2.炒锅置火上，倒入色拉油烧热，下葱、姜爆香，放入白菜煸炒片刻，倒入水，调入味精、鸡精，倒入煲内，上面放入鲅鱼，待用。

3.煲置火上，慢火煲制20分钟即成。

汤煲

茶香鲅鱼丸 难易度 |.ıll

原料 鲅鱼肉300克，茶叶、肥肉丁各适量

调料 盐、味精、蛋清、淀粉、葱姜水、料酒、汤、香油、醋、胡椒粉

做法 1.鲅鱼肉剁成泥，加肥肉丁、蛋清、淀粉、葱姜水搅匀，加盐、料酒调味。

2.将调好味的鱼泥挤成鱼丸，余熟。

3.锅上火，加入汤、茶叶、鱼丸烧开，加盐、味精、胡椒粉、料酒调味，淋香油即可。

黄花鱼

食疗作用： 黄花鱼味甘性温，具有滋补填精、开胃益气的功效，对虚劳不足、食欲不振、便溏等症具有一定的疗效。

适宜人群： 一般人均可食用，最适宜贫血、失眠、头晕、食欲不振及妇女产后体虚者食用。

如何挑选黄花鱼

◎巧辨黄花鱼和黄鱼：黄鱼也叫大黄花鱼、大黄鱼，它身体的黄色比黄花鱼重。此外，尖嘴的为黄鱼，圆嘴的则为黄花鱼。

◎巧识"染色"黄花鱼

·用干净的卫生纸擦拭鱼的身体，如果卫生纸染上黄色，说明鱼被染了颜色。

·用手刮一下鱼鳞，如果手变黄了，也证明鱼被染色了。

黄花鱼的烹调方法

◎其肉质细嫩，呈蒜瓣状，味道清香。适宜于清蒸、清炖、干煎、油炸、红烧、红焖、醋熘、氽汤等多种烹调方法。清蒸者，清香细嫩；清炖者，味浓可口；油炸者，外脆里嫩；红烧者，腴美味鲜；氽汤者，汤汁浓白。除采用突出本味"鲜"的咸鲜口味外，还可用五香、葱油、酱汁、红油、酸甜、酸辣、甜香、椒麻等多种味型。

（凉菜）

糟香小黄花鱼 难易度 |

原料 小黄花鱼1条

调料 糟卤

做法
1. 小黄花鱼剖肚，去内脏，洗净。
2. 锅中加油烧至八成热，放入小黄花鱼，炸至呈金黄色时捞出。
3. 将炸好的小黄花鱼放入糟卤中，浸泡2~4小时后捞出，装盘即可。

爱心提醒

糟卤是用科学方法从陈年酒糟中提取香气浓郁的糟汁，再配入辛香调味汁精制而成的。

（热菜）

煎摊黄花鱼 难易度 |

原料 黄花鱼1条，面粉50克

调料 醋、盐、味精、白糖、香油、葱、姜、植物油

做法
1. 黄花鱼刮去鱼鳞，去内脏，洗净，拍上干面粉。
2. 锅内加油烧热，放入黄花鱼煎至两面均八成熟，取出待用。
3. 锅留底油，爆香葱、姜，烹入醋，加汤、白糖，放入黄花鱼烧透，点味精、香油，起锅装盘即可。

营养功效

黄花鱼含丰富的蛋白质、维生素和微量元素，对失眠、贫血等症有一定的食疗作用。

热菜

雪菜肉蒸黄花鱼 难易度 |▁▂▃▄

原料 黄花鱼1条，雪菜100克，肥瘦猪肉150克

调料 葱花、姜、植物油、料酒、清汤、盐、味精

做法 1.黄花鱼治净，在鱼身改刀，加料酒、葱、姜略腌。雪菜洗净切末。

2.猪肉切粒，放锅内加油后炒熟，放入雪菜、汤、盐和味精烧入味。

3.将鱼取出，用水冲净，放盘内，将雪菜均匀地撒在鱼身上，入锅蒸熟，熟后撒葱花、淋热油即可。

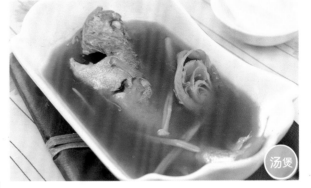

汤煲

酸辣黄花鱼 难易度 |▁▂▃▄

原料 黄花鱼300克，菜心250克，金针菇100克

调料 胡椒粉、米醋、盐、味精、葱姜片、老抽、香油、料酒、清汤

做法 1.黄花鱼治净，菜心洗净，金针菇去蒂洗净。

2.锅入油烧热，放入葱姜片、黄花鱼略煎，烹料酒，加汤煮熟，放入菜心、金针菇，加入胡椒粉、米醋、盐、味精调成酸辣味，勾芡后用老抽调成深红色，淋香油出锅即可。

汤煲

黄鱼炖乌鱼 难易度 |▁▂▃▄

原料 黄鱼1条，乌鱼、五花肉片各100克

调料 盐、味精、醋、胡椒粉、花生油、香油、葱姜片、香菜末、汤

做法 1.黄鱼处理干净，乌鱼切块。

2.起油锅烧热，下葱姜片炝锅，下五花肉片略炒，加黄鱼稍煎，加汤，放入乌鱼，加盐、味精、醋调味，慢火炖45分钟，加香菜末、胡椒粉，出锅前淋香油即可。

汤煲

黄鱼羹 难易度 |▁▂▃▄

原料 净黄鱼肉150克，嫩笋100克，熟火腿60克，鸡蛋液50克

调料 葱段、葱末、姜末、姜汁水、料酒、盐、味精、香油、清汤、湿淀粉、花生油

做法 1.将净黄鱼肉洗净，切片；嫩笋、熟火腿均切成末。

2.锅入油烧热，下葱段、姜末爆锅，放入鱼片，烹入料酒、姜汁水，加入清汤、笋末、熟火腿末、盐，烧沸后撇去浮沫，勾芡，淋入鸡蛋液，放味精小火煲10分钟，淋入香油，撒入葱末即成。

墨 鱼

食疗作用： 墨鱼肉含有丰富的蛋白质；墨鱼壳中含有碳酸钙、壳角质、黏液质，及少量氯化钠、磷酸钙等；墨鱼汁中则含有一种黏多糖，对癌症有一定的抑制作用。

适宜人群： 一般人群均可食用。

如何清洗墨鱼

◎墨鱼体内有许多墨汁，不易洗净，可先撕去表皮，拉掉灰骨，将其放在装有水的盆中，在水中拉出内脏，再在水中挖掉眼珠，使其流尽墨汁，然后多换几次清水将内外洗净即可。

墨鱼预处理

从市场买回来的墨鱼，通常已经去掉外皮、内脏，可直接用水冲洗干净。

将墨鱼褶皱裙边撕开，剥除皮膜。

去除头足部位的脏污。

用手剥除头足部位中心最硬的部位。

切下头足部位，将眼睛、口等用剪刀剪掉即可。

山椒墨鱼仔　难易度 |▁▂▃▄

原料 墨鱼仔250克，野山椒50克

调料 盐、味精、陈醋、剁椒、葱姜片、香油、白糖

做法
1. 将墨鱼仔洗净，野山椒洗净切粒，备用。

2. 炒锅上火倒入水，下入墨鱼仔汆熟，捞起冲凉，控水待用。

3. 将墨鱼仔、野山椒装入盘内，再将盐、味精、白糖、老陈醋、剁椒、葱姜片、香油调匀，浇在墨鱼仔上即成。

爱心提醒

墨鱼仔分切小块后烹制，更易入味。

卤水墨鱼　难易度 |▁▂▃▄

原料 鲜墨鱼板350克

调料 海鲜卤水、香油、青辣汁（鲜杭椒汁、美极鲜酱油、香油调制而成）

做法
1. 墨鱼去表皮，洗净汆水。

2. 将墨鱼放入煮沸的卤水锅中，慢火煮10分钟，关火后浸卤25分钟，捞出凉透，改刀成片，跟青辣汁上桌即可。

营养功效

延缓衰老，强化肝脏功能，保护视力。

桃仁墨鱼汤 难易度 |..ıll

原料 墨鱼200克，核桃仁、桃仁各10克

调料 葱段、姜片、盐

做法 1.墨鱼，去皮，切条，洗净。

2.净锅置火上，加入适量清水，下入核桃仁、桃仁、墨鱼，放入葱段、姜片、盐，大火烧沸后转小火炖煮，至墨鱼熟透即可。

营养功效

墨鱼性平，味咸，具有养血滋阴的功效，可治血虚经闭、崩漏带下。

汤煲

热菜

汤煲

茄汁墨鱼花 难易度 |..ıll

原料 墨鱼250克，瘦猪肉100克

调料 番茄酱、料酒、盐、白糖、葱段、湿淀粉、猪油、味精、肉汤

做法 1.将墨鱼去板取肉，撕去外皮，洗净，剞上花刀，再切成5厘米长、3.5厘米宽的块，入沸水锅中氽一下，捞出。

2.瘦猪肉切大片，待用。

3.净锅置火上，加猪油烧热，下葱段煸香，加猪肉片略炒出油，烹入料酒，加入番茄酱、肉汤炒匀，放入墨鱼花，加盐、味精、白糖翻炒，用湿淀粉勾芡，出锅装盘即成。

番茄墨鱼煲 难易度 |..ıll

原料 鲜墨鱼200克，番茄250克

调料 葱花、姜末、盐、料酒、植物油

做法 1.鲜墨鱼洗净，去黑色筋膜，切4厘米见方的块，入沸水中稍氽一下，捞出沥水。

2.番茄洗净，切薄片。

3.煲置火上，加入适量植物油，烧至六成热，下葱花、姜末爆香，倒入600毫升清水烧沸，加入番茄、墨鱼，调入盐、料酒，小火煲20分钟即可。

营养功效

适用于儿童饮食厌油、便秘等症，亦性肝炎的辅助食疗。

鱿鱼

食疗作用: 鱿鱼富含钙、磷、铁等元素,利于骨骼发育和造血,能有效治疗贫血。鱿鱼除富含蛋白质和人体所需的氨基酸外,还含有大量牛磺酸,可缓解疲劳、改善肝脏功能。

适宜人群: 一般人群均可食用。

如何选购鱿鱼

◎鲜鱿鱼的选购:优质鱿鱼体形完整坚实,呈粉红色,有光泽,体表略现白霜,肉肥厚,半透明,背部不红。劣质鱿鱼体形瘦小残缺,颜色赤黄略带黑,无光泽,表面白霜过厚,背部呈黑红色。

◎干鱿鱼的选购:优质干鱿鱼体形完整、光亮洁净,具有干虾肉般的颜色,表面有细微的白粉;质量差的干鱿鱼体形部分蜷曲,尾部及背部红中透暗,两侧有少量的红点。

鱿鱼预处理

鱿鱼冲洗干净后挤去眼睛。 ① | 再挤去牙齿。 ② | 挤去鱿鱼须上的白色吸盘,剖腹,去内脏和软骨。 ③ | 撕掉鱿鱼背部的黑膜即可。 ④

凉菜

椒油鱿鱼卷 难易度 |

原料 鱿鱼400克,红椒片、西芹片各50克

调料 盐、味精、香油、花椒油、料酒、鲜汤

做法
1.鱿鱼去头、尾洗净,切成整片,在内侧剖上麦穗花刀。
2.锅内加鲜汤、料酒烧沸,放入鱿鱼氽至断生,捞出装碗中。
3.锅中再放入红椒焯烫至断生,捞出装碗中。
4.西芹下锅焯烫至断生,捞出装碗中。
5.鱿鱼、红椒、西芹加盐、味精、香油、花椒油拌匀,装盘即成。

凉菜

蒜泥拌鱿鱼 难易度 |

原料 鱿鱼300克,蒜泥、莴苣各适量

调料 盐、酱油、醋、香油、鲜汤、鸡精

做法
1.莴苣洗净,切成菊瓣状,放入开水中稍焯,冷却;鱿鱼洗净,切片,放入开水中稍氽,冷却后与莴笋一起放盘中。
2.取一碗,加鲜汤,再加入蒜泥、酱油、盐、鸡精拌匀,放入盛器里,滴上香油即可。

爱心提醒

鱿鱼除了富含蛋白质及人体所必需的氨基酸,还有滋阴养胃、补虚润肤的功能。

热菜

韭菜炒鱿鱼 难易度 |.ıll

原料 韭菜250克，鲜鱿鱼50克

调料 姜末、盐、植物油

做法 1.韭菜择洗干净，切段。

2.鱿鱼处理干净，切丝。

3.炒锅置火上，倒入适量植物油，烧至七成热，下姜末炒香，放入鱿鱼丝翻炒至色泽微红，加入韭菜段炒熟，用盐调味即可。

热菜

山楂鱿鱼卷 难易度 |.ıll

原料 鱿鱼300克，山楂100克，油菜心30克

调料 葱花、姜末、湿淀粉、植物油、盐、黄酒、鲜汤

做法 1.将鱿鱼洗净，在内膜剞十字花刀，切条，入沸水中烫成鱿鱼卷，捞出，投凉沥水。

2.山楂洗净，去核切片。油菜心洗净。

3.锅入油烧至五成热，煸香葱花、姜末，加鱿鱼卷、山楂片、油菜心翻炒，加入黄酒、盐和少许鲜汤炒匀，用湿淀粉勾芡即成。

热菜

白烩鱿鱼条 难易度 |.ıll

原料 鱿鱼500克，水发香菇、木耳各25克

调料 植物油、香油、水淀粉、花椒、葱花、姜末、蒜末、盐、味精、料酒

做法 1.将鱿鱼洗净，去掉头、皮，切成细条，投入沸水（加入花椒）中氽一下捞出。

2.将木耳、香菇洗净，切丝。

3.锅入油烧热，下入姜末、葱花、蒜末、鱿鱼丝，翻炒数下后加入木耳、香菇、盐、味精、料酒拌匀，再加少许开水烧开，勾薄芡，淋香油即成。

热菜

闽南鱿鱼 难易度 |.ıll

原料 鱿鱼400克

调料 葱姜末、白糖、胡椒粉、盐、海鲜酱、鸡精、淀粉、花生油、料酒

做法 1.将葱姜末、盐、料酒、白糖、胡椒粉、海鲜酱、鸡精调成汁。

2.鱿鱼洗净，用竹签穿起来，放入调好的汁中腌20分钟，然后拍上淀粉。

3.锅入油烧热，入鱿鱼，炸至变色捞出，沥油，再放入锅中炸至呈金黄色，捞出沥油，切条上桌。

海蜇

食疗作用： 海蜇有清热解毒、化痰软坚、降压消肿等功能，对气管炎、哮喘、高血压、胃溃疡等症均有疗效。

适宜人群： 一般人群均可食用。

发海蜇的窍门

◎**苏打水发法**：将海蜇放冷水中浸泡2小时后，洗净泥沙，切成细丝，放进清水里，再放入苏打(按500克海蜇放10克苏打的比例)，泡20分钟后捞出，用清水洗净可食用。

◎**冷水浸泡法**：将海蜇切成细丝后，在清水中浸泡半个小时后捞出，用凉开水冲洗几遍，再浸入凉开水中，5分钟后即可食用。

◎**盐水浸泡法**：将海蜇皮放入清水中搓洗，剥去其褐色薄皮。再将海蜇皮切成细丝，浸泡在浓度为50%的盐水中，30分钟后即可食用。

如何清洗海蜇

◎将切成细丝的海蜇放入5%的盐水中浸泡10～15分钟，捞出后用淘米水洗净，用流动的清水冲洗一遍，这样清洗能将海蜇皮上的沙粒清除干净。

凉菜

白菜心拌海蜇皮 难易度 |￭￭￭￭

(原料) 白菜心200克，海蜇皮100克

(调料) 蒜末、盐、味精、醋、香油

(做法) 1.海蜇皮用清水浸泡3小时，洗净切丝。

2.白菜心洗净切丝。

3.将海蜇丝和白菜丝放入大碗内，加入蒜末、盐、味精、醋、香油，拌匀装盘即可。

爱心提醒 🔍

优质海蜇皮呈白色、黄褐色或红琥珀色，肉质厚实，无泥沙等杂质。

凉菜

双耳拌海蜇 难易度 |￭￭￭￭

(原料) 海蜇100克，银耳、黑木耳各20克

(调料) 麻油、盐、味精、白糖

(做法) 1.银耳、黑木耳用温水泡发，入沸水中焯一下，捞出沥水。

2.海蜇用清水浸泡2天，捞出洗净，切丝，入沸水中余一下，捞出沥水。

3.将海蜇放入大碗中，加入银耳、黑木耳，调入麻油、盐、味精、白糖，拌匀即可。

凉拌海蜇头 难易度 | .ıll

原料 海蜇头400克

调料 生抽、料酒、盐、味精、白糖、醋、香油

做法 1.将海蜇头搓洗干净，改刀成薄片，放水中洗净，捞出，沥水，倒入大碗中。

2.将生抽、料酒、盐、味精、白糖、醋、香油调成味汁，淋入海蜇片碗中，拌匀装盘即可。

芹菜炒海蜇 难易度 | .ıll

原料 海蜇200克，芹菜100克

调料 色拉油、干辣椒段、花椒粒、葱花、姜片、盐、味精、白糖

做法 1.海蜇漂洗干净，改刀成丝。

2.芹菜去根、叶，洗净，切段。

3.炒锅上火，加入色拉油烧热，下花椒粒、干辣椒段、姜片炸一下，放入海蜇丝、盐、葱花、芹菜、白糖、味精，煸炒至熟，起锅盛盘即成。

海蜇荸荠芹菜汤 难易度 | .ıll

原料 海蜇皮80克，荸荠250克，芹菜100克

调料 白糖

做法 1.海蜇皮切成细条，用清水浸泡，漂去异味，捞出。荸荠去皮切片。

2.芹菜洗净切段，入沸水中煮15分钟，去渣取汁。

3.将荸荠片、海蜇条、芹菜汁同入锅中，加适量水煮成汤，调入白糖，稍炖即成。

太子参海蜇汤 难易度 | .ıll

原料 海蜇50克，太子参15克，菜心30克

调料 姜丝、葱段、盐、鸡汤、花生油

做法 1.太子参洗净，去杂质。

2.海蜇洗净，切成细丝。菜心洗净。

3.净锅置火上，加入花生油烧至六成热，下姜丝、葱段爆香，放入太子参，倒入鸡汤煮25分钟，下入海蜇丝和菜心，煮熟调入盐即成。

虾

食疗作用： 含有蛋白质、脂肪、糖类、钙、磷、铁及维生素A、B族维生素，以及丰富的钾、碘、镁、磷等矿物质。

适宜人群： 老少皆宜，尤其适宜中老年人、孕妇和心血管病患者食用。

虾仁去腥的窍门

◎虾仁有一股腥味，吃时影响口味。在烹制前，可先把虾仁放在容器里，然后加入料酒、姜、葱等揉捏、浸泡。也可以用烫煮法去腥：用滚水烫煮虾时，在水中放1根肉桂棒，此法去腥效果也很好，而且不影响虾的鲜味。

虾的预处理

用剪刀剪去虾须。　　剪去虾足。　　将牙签从虾背第二节上的壳间穿过。　　挑出黑色的虾线，洗净虾即可。

凉菜

虾仁拌莼菜 难易度 |．ıl

原料　鲜虾仁100克，莼菜500克，鸡蛋1个

调料　盐、味精、香油、淀粉

做法　1.将鲜虾仁洗净，沥水。

2.莼菜洗净，入沸水中汆烫，捞出沥水，放入碗中，加盐、味精拌匀装盘。

3.鸡蛋打入碗中，加淀粉和水调成糊，倒入虾仁挂浆。

4.炒锅置火上，加入适量清水烧沸，下入挂浆虾仁滑散，烧沸，捞出沥水，倒在莼菜上，淋入香油，食用时拌匀即可。

凉菜

盐水虾 难易度 |．ıl

原料　鲜虾300克

调料　醋、姜末、盐

做法　1.将鲜虾洗净，沥水。

2.将醋、姜末调成味汁。

3.净锅置火上，加入适量清水，放入鲜虾煮沸，调入少许盐，煮熟，跟味汁一同上桌即可。

营养功效

生姜具有解毒杀菌、促进血液循环、预防感冒、促进新陈代谢、清除自由基、祛除面部妊娠斑的作用。

虾仁拌莴笋 难易度 |.il

原料 莴笋200克，虾仁100克

调料 盐、味精、花椒油、香油、花生油

做法 1.将莴笋去皮切片，虾仁洗净，备用。

2.净锅上火，倒入花生油烧热，下入虾仁煮熟，取出。原锅洗净，用盐沸水将莴笋焯干，捞出过凉，待用。

3.将莴笋、虾仁入盛器内，调入盐、味精、花椒油、香油，拌匀装盘即成。

凉菜

凉菜

湘式拌河虾 难易度 |.il

原料 小河虾300克，香葱50克

调料 盐、味精、香醋、花生油、辣椒油

做法 1.将小河虾洗净，调入盐腌渍10分钟；香葱择洗干净，切成段。

2.净锅上火，倒入花生油烧热，下入小河虾煎炒至外表酥脆，捞起晾凉，待用。

3.将小河虾、香葱倒入盛器内，调入味精、辣椒油、香醋，拌匀装盘即成。

爱心提醒 🔍

买虾的时候，要挑选虾体完整、甲壳密集、外壳清晰鲜明、肌肉紧实、身体有弹性，并且体表干燥洁净的。一般来说，头部与身体连接紧密的，就比较新鲜。

凉菜

香葱拌干虾 难易度 |.il

原料 干虾250克，香葱100克

调料 盐、味精、老陈醋、香油、色拉油

做法 1.将干虾用清水浸泡30分钟，捞起洗净；香葱洗净切段，备用。

2.净锅上火，倒入色拉油烧至八成热，下入干虾炸至酥脆，捞起控油，晾凉备用。

3.将干虾、香葱倒入盛器内，调入盐、味精、老陈醋、香油，拌匀即成。

爱心提醒 🔍

一般人群均可食用河虾。中老年人、孕妇、心血管病患者、肾虚阳痿、男性不育症、腰脚无力之人更宜食用；中老年人缺钙所致的小腿抽筋者可多食用。

青豆虾仁 难易度 |.ıll

原料　干青豆50克(或鲜青豆100克)，干虾仁10克

调料　葱花、盐、鸡精、湿淀粉、植物油

做法　1.干青豆洗净，清水浸泡8小时。

2.干虾仁用清水泡发，洗净。

3.炒锅置火上，倒入适量植物油，烧至七成热，加葱花炒出香味，放入青豆翻炒均匀，加适量清水烧至青豆熟透，放入虾仁炒熟，用盐和鸡精调味，加湿淀粉勾芡即可。

鲜虾芦笋 难易度 |.ıll

原料　鲜芦笋250克，鲜海虾100克

调料　葱花、姜末、盐、植物油

做法　1.将鲜芦笋去皮，洗净切段。

2.鲜海虾去除虾须，剪开虾背，挑出肠线，洗净。

3.炒锅置火上，倒入适量植物油，烧至七成热，下葱花、姜末炒出香味，放入鲜海虾、芦笋段翻炒至熟，用盐调味，出锅装盘即可。

清炒虾仁 难易度 |.ıll

原料　虾仁200克，蛋清、黄瓜、胡萝卜、竹笋各50克

调料　花生油、芝麻油、盐、料酒、淀粉、葱姜末

做法　1.虾仁洗净，用蛋清、淀粉、盐拌匀。黄瓜洗净，与竹笋一起切菱形片。胡萝卜切菱形片，焯水。

2.锅入油烧至三成热，投入虾仁汆透，捞出控油。

3.锅入芝麻油烧至五成热，放竹笋片、胡萝卜片、黄瓜片炒透，捞出控油。原炒锅烧热，倒入芝麻油，烧至六成热时投入葱姜末煸炒出香味，加入虾仁及其他原料，调味炒匀即可。

小白菜炒对虾 难易度 |.ıll

原料　小白菜心150克，对虾2只，泡红辣椒15克，金银花汁水25毫升

调料　葱花、蒜片、胡椒粉、干湿淀粉、盐、猪油

做法　1.小白菜心洗净，去根。泡红辣椒洗净，去籽，改刀成马耳形。对虾洗净，入沸水中汆熟。

2.将湿淀粉、金银花汁、盐、胡椒粉调汁，待用。

3.锅入油烧热，煸香葱花、蒜片，放入对虾、小白菜心、泡辣椒拌炒几下，烹入调汁炒匀，待收汁后，起锅即成。

洋葱爆炒虾 难易度 |..ıll

原料 海虾100克，洋葱200克，红尖椒50克

调料 盐、味精、花生油

做法
1. 洋葱剥去外皮，洗净切条。
2. 红尖椒去蒂、籽，洗净切条。
3. 海虾洗净，剪去虾须、爪，入热油锅中炸熟，捞出控油。
4. 锅内留底油，放入红尖椒条和洋葱条煸炒出香味，加盐、味精和炸好的虾，翻炒均匀即可。

热菜

汤煲

汤煲

虾仁珍珠汤 难易度 |..ıll

原料 面粉40克，高汤200毫升，鸡蛋1个，虾仁10克，菠菜20克

调料 香油、盐

做法
1. 虾仁洗净，切成小丁。
2. 菠菜用开水烫一下，切成末。
3. 取鸡蛋清与面粉加少许水和成面团，揉匀，擀成薄皮，切成黄豆大小的丁，搓成小珍珠面球（一定要小，利于消化吸收）。
4. 高汤倒入锅中，下入虾仁丁，加入盐，烧开后下入面疙瘩，煮熟，淋入鸡蛋黄，加菠菜末、香油，盛入小碗即可。

鲜虾莴笋汤 难易度 |..ıll

原料 鲜虾150克，莴笋250克

调料 葱花、姜丝、盐、鸡精、植物油

做法
1. 鲜虾洗净，去除虾须，剪开虾背，挑去肠线，洗净，待用。
2. 莴笋去皮洗净，切菱形块。
3. 锅置火上，倒入适量植物油，烧至七成热，下葱花、姜丝炒香，放入鲜虾和莴笋块翻炒均匀，加适量清水，煮至虾肉和莴笋熟透，用盐和鸡精调味即可。

爱心提醒 🔍

　　莴笋含有较多的烟酸。烟酸是胰岛素的激活剂，能有效地调节血糖。糖尿病患者宜经常食用莴笋。

螃蟹

食疗作用： 海蟹富含蛋白质、脂肪、碳水化合物、钙、磷、维生素A、核黄素等营养物质，对身体有很好的滋补作用。

适宜人群： 适宜跌打损伤、筋断骨碎、淤血肿痛者食用。

死蟹不可食用

◎新鲜的螃蟹非常好吃，但是，捕捞的螃蟹死后就没有了鲜味，人们吃了以后，还会发生中毒症状，常见的表现有恶心、呕吐、腹痛、腹泻，严重者还会发生脱水、电解质紊乱、抽搐，甚至出现休克、昏迷、败血症等。

螃蟹预处理

将螃蟹在清水中浸泡10分钟，用细毛刷将蟹身刷洗干净。

揭去蟹壳。

除去蟹肺等杂物。

掰下蟹脚和蟹钳。

再用水冲洗干净即可。

热菜

炒花蟹 难易度 |

原料 花蟹500克，小葱50克

调料 姜丝、蒜末、植物油、鸡精、盐、白糖、淀粉

做法
1.小葱洗净，切段。

2.花蟹洗净，壳切开，前爪斩断，后对半切开。

3.锅入油烧至六成热，放入花蟹，炸至花蟹香熟，捞出沥油。

4.锅内留少许油烧热，炒香姜丝、葱段、蒜末，倒入炸过的花蟹，加少许水烧沸，调入盐、白糖、鸡精拌炒，用淀粉勾芡，出锅盛盘即可。

热菜

闸蟹炒年糕 难易度 |

原料 大闸蟹3只，年糕片100克

调料 盐、味精、蚝油、料酒、胡椒粉、花生油、香油、葱姜蒜末、湿淀粉、白糖

做法
1.大闸蟹洗净，宰杀，改刀成块。

2.大闸蟹、年糕片分别过油。

3.起油锅烧热，下葱姜蒜末爆锅，放入大闸蟹块、年糕片，加盐、味精、蚝油、料酒、胡椒粉、白糖调味，慢火烧透入味，勾薄芡，淋香油，出锅即可。

清蒸大闸蟹 难易度

原料 大闸蟹6只

调料 姜片、姜汁、酱油、盐、白糖、味精

做法 1.鲜活大闸蟹用线绳捆绑好，洗净。

2.大闸蟹加姜片，上笼蒸熟后取出，去掉线绳，带对好的姜汁、酱油上桌即可。

爱心提醒

大闸蟹要先放入清水中养半天，使它排净腹中污物。蒸制时要用线绳捆绑好，以免其在受热过程中挣扎导致蟹钳、蟹脚脱落。调姜汁时应加白糖、盐、味精。

葱姜炒螃蟹 难易度

原料 螃蟹2只，葱头块150克，姜丝25克

调料 蒜泥、料酒、生抽、湿淀粉、白糖、猪油、盐、味精、胡椒粉、高汤

做法 1.将螃蟹洗净后，揭去蟹盖，刮掉鳃，再剁成块段，蟹身切成八块，每块各带一爪。

2.炒锅用武火烧热，下猪油，烧至六成热，下葱头块，翻炒后，把葱头捞出，将油过滤。

3.炒锅内留油，上灶爆炒姜丝、蒜泥和炸过的葱头，待出香味时，下蟹块炒匀，炝料酒，加高汤、盐、白糖、生抽、味精等，加盖略烧，至锅内水分将干时，下胡椒粉炒匀，用湿淀粉勾芡即可。

紫茄炖梭蟹 难易度

原料 茄子350克，梭蟹200克，洋葱条150克

调料 高汤、海鲜酱、酱油、辣子酱、郫县豆瓣酱、蒜蓉辣酱、葱、姜、蒜、味精、盐、白糖、醋、香油、干淀粉、植物油、高汤

做法 1.将梭蟹宰杀干净，斩成大块，蘸干淀粉后入油锅炸至刚熟。

2.茄子洗净，切成长条，入六成热油锅中炸至呈黄色，捞出沥油。

3.锅留底油，加葱、姜、蒜、辣子酱、郫县豆瓣酱、蒜蓉辣酱，小火煸炒出香味，加高汤烧沸，加炸好的蟹、茄子，加味精、盐、白糖、醋、海鲜酱、酱油炖至入味，出锅前淋上香油即可。

蛤蜊

食疗作用： 含有蛋白质、脂肪、碳水化合物、铁、钙、磷、碘、维生素和牛磺酸等多种成分，是一种低热能、高蛋白的食品。

适宜人群： 一般人群均可食用，胃病、高血压、高脂血症、动脉硬化、糖尿病患者尤为适合。

蛤蜊的选购

◎蛤蜊要挑选活的。活蛤蜊双壳紧闭，用手掰不开，壳开时触之则会合拢，两壳相击会发出清脆响声；弱蛤蜊闭壳肌松弛，用指甲能轻易插入壳缝；死蛤蜊自动开口或用手轻拨即张开，不会闭合，并有臭水流出，磕击时发出哑声。

蛤蜊预处理

蛤蜊用水冲洗一下，放入盆中。

盆中加入清水，放少许食盐、香油。

泡3~4小时后蛤蜊的沙子吐得差不多了，再次洗净即可。

（凉菜）

毛蛤蜊黄瓜 难易度 |▁▃▅

原料 毛蛤蜊500克，黄瓜150克

调料 盐、味精、酱油、剁椒、香油、香醋

做法
1. 毛蛤蜊洗净，煮熟取肉，用清水过凉，洗净泥沙。黄瓜洗净，用刀拍开，片成段，备用。
2. 将毛蛤蜊肉入盛器内，调入盐、酱油、香醋、剁椒拌匀，下入黄瓜，调入香油，拌匀装盘即成。

爱心提醒 🔍

蛤蜊等贝类本身极富鲜味，烹制时不宜多放盐，以免失掉鲜味。

（凉菜）

海草拌双鲜 难易度 |▁▃▅

原料 毛蛤100克，花蛤100克，海草75克

调料 盐、味精、香油、酱油

做法
1. 毛蛤、花蛤洗净，入锅煮熟取肉，待用。海带洗净，待用。
2. 将毛蛤、花蛤倒入盛器内，调入盐、味精、酱油腌渍2分钟，加入海草，调入香油拌匀即成。

爱心提醒 🔍

烹煮蛤蜊时，可加入少许米粒，待食用时就能很容易地把贝柱部分取出。

凉菜

荷兰豆拌蛤蜊 难易度 |..ıl

原料 花蛤400克，荷兰豆100克

调料 盐、味精、酱油、蒜泥、香油

做法 1.将花蛤入水中浸泡，使其吐尽泥沙，洗净。荷兰豆择洗干净，备用。

2.炒锅上火倒入水，下入荷兰豆焯熟，捞起过凉。原锅再下入花蛤煮至张开口，取肉，用清水冲凉，控净水分，备用。

3.将花蛤肉倒入盛器内，调入蒜泥、酱油、香油、盐、味精搅匀，再下入荷兰豆拌匀，装盘即成。

凉菜

蛤蜊银芽拌豆皮 难易度 |..ıl

原料 鲜蛤蜊肉250克，西瓜皮、绿豆芽各100克，豆腐200克

调料 香油、盐、味精

做法 1.将蛤蜊肉洗净，入沸水中余熟，捞出，沥干水。

2.将绿豆芽择洗干净。西瓜皮去外皮后切片。豆腐洗净，切小方块，以上各料分别入沸水中焯一下，捞出过凉，沥干水。

3.所有原料装盘中，淋入用香油、盐、味精调成的味汁，搅拌均匀即可。

热菜

豆豉炒蛤蜊 难易度 |.ıll

原料 蛤蜊500克

调料 豆豉、葱段、姜片、植物油

做法 1.将蛤蜊放入淡盐水中吐净泥沙，洗净捞出。

2.净锅内加植物油烧热，放入葱段、姜片、豆豉炒香，下入蛤蜊翻炒均匀，加盖焖至蛤蜊全部张口，装盘即可。

营养功效

滋阴明目，软坚化痰。

汤煲

红白萝卜蛤蜊 难易度 |..ıl

原料 胡萝卜、白萝卜各1个，蛤蜊500克，蒜苗少许

调料 肉苁蓉、淀粉、植物油、盐、味精

做法 1.将胡萝卜、白萝卜洗净，放入沸水中煮5分钟后捞出，稍凉后用挖球器挖出完整球状。

2.肉苁蓉用半碗水煮30分钟，取汁。蒜苗切丝。

3.蛤蜊洗净，煮熟后蛤蜊肉，留下汤汁。

4.锅入油烧热，倒入蛤蜊汤，加入萝卜球，小火焖煮至熟烂，调入盐、味精，用淀粉勾芡，再将蛤蜊肉及蒜苗丝撒入拌匀，淋上肉苁蓉汁即可。

蛤蜊炖蛋 难易度 |..ıll

原料 蛤蜊250克，鸡蛋3个

调料 盐、味精、葱花、鸡精、生抽

做法
1. 蛤蜊洗净，下入开水锅中煮至开壳，捞出后洗净泥沙。
2. 鸡蛋打入碗中，加入盐、味精、鸡精搅散。
3. 将蛤蜊放入鸡蛋中，入蒸锅蒸10分钟，撒上葱花，淋上生抽即可。

蛤蜊木耳蛋汤 难易度 |..ıll

原料 蛤蜊250克，鸡蛋1个，水发木耳、青笋片各25克

调料 料酒、盐、味精

做法
1. 蛤蜊洗净，投入凉水锅中烧沸至蛤蜊张开，捞出取肉。锅中水澄清，待用。
2. 水发木耳择洗干净，撕成小朵。
3. 鸡蛋打入碗中，搅打成蛋液。
4. 煮蛤蜊水倒入锅中，加入笋片、木耳、盐、料酒，烧沸后，放入蛤蜊肉，淋入蛋液，加入味精即成。

豌豆苗蛤蜊汤 难易度 |..ıll

原料 豌豆苗200克，蛤蜊300克

调料 葱花、姜丝、盐、味精、香油

做法
1. 豌豆苗择洗干净，去根取嫩尖。
2. 蛤蜊入淡盐水中吐净泥沙，洗净，煮熟，取肉。
3. 净锅内加入适量清水，放入蛤蜊肉、姜丝和葱花，大火烧沸，转中火煮2分钟，倒入豌豆苗煮沸，调入盐、味精，淋入香油调味即可。

豆芽蛤蜊瓜皮汤 难易度 |..ıll

原料 鲜蛤蜊肉250克，绿豆芽500克，豆腐200克，冬瓜皮1000克

调料 香油、酱油、盐、味精

做法
1. 将绿豆芽漂洗干净。豆腐洗净，切块。
2. 冬瓜皮洗净，改刀。
3. 将冬瓜皮放入锅内，加适量清水，旺火烧沸，改文火煲半小时，加入豆腐、蛤蜊肉、绿豆芽，烹入酱油煮熟，调入盐、味精，淋入香油即成。

海 螺

食疗作用：螺肉含有丰富的维生素A、蛋白质、铁和钙等营养成分，对目赤、黄疸、脚气、痔疮等疾病有食疗作用。

适宜人群：一般人群均可食用，尤其适宜黄疸、水肿、小便不通、消渴之人食用。

海螺如何选购

◎海螺以选个头中等、无腥臭异味、鲜活的最好。挑选时可用根牙签戳一下螺肉，能迅速收缩的为活体。

海螺如何保存

◎将买回的海螺装入盆中，置于冰箱保鲜层，或放在潮湿的地方，可保鲜5天左右。

巧取螺肉

◎如果是取生肉，可以直接把螺壳砸碎，取出螺肉，摘去螺肠，用盐揉搓几下，除去黏液即可。

◎如果是取熟肉，可将原料放入冷水锅内煮，此时肉壳分离，用竹签便可挑出螺肉，摘去螺肠，洗净即可。

炝螺片 难易度

原料 海螺4个，黄瓜50克，水发木耳30克

调料 盐、味精、生抽、白糖、辣椒油、香油、白醋

做法 1.将海螺用刀拍开，取肉洗净，片成薄片；黄瓜洗净，切成菱形片；水发木耳切成块，备用。

2.炒锅上火倒入水，下入海螺片、水发木耳汆至成熟，捞起过凉，控净水分，备用。

3.将海螺片、木耳、黄瓜倒入盛器内，调入盐、味精、生抽、白糖、辣椒油、白醋、香油，拌匀装盘即成。

拌海螺 难易度

原料 海螺300克，黄瓜、水发木耳各100克

调料 香油、酱油、醋、黄酒、味精、姜末

做法 1.海螺砸开，去壳取肉，洗净，切成薄片，放入开水锅内汆一下，捞入凉开水内浸凉，装入盘内。

2.黄瓜洗净，切片装盘。水发木耳切块，装盘。

3.将姜末、酱油、醋、香油、味精、黄酒对成汁，浇在海螺片上，拌匀即成。

营养功效

螺肉富含蛋白质、维生素和人体必需的氨基酸和微量元素，有很好的滋补功效。

热菜

葱拌海螺 难易度 |.ııl

原料 大海螺300克，大葱100克

调料 老抽、醋、芥末、盐、味精、香油、白糖

做法 1.大海螺煮熟，取肉切成片。

2. 大葱洗净，切马蹄片。

3. 将海螺片、葱片入容器中，加老抽、醋、芥末、盐、味精、香油、白糖拌匀，装盘即可。

营养功效

　　海螺肉味甘、性寒，具有清热、明目、利尿、通淋等功效，可辅助治疗尿赤热痛、尿闭、痔疮、黄疸等。

热菜

油爆海螺 难易度 |.ııl

原料 海螺肉300克，水发木耳、笋片各50克

调料 花生油、料酒、盐、味精、胡椒粉、葱姜蒜片、湿淀粉、上汤

做法 1.海螺肉片成片，笋切片。

2.海螺肉片、笋片、木耳片分别氽水。将上汤、料酒、盐、味精、胡椒粉、湿淀粉对成芡汁。

3.热锅放油，下葱姜蒜片爆锅，放入氽好的海螺肉片、笋片、木耳片，倒入对好的芡汁，快速炒匀，装盘即可。

汤煲

玉米须螺片汤 难易度 |.ııl

原料 田螺肉100克，玉米须60克，菜心50克

调料 葱段、姜片、盐、植物油

做法 1.田螺肉洗净，切片。菜心洗净。

2.玉米须洗净，放入炖杯内，加水200毫升，煎煮25分钟，取汁液。

3.净锅上火，加入适量植物油，烧至六成热，下入葱段、姜片爆香，加入玉米须汁液烧沸，放入螺肉片、菜心，调入盐，煮5分钟即可。

汤煲

海螺菜心汤 难易度 |.ııl

原料 速冻螺片200克，菜心、胡萝卜各100克

调料 葱段、姜片、盐

做法 1.螺片自然解冻，清洗干净，投入已下葱段和姜片的滚水内煮5分钟，捞出冲净。

2.菜心洗净。胡萝卜洗净去皮，切滚刀块。

3.瓦煲加适量水，放入菜心、螺片、胡萝卜块和姜片，水滚后改文火煲约50分钟，放盐调味即成。

蛏

食疗作用： 蛏肉味甘、咸，性寒，可用于产后虚寒、烦热痢疾等症，蛏壳可用于辅助治疗胃病、咽喉肿痛。

适宜人群： 一般人群均可食用，最适宜结核病、糖尿病、干燥综合征、烦热口渴者、醉酒者食用。

蛏的选购与储存

◎选购时，用手触摸蛏肉，如果蛏肉立即缩到壳里去，表明是鲜活的蛏；没有反应的则是死蛏，不要购买。

◎将蛏子放入盆中，倒入清水没过蛏子，再撒上少许盐，浸泡一上午。这样既可使蛏子保鲜，又可让其吐尽腹内泥沙，一举两得。

烹蛏小窍门

◎制作蛏子前，将蛏子用水多冲洗几遍，将其吐出来的泥沙全冲洗掉，否则影响口感。

◎将锅内的水烧开后再放入蛏子，待蛏壳刚刚张开的时候立即捞出，否则就会汆老了。在汆制过程中，往锅内倒入适量料酒，可起到去腥的作用。

食蛏的历史

◎我国食用蛏的历史较早，但蛏被人们真正认识是在元代。据元代《居家必用事类全集》记载，新获竹蛏不只可鲜食，而且可制成"蛏鲊"。蛏肉极鲜美，富含维生素C、钙、铁、磷。

热菜

苦菜炒蛏子肉 难易度 |.ıll

原料 苦菜200克，蛏子肉250克

调料 姜片、蒜片、白糖、盐、色拉油、味精

做法
1.苦菜洗净，改刀成节。

2.生蛏子肉洗净，沥去水。

3.炒锅内加入色拉油烧至六成热，下姜片、蒜片、盐、蛏子肉炒至八成熟，放入白糖、苦菜合炒至熟，再放味精炒匀即可。

营养功效

苦菜性寒，味苦，具有清热、凉血、解毒功效，可辅助治疗痢疾、黄疸、血淋、痔瘘、疔肿等症。

热菜

豉椒蛏子 难易度 |.ıll

原料 蛏子400克，青椒2个，红椒1个

调料 花生油、豆豉、辣椒酱、盐、生抽、葱花、姜片、蒜蓉、淀粉

做法
1.将蛏子洗净，倒入沸水锅煮熟取肉。

2.青、红椒洗净切片。

3.净锅置火上，倒入花生油烧热，下葱花、姜片、蒜蓉炒香，再加入青红椒、辣椒酱、豆豉、蛏子、适量清水焖炒，调味勾芡即成。

爱心提醒

洗蛏肉时须用澄清的原汤。

扇贝

食疗作用： 干贝具有滋阴补肾、和胃调中的功效，能辅助治疗头晕目眩、咽干口渴、脾胃虚弱等症，常食有助于降血压、降低胆固醇。另外，干贝还具有抗癌、软化血管等功效。

适宜人群： 一般人群均可食用。

扇贝的选购

◎新鲜的扇贝壳比较亮、颜色鲜艳，否则就是不新鲜的。扇贝属于双贝类，即上下两壳都有肉，新鲜扇贝张开口，会发现上下都有肉柱。

◎新鲜贝肉色泽正常且有光泽，无异味，手摸有爽滑感，弹性好。

干贝的泡发

◎泡发前先把干贝边上的一块老肉去掉，用冷水清洗后放在容器内，加入料酒、葱、姜以及适量的水（以淹没干贝为度），上笼蒸1小时左右，用手捏得开即可，与原汤一起存放备用。

泡发前　泡发后

扇贝烹调小窍门

◎扇贝本身极富鲜味，烹制时要少放盐，以免失掉鲜味。

◎贝类中的肠泥不宜食用；未熟透的贝类不宜食用。

（凉菜）

扇贝莴笋干 难易度

原料 扇贝400克，莴笋干100克

调料 盐、味精、白糖、香醋、辣酱、姜片、香油

做法
1.将莴笋干用水泡透，余水，沥干水分，备用。

2.将扇贝洗净，煮熟取肉，调入香油抓匀，待用。

3.将莴笋干倒入盛器内，调入盐、味精、白糖、香醋、辣酱、姜片，加入扇贝拌匀即成。

营养功效

扇贝具有滋阴补肾、和胃调中的功效，能辅助治疗头晕目眩、咽干口渴、虚痨咳血、脾胃虚弱等症，常食有助于降血压、降低胆固醇。

（凉菜）

萝卜干拌鲜贝 难易度

原料 鲜扇贝柱150克，白萝卜干25克

调料 盐、味精、剁椒、辣椒油、绍酒

做法
1.将扇贝柱洗净，入盐水内煮熟。白萝卜干用温水泡开，洗净，挤净水分，待用。

2.将白萝卜干倒入盛器内，调入味精、绍酒、剁椒抓匀，再加入扇贝柱，调入辣椒油，拌匀即成。

爱心提醒

扇贝本身极富鲜味，烹制时要少放盐，以免失掉鲜味。

热菜

油泼扇贝 难易度 |...ll

原料 扇贝300克

调料 葱丝、姜丝、香葱末、花生油、美极汁

做法 1.扇贝洗刷干净，入笼煮熟，取出摆盘中。

2.扇贝上撒葱姜丝、香葱末，浇热油，淋上美极汁即可。

爱心提醒

扇贝选料要鲜活，并要洗净泥沙。

热菜

银丝蒸夏贝 难易度 |.ll

原料 夏贝300克，粉丝、炸蒜蓉、香葱末各适量

调料 盐、味精、鸡粉、花生油

做法 1.将夏贝用刀从中间切开，洗净。粉丝与炸蒜蓉、盐、味精、鸡粉搅匀。

2.夏贝放入盘中，抹上蒜蓉粉丝，上笼蒸熟取出，撒香葱末，用热油浇一下即可。

爱心提醒

夏贝要洗净泥沙，蒸制时不宜过火。

热菜

毛豆烧鲜贝 难易度 |.ll

原料 毛豆粒150克，鲜贝200克，胡萝卜丁、香菇丁各50克

调料 鸡汤、料酒、葱姜汁、盐、味精、湿淀粉、鸡油

做法 1.毛豆粒用盐水煮过，捞出控净水。

2.鲜贝、香菇丁、胡萝卜丁分别用沸水烫过。

3.锅内加鸡汤，再加入料酒、葱姜汁、盐、味精，待汤沸时加入各种原料，烧沸后用湿淀粉勾芡，淋鸡油出锅即可。

汤煲

渔家海鲜煲 难易度 |.ll

原料 鱿鱼150克，扇贝肉30克，内酯豆腐50克，香菇5朵，粉丝10克

调料 葱油、盐、味精、姜片、香油

做法 1.将鱿鱼治净，切花刀，再切成小块；扇贝肉洗净；内酯豆腐切块；香菇去蒂，洗净，切花刀；粉丝泡软，切段备用。

2.锅入油烧热，下姜片爆香，放入香菇煸炒片刻，倒入水，放入内酯豆腐、扇贝肉、鱿鱼、粉丝，调入盐、味精，小火煲至入味，淋入香油即成。

135

鲍 鱼

食疗作用： 鲍鱼具有滋阴补肾、平肝潜阳、抗病防癌的功效。在解酒、预防酒精中毒、清热、消暑、降血压等方面也有不错的疗效。此外，鲍鱼还有清洁血液、美白皮肤等功效。

适宜人群： 一般人群均可食用。

鲍鱼干如何泡发

◎鲍鱼干是由鲜鲍洗净煮熟晒干的成品，有"明鲍"和"灰鲍"之别，其中"明鲍"质量较佳。鲍鱼干在烹调前需用水涨发，一般方法是：洗净鲍鱼表面尘垢，放在40℃～60℃热水中浸泡4～6小时，取出后置于冷水锅中加热，同时加入少量硼砂，煮2小时离火，鲍鱼仍浸泡在锅内。第二天换水，再煮1～2小时，冷却后取出，置清水中漂净硼砂，即可烹调。

煨制鲍鱼最美味

◎因为鲍鱼价格不菲，且越大越名贵，客人在食用时都希望保持它的完整形态，而"煨"的烹制技法不但能最大限度地呈现鲍鱼的鲜嫩、肥美、味腴，更保持了鲍鱼完整的形态。

鲍鱼的保存

◎制熟的鲍鱼若无法一次吃完，可将鲍鱼浸在汤汁中，放于密封盒中，置于冰箱冷藏室中保存，可保存5天左右。

◎买回来的干鲍鱼放在阳光下，晒至完全干透变硬，再放在阴凉处待凉，放进玻璃容器中，加防潮珠密封保存。

凉菜

香葱拌鲍鱼 难易度 |￭￭

原料 六头鲜鲍5只，香葱100克，香菜20克，红椒丝10克

调料 盐、味精、味达美、糖、红醋、葱油、香油

做法 1.将鲍鱼宰杀洗净，用高压锅压10分钟，取出待用。香葱、香菜切段，红椒切丝。

2.鲍鱼、香葱、香菜、红椒丝同入盘中，加调料拌匀即可。

爱心提醒

不要用金属锅具烹制鲍鱼，以免起化学反应令鲍鱼变黑。

汤煲

顶汤大连鲍 难易度 |￭￭

原料 十头活鲍鱼1只，老母鸡肉2块，排骨1块，干贝1个，青菜心100克

调料 大葱、料酒、姜片、盐、味精、糖、鸡粉、花雕酒、胡椒粉、清汤

做法 1.鲍鱼带壳用沸水洗净。

2.高压锅内放入鲍鱼、老鸡、排骨、葱、姜片、料酒，压制5分钟后取出。

3.将压好的排骨、老鸡放入炖盅内，再放入干贝，加调好味的清汤，封保鲜膜，蒸40分钟，再加鲍鱼和青菜心，蒸5分钟即可。

金蒜烤鲜鲍 难易度 |.ill

原料 鲜鲍8只，大蒜100克。

调料 盐、味精、烧烤酱、红油、辣椒粉、孜然

做法 1.把鲜鲍汆水洗净。

2.大蒜去皮，用铁扦子把鲜鲍、大蒜间隔穿好。

3.穿好的鲍鱼串用调料腌渍入味，刷烧烤酱，上火烤至呈金黄色时再刷上红油，撒上孜然、辣椒粉，继续烤至成熟即可。

爱心提醒

鲍鱼烤制时间不宜过长，以免变硬。

茶树菇炒鲍鱼 难易度 |.ill

原料 鲍鱼6只，煨好的干茶树菇90克，香菜根75克，香葱适量，意粉20克

调料 柱侯酱、XO酱、蒜蓉、葱油、味达美、鸡精、蚝油、老抽、高汤、白糖

做法 1.茶树菇、香菜根和香葱分别切成段，入沸水锅中焯透，捞出沥水。

2.鲍鱼取肉，汆水，用味汁煨20分钟。

3.锅中下油，先炒香柱侯酱、XO酱，下入蒜蓉煸香，下茶树菇略炒，加调料调好味，最后下鲍鱼、香葱、香菜根，翻炒10次左右，淋上葱油，分装盘中，配意粉上桌即可。

剁椒蒸鲍鱼 难易度 |.ill

原料 六头鲜鲍 3 只

调料 香葱、湖南剁椒、海南黄椒酱、泡姜、豉油、鱼露、生粉、蒜蓉

做法 1.将鲍鱼宰杀，取肉，去内脏，洗净，放入原壳中，待用。

2.将剁椒、黄椒酱、泡姜、豉油、鱼露、生粉、蒜蓉调对成味汁，浇在鲍鱼上，入蒸笼蒸制10分钟，取出。

3.在鲍鱼上浇热油，撒上香葱末即可。

爱心提醒

烹制鲍鱼至牙签能插透即可。

海参

食疗作用： 干海参体壁内含有丰富的胶原蛋白以及牛磺酸、尼克酸等，能使肌肤保持光滑，延缓机体衰老。海参含有海参素，药用保健价值极高。

适宜人群： 一般人群均可食用，尤其适宜高血压、冠心病及糖尿病患者食用。

如何挑选海参

◎挑选干海参时，首先要挑选体形完整端正的，缺损的海参多为次品；其次，海参要够干，即含水量小于15%；再次，身体要结实而有光泽；最后，要挑选大小均匀、腹中无沙的海参。

发干海参的窍门

◎先将海参浸泡1天，然后捞出放入保温瓶，倒入热水，盖上瓶盖，浸泡1天。待海参发软后，即可剖开内脏洗去脏物。如还有硬心，可换水再泡，直至无硬心为止。如海参上有硬皮，须先用火燎去硬皮，否则发不开。

泡发后　泡发中　泡发前

涨发海参注意事项

◎涨发过程中忌油、碱、盐。若海参未涨发透就遇油，油会黏附在海参表面造成缩水，使水分难以渗入，造成海参涨发不匀；若遇碱则易造成外表腐烂；若遇盐易使海参发不透。

凉菜

海参沙拉 难易度 |.ıll

原料 活海参300克，火龙果100克，圣女果100克，黄瓜100克，哈密瓜200克

调料 沙拉酱、白糖、白醋

做法 1.活海参加工好后切丁，汆水。

2.火龙果、黄瓜、哈密瓜分别去皮切丁。圣女果洗净，切丁。

3.将海参丁和各种水果丁放入容器中，加沙拉酱、白糖、白醋搅拌均匀，盛入玻璃盘中即成。

凉菜

蜇头拌活海参 难易度 |.ıll

原料 活海参300克，海蜇头200克，青、红椒各50克，香菜段50克

调料 盐、味精、白糖、香醋、美极鲜酱油

做法 1.活海参加工好，切成粒，汆水，待用。

2.海蜇洗净，切成小片。青红椒去籽，洗净，切成粒，待用。

3.将海参粒、海蜇片、青红椒粒及香菜段同入盘中，加各种调料调拌均匀即成。

海参捞饭 难易度 | ▮▮▮▯▯

原料 水发刺参1只，鹌鹑蛋1只，西蓝花20克，大米50克

调料 蚝油、上汤、鸡汁、鲍汁、生粉

做法
1. 海参及西蓝花汆水。鹌鹑蛋煮熟去壳。
2. 海参煨制入味，装盘。大米蒸熟，盛入小碗中，压实，再扣入盘中。
3. 上汤加调料打芡汁，浇在海参上。西蓝花与鹌鹑蛋放旁边即可。

一品活海参 难易度 | ▮▮▮▯▯

原料 活海参300克，南瓜100克，青菜心50克

调料 鲍汁、鸡汁、蚝油、顶汤

做法
1. 活海参顺长剖开，去内脏洗净。
2. 将海参用洗米水浸泡后，入80℃水中氽一下，放入青菜心稍煮，装盘。
3. 南瓜切丁，煮熟，加调料调味，勾芡，浇在海参上即可。

白灵菇扣刺参 难易度 | ▮▮▮▯▯

原料 水发刺参200克，白灵菇200克，西蓝花50克，鹌鹑蛋50克

调料 上汤、生粉、蚝油、鸡汁、鲍汁

做法
1. 白灵菇煨制入味后切片，码盘。鹌鹑蛋煮熟，去壳待用。西蓝花洗净，择成小朵，入沸水中焯透，捞出待用。
2. 用调料调制鲍汁酱，加刺参扒制，码盘，放入西蓝花与鹌鹑蛋，浇上原汁即可。

葱烧海参 难易度 | ▮▮▮▯▯

原料 刺参400克，菜心100克，大葱200克

调料 蚝油、老抽、料酒、糖、味精、生粉

做法
1. 大葱切段。海参去内脏，用清水洗干净，煨制入味，待用。
2. 大葱入油锅爆香，投入海参，加调料调味炒制，盛入盘中间。
3. 菜心洗净，入沸水中焯过，捞出沥水，呈扇形整齐地码入盘边即成。

热菜

养颜海参 难易度 |📊

原料 活海参400克，芦荟300克，百合50克

调料 盐、味精、鸡粉、生粉

做法 1.百合入水焯透，芦荟去皮改片。

2.活海参加工后切丁，氽好，待用。

3.炒锅上火，加油烧热，投入海参丁、芦荟片和百合，加调料炒熟，装盘即成。

营养功效🥄

海参可提高人体免疫力，是糖尿病、高血压患者的理想食疗食品。

热菜

花菇刺参 难易度 |📊

原料 水发刺参400克，花菇200克，西蓝花50克，鸽蛋50克

调料 鸡汁、蚝油、味鲜素、上汤、生粉

做法 1.花菇入水泡发，煨制入味。西蓝花焯水，鸽蛋煮熟去壳。

2.海参用上汤煨制入味，待用。

3.将海参、花菇、西蓝花和鸽蛋码入盘中。用调料调制芡汁，浇在盘中即成。

汤煲

海参佛跳墙 难易度 |📊

原料 水发海参200克，活鲍鱼200克，鱼肚100克，菜心50克

调料 上汤、鸡汁、鲍汁、蚝油、老抽、生粉

做法 1.鱼肚发透后改刀成片，煨制入味。

2.海参煨透入味。活鲍鱼氽水取肉，煨制入味。菜心焯水。

3.把所有用料装入佛跳墙盅内，浇入用调料对成的汁，蒸透即可。

汤煲

浓汤碧绿海参 难易度 |📊

原料 水发刺参400克，西蓝花100克

调料 盐、味精、浓汤

做法 1.将浓汤调好味。

2.海参氽水后放入调制入味的浓汤中，上笼蒸20分钟取出。

3.西蓝花焯水，加调料入味，放海参碗中即可。

营养功效🥄

美容养颜，抗衰延寿。

燕窝

食疗作用： 燕窝的医用价值甚高，具有祛痰止咳，治虚损、肺结核、痰喘、咯血、久痢，补血清血、整肠健脾、壮阳等功效。

适宜人群： 一般人群均可食用，湿热者、糖尿病、腹痛泄泻、体质虚寒者忌食。

"燕窝"名从何来

◎燕窝又名燕菜，为金丝燕及同属燕类衔食海中小鱼、海藻等生物后，经胃消化腺分泌出的黏液与绒羽筑垒而成的窝、巢。燕窝多建筑在海岛的悬崖峭壁上，形状似陆地上的燕子窝，故而得名。

燕窝的主要烹调方法

◎燕窝多用炖的方法烹调成汤羹菜，甜咸均可，也常作烩、拌菜肴。制作成品菜时须注意，宜清不宜浓，宜纯不宜杂。因其自身少味，应用上汤调制，或配以具有鲜味的配料，配荤料时应尽量用清荤料，不可浓腻。

燕窝的选购

◎购买时，以完整的盏形燕窝为好，而燕边、燕碎的质地比较差。此外，燕盏中夹带羽毛越少越好。质优的燕窝呈丝条状排列，水浸后呈银白色，晶莹透明，有弹性。淡黄色、不伸缩者则为赝品。

冰镇苦瓜燕窝 难易度 |

原料 苦瓜300克，官燕15克，冰块适量

调料 冰糖、蜂蜜、姜汁

做法 1.苦瓜焯水后切长条，泡在冰水中令其爽脆。

2.将官燕放入水中浸泡2~4小时，加入冰糖、蜂蜜、姜汁，隔水炖30分钟左右取出，放入冰水中备用。

3.将冰好的苦瓜放在冰块上，上面放炖好的官燕即成。

燕窝沙拉 难易度 |

原料 发好的官燕50克，苹果20克，梨20克，香瓜20克，橙子20克，木瓜20克

调料 沙拉酱

做法 1.把各种水果洗净，切成1厘米见方的小滚刀块。

2.改好刀的水果块用沙拉酱拌好，装盘。

3.将发好的官燕放在水果沙拉上即可。

爱心提醒

水果改完刀后要用洁布吸干水分。

主食

牛奶燕窝粥 难易度 ▏▁▂▃

原料 大米100克，牛奶500克，发好的血燕100克

调料 糖或盐

做法 1.大米拣去杂物，淘洗干净。

2.锅置火上，放入米和水，旺火烧开，改用小火熬煮30分钟左右，至米粒涨开时，倒入牛奶搅匀，放入发好的血燕，继续用小火熬煮20~30分钟，至米粒黏稠、溢出奶香味时即成。

汤煲

芦荟燕窝 难易度 ▏▁▂▃

原料 血燕50克，银耳30克，芦荟40克，鲜荸荠30克

调料 冰糖、蜂蜜

做法 1.将血燕、银耳分别发好。芦荟去皮，改刀焯水，冰镇。鲜荸荠改刀焯水，冰镇。

2.将冰糖、蜂蜜加开水溶开，冷后备用。

3.把冰镇好的芦荟、鲜荸荠放入碗内，上面放血燕、银耳，再浇上冰糖蜂蜜水即可。

汤煲

薄荷汁炖燕窝 难易度 ▏▁▂▃

原料 官燕50克，鲜薄荷叶60克

调料 冰糖、矿泉水

做法 1.鲜薄荷叶加矿泉水打成汁备用。冰糖用水化开。

2.将发制好的燕窝加鲜薄荷汁和冰糖水调制好，隔水炖制片刻即成。

爱心提醒 🔍

鲜薄荷汁不要调得太浓。

汤煲

血燕蒸鲜奶 难易度 ▏▁▂▃

原料 血燕（发好）20克，鸡蛋3只，鲜奶50克

调料 盐或糖

做法 1.将鸡蛋打匀，注入鲜奶拌匀，过滤。

2.将血燕和调料放入鸡蛋鲜奶中搅拌均匀，再倒入盛器内，用铝箔纸或碟盖好，隔水蒸8~10分钟即成。

营养功效 🔍

养心安神，滋阴润肺。适宜体弱多病、久病初愈者食用。

Part 2

可口 主食

KEKOUZHUSHI

主食是餐桌上的必不可少的食物，它是身体所需能量的主要来源。稻米、小麦、玉米、土豆、红薯等食材，含有丰富碳水化合物及身体所需的各种能量，经常被用来制作各种主食。本篇章为您奉上百余款可口主食，让您的餐桌因主食而精彩。

花样主食这样做

常用面粉的种类

面粉。市场上的面粉分为高筋面粉、中筋面粉、低筋面粉。筋度越高，则黏稠度越高，吃起来越有韧性和嚼劲；筋度越低，则黏稠度越低，口感越松软。日常生活中，最常用的是中筋面粉，可以根据个人喜好来选。

饺子粉。用饺子粉和出来的饺子皮软硬适度，易包、好吃，操作也简单，用于制作饼类效果也不错。

自发粉。自发粉不用考虑加碱的问题，从而省去了很多麻烦。

澄面。澄面缺乏黏稠度，调和的时候多用热水烫，再揉团。蒸出来的面食外观晶莹剔透，多用来制作水晶饺子等。

糯米粉。糯米粉的黏度极高，蒸熟后会软，很难塑型，多用来做元宵。

生粉。生粉是用蚕豆或菱角制成，可以调入黏米粉或面粉做皮，用来制作韭菜饼、水晶包等。

面团的制作

冷水面团（水温低于30℃）

冷水和面粉和匀后，要反复揉搓至面团光滑不粘手为止。揉好的面团要盖上湿布，静置10分钟，这样表面才会更光滑。冷水面团用于制作饺子、馄饨、面条等。

温水面团（水温60℃~70℃）

温水和面粉和匀后，要反复揉搓成光亮又柔软的面团。温水面团用于制作小笼包、蒸饺、烧卖、葱油饼等。

烫面面团（水温80℃~90℃）

用80℃以上的热水冲入面粉中，快速搅拌使所有面粉接触到热水，然后立即冲入冷水，调整面团的柔软度。烫面面团用于制作蒸饺、烧卖，或煎、烙的葱油饼及烧饼等。

如何让面条更好吃

冷、热水交替煮面。用冷、热水交替煮沸的方法来煮面条，可以使面条软而筋道，且不会过度黏糊。

加水量和煮制时间。添加冷水的次数和煮面条的时间，应该依据面条的厚薄、粗细和个人喜好而定。一般来说，细薄面条煮约2分钟，宽厚面条煮3~4分钟。

最好现吃现煮。煮好的面条捞出后，若不马上食用，可以拌入香油，以防止粘连。带汤的面条最好立即食用，以免在汤中浸泡太久，吸入过多的汤汁，从而变得膨胀。

和面的要领

正确的和面法是"三步加水法"，可使整个和面过程干净、利索，达到"面团光、面盆光、手上光"的效果。

和面时，要分三次加水：

第一次：将面粉倒在盆里，中间扒出一个凹塘，将水徐徐倒进去，用筷子慢慢搅动。待水被面粉吸干时，用手反复搓拌面粉，使面粉形成许多小面片，俗称"雪花面"。这样既不会因面粉来不及吸水而淌得到处都是，也不会粘得满手满盆都是面糊。

第二次：再朝"雪花面"上洒水，用手搅拌，使之成为一团团疙瘩状小面团，俗称"葡萄面"。此时面粉尚未吸足水分，硬度较大，可将面团压成块，将粘在面盆或面板上的面糊用力擦掉，再用手沾些水，洗去手上的面粉。

第三次：在"葡萄面"上洒少许水，揉成光滑的面团即可。

如何蒸馒头更暄软？

馒头上笼蒸煮前，要经过醒面，冬季要醒15~20分钟，夏季醒的时间可稍短。

笼屉与锅口相接处不能漏气，有漏气处须用湿布堵严。用铝锅蒸馒头时锅盖要用重物盖紧，以免蒸汽将锅盖吹开而漏气。

蒸馒头时，锅内须用冷水加热，逐渐升温，使馒头坯均匀受热。切勿图快一开始就用热水蒸馒头，这样蒸制的馒头容易夹生。

如何蒸出美味、漂亮的花卷？

花卷的主要营养成分是碳水化合物、蛋白质、脂肪等，根据加入的辅料不同，营养成分也不尽相同。花卷的层次越多，拧成的花就越逼真，口感也更加暄软。

辅料如麻酱等要用熟植物油调稀，不要用水调，否则蒸熟的花卷发干，影响口感。

蒸花卷时要注意以下问题：

① 发面要用35℃左右的温水，加少许白糖，这样发面又快又好。

② 面发至原来体积的2倍以上即表明大致发好了。

③ 花卷成型后要再醒20分钟左右，醒发充分后再蒸。

④ 要沸水入笼，旺火足汽蒸。

⑤ 锅盖要选不吸附水蒸气且凝水少的，并以竹笼盖为佳。

煮饭要点

洗米

煮饭前先洗米，可以洗去附着在米粒上的杂质和异味。米通常要洗2~3遍。洗米的时间不可太长，否则营养成分会大量流失。

加水

锅内加水的多少会影响米饭的口感。一般来说，米和水的比例为1：1到1：1.3。将手掌平贴在米上，加水刚好淹过手背即可；用手指来测量，大约一节指深度的水量能煮出最好吃的米饭。当然，加水量的多少可以根据个人的口感来调整。

浸泡

加好水后，应将米适当浸泡一会儿。浸泡可使水分充分进入米中，活化米粒中的淀粉酶，增加饭粒的甘甜味，使口感更筋道。一般来说，夏天需浸泡30分钟，冬天则需浸泡1~2小时。

加热蒸煮

加热可以提供足够的能量使淀粉酶糊化，一般的电锅就可以使温度快速上升，达到糊化的目的。淀粉酶发生糊化的最佳温度为40℃~60℃。一般蒸饭的时间为20~25分钟，蒸的同时可以加少许色拉油或醋、酒、盐等，这样做出的米饭晶莹剔透、香气四溢。

闷煮

电饭煲加热煮饭结束后，可以利用锅内的余温再闷煮15~20分钟。米饭经过闷煮后，米粒间残余的水分、湿气被吸收到米粒内部，使米饭松散、有弹性。

打松

煮好的米饭要马上打松，使多余的水汽在拌动的同时蒸发掉，米饭会更加清香，口感更好。

盛饭

盛饭时不要将饭压得紧实，尽量使米饭松松的，这样吃起来才香。

炒饭要点

要想使炒饭好吃，必须掌握下面三个要点：

高温

锅和油一定要烧热，利用高温炒出来的饭才不会粘锅，且呈松散状。

大火快炒

米饭下锅后，油温会急速下降，为了确保油的温度，要用大火，这样传热速度较快，饭粒比较容易熟透。注意，用大火的同时要快速翻炒，否则很容易将米饭炒老。

用冷饭

炒饭时最好将每粒米都炒得松松散散的。冷却后的米饭会流失一些水分，炒起来不会湿黏，故隔夜饭是炒饭的最佳选择。如果米饭比较硬，可以在饭上喷点水，用手抓松后再炒。

熬粥要点

熬粥的基本原料

大米。大米富含蛋白质、脂肪、B族维生素以及磷、钾等矿物质，是中国人的主食之一。

紫米。紫米富含蛋白质、糖类、多种维生素及钙、磷、铁、镁、锌等矿物质，具有比较好的滋补作用。

玉米。玉米含有碳水化合物、膳食纤维、磷、钾、镁、维生素A等，能增强人体新陈代谢，使皮肤细腻光滑，减少皱纹产生。

玉米

糯米。糯米含有丰富的碳水化合物和磷、钾、镁等矿物质，能缓解食欲不振、腹胀腹泻等。糯米比较难煮，煮前可以用冷水浸泡1小时。

小米

小米。小米含较高的热量、蛋白质和脂肪，还富含钙、磷、铁等矿物质和胡萝卜素。小米易熟，可以直接和冷水一起下锅。

薏米

糙米。糙米含有蛋白质、脂肪、多种维生素及钙、磷、铁等，能促进肠胃蠕动，增强体质。

绿豆

薏米。薏米含有丰富的植物性蛋白质、脂类、维生素和矿物质等，能调节生理机能、美白养颜。

绿豆。绿豆含蛋白质、脂肪、糖类、维生素 B₁、维生素E、钙、磷、铁等，能清热解毒，利小便。

煮好粥的小窍门

怎样防止溢锅？ 熬粥时，往锅中加入5～6滴植物油或动物油，可以避免粥汁溢锅。用高压锅熬粥时，滴上几滴食用油，开锅后粥不会往外喷。需要注意的是，如果用高压锅煮粥，水量不能超过高压锅容量的2/3，否则容易外喷，非常危险。

怎样防止粘锅？ 淘好的米应立即下锅，不要久置；粥烧开后，不要再用大火，要转中小火熬煮。

大米先浸泡，煮出的粥口感更好。 煮粥前，将大米用冷水浸泡半小时，让米粒充分涨开，这样能节约时间，粥熟得更快。另外，要顺着一个方向搅动，这样煮出来的粥会更酥烂，口感更好。

开水下锅。 煮粥时最好用开水下锅，这样不但能节省时间，而且能防止煳锅底。

控制火候。 煮粥时，先用大火煮开，再转小火熬煮30分钟，粥的香味自然就出来了。

充分搅拌。 煮粥时充分搅拌，可以让米粒颗颗饱满、粒粒酥稠。开水下锅后要搅拌几下，盖上锅盖，小火熬煮20分钟，不停搅动，持续10分钟，直至呈酥稠状为止。

点油。 粥转小火煮约10分钟时，加几滴色拉油，成品粥不仅色泽鲜亮，入口也特别爽滑。

寿桃馒头 难易度 |..ıll

原料 面粉、干酵母、莲蓉馅、红绿食用色素、白糖、泡打粉各适量

做法
1. 将面粉、泡打粉拌匀，加入白糖、酵母、水和匀，揉成表面光滑的面团。
2. 将面团静置10分钟后搓条，下剂，擀皮，包入莲蓉馅，收好口，包捏成桃子的形状，做好绿叶，即为寿桃生坯，常温下静置50～60分钟。
3. 将寿桃生坯放入蒸笼，上火蒸8～10分钟即熟，取出，喷少量红绿食用色素即成。

刺猬馒头 难易度 |..ıll

原料 面粉、相思豆、紫米面、椰蓉馅、干酵母、泡打粉、白糖各适量

做法
1. 将面粉、泡打粉、紫米面混合拌匀，加入白糖、酵母、水和匀，揉成表面光滑的面团。
2. 面团静置10分钟后搓条，下剂，擀皮，包入椰蓉馅，捏成刺猬状，在表面用剪刀剪出刺，酿入相思豆成眼睛，制成刺猬生坯。
3. 将刺猬生坯放入蒸笼中，常温下静置50～60分钟，上火蒸8～10分钟即熟。

咸蛋黄馒头 难易度 |.ıll

原料 面粉500克，咸蛋黄10个，泡打粉、干酵母、白糖各适量

做法
1. 面粉放入盆，加泡打粉、干酵母和白糖拌匀，再加清水和成软硬适中的面团，盖上湿布醒10分钟。
2. 醒好的面团放案板上揉光滑，搓成条，下成10个剂子，揉成馒头生坯。
3. 用手指在生坯顶部按一个坑，放入1个咸蛋黄，即成咸蛋黄馒头坯。
4. 依次做完，摆在笼屉上，加盖旺火蒸10分钟即好。

桑叶馍 难易度 |.ıll

原料 面粉510克，鲜桑叶150克，泡打粉、干酵母、白糖各适量

做法
1. 鲜桑叶洗净，沥干水分，切碎后，用搅拌机打成细泥。
2. 面粉入盆，加泡打粉、干酵母、白糖和桑叶泥搅拌均匀，再加水和匀成面团，静置15分钟。
3. 将发好的面团放在案板上揉光滑，下成10个大小均匀的剂子，揉成馒头状，入笼用旺火蒸12分钟至熟即可。

佛手馒头 难易度 |▮▮▮

（原料） 发酵面团、豆沙馅各适量

（做法） 1.发酵面团下成10个剂子，擀成圆形，压成面饼。

2.将豆沙馅包入面饼中，用刮板刮成佛手形生坯。

3.将醒好的生坯上笼，急火蒸熟，即成佛手馒头。

爱心提醒 🔍

佛手馒头的"指头"要刮均匀，豆沙馅不要放太多。

荷叶夹子 难易度 |▮▮▮

（原料） 面粉400克，植物油、酵母、炼乳、椰浆、白糖各适量

（做法） 1.将适量酵母用35℃的温水溶解并调匀，备用。面粉、炼乳、椰浆、白糖放入容器中，缓缓地加酵母水和适量清水搅拌均匀，揉成面团。

2.将面团搓长条，揪成若干个小剂子，用擀面杖擀成0.5厘米厚的圆形面皮。

3.取一张面皮，滴适量植物油，涂抹均匀后对折。

4.用梳子齿将面皮压成蝴蝶状，做成荷叶夹子生坯，醒发30分钟，入蒸锅蒸熟即可。

鱼磕子 难易度 |▮▮▮

（原料） 发酵面团500克

（做法） 1.将发酵面团平均分成两份，各自揉搓成均匀的长方形面团。

2.两份面团分别放入鱼磕模具中，用手压平，制成鱼形生坯，摆盘，盖上湿布，醒发1小时左右。

3.将醒好的鱼形生坯上笼，急火蒸熟即成。

爱心提醒 🔍

花纹必须清晰，醒发要适度，否则蒸熟后易贴皮。

四喜花卷 难易度 |.ıll

原料 发酵面团500克，青豆50克，甜玉米粒50克，水发木耳、红柿椒各25克，泡打粉、干酵母、白糖适量

做法 1.醒好的面团揉光，擀成长方形薄片，刷上一层食油，撒玉米粒、青豆、木耳和红柿椒，从两边分别向中间卷起成双卷形，切成10个相等的剂子。

2.在每个剂子的背面顺切一刀至底部，保持坯皮相连，再从刀口处向两边及向下翻出，刀口朝上，即成生坯。

3.逐一摆在笼中，旺火蒸约10分钟即可。

南乳卷 难易度 |.ıll

原料 发酵面团、南乳（红豆腐乳）、香葱末、花生油各适量

做法 1.发酵面团擀成大薄片，抹上南乳，对折。

2.将对折的面片擀薄，撒上香葱末，卷成粗条状，切厚片，轻轻擀一下，醒好，上笼蒸熟。

3.平锅内刷油，上火烧热，放入南乳卷，煎至金黄色即可。

火腿卷 难易度 |.ıll

原料 发酵面团、方火腿、香葱、花生油各适量

做法 1.方火腿、香葱分别切末，拌匀。

2.发酵面团擀成薄片，刷上花生油，撒上火腿粒和香葱末，卷起切段。

3.每段的中间用筷子压一下，顺压印卷起，再平压一下，制成火腿卷生坯。

4.将醒好的生坯上笼，蒸熟即可。

三丝炸春卷 难易度 |.ıll

原料 春卷皮、香菇、胡萝卜、猪瘦肉各适量

调料 盐、味精、白糖、花生油、香油、胡椒粉、淀粉

做法 1.香菇和胡萝卜分别洗净，切成细丝。

2.猪肉洗净切丝，加入花生油、盐、味精、淀粉拌匀，腌10分钟。

3.香菇丝、胡萝卜丝、肉丝入容器中，加调料拌匀，制成春卷馅。

4.取春卷皮，包入馅，制成条状，入油锅用温油炸至呈金黄色即可。

莲花卷 难易度 |..ıll

(原料) 高级面粉、酵母各适量

(做法) 1.将面粉、酵母放入盆中，加水和成软硬适宜的面团，揉匀，静置10分钟，搓条，下剂。

2.将剂子擀成圆皮，中间抹油，对折两次成三角形，用刀均匀切3块。

3.将3块切好的面按形状叠成三层，用筷子在中间压一横线，在两边压两道竖线，再将两端捏紧，成莲花形生坯，醒发。

4.将醒好的生坯入蒸笼，旺火蒸15分钟即成。

腊肠卷 难易度 |..ıll

(原料) 腊肠、发酵面团各适量

(做法) 1.腊肠切段。

2.发酵面团下剂，搓成细条。

3.将细条缠在腊肠上，制成腊肠卷生坯。

4.将醒好的生坯上笼蒸熟即可。

爱心提醒 🔍

蒸腊肠卷的时候，锅内要放凉水，先大火烧至水开后转成中火，蒸20分钟，熄火后须等2~3分钟再开盖，这样花卷才不会因为突然受冷而收缩。

绿茶卷 难易度 |..ıll

(原料) 面粉250克，绿茶粉5克，温水130毫升，干酵母6克，白糖40克

(做法) 1.面粉、白糖、酵母混和均匀，加温水和成微软、光滑的面团，放置于盛有60~70℃热水的蒸锅中，隔水发酵。

2.将发酵好的面团揉光滑，分成两半，其中一半加入绿茶粉，揉成绿茶面团。

3.将白色面团和绿茶面团擀成两个大面片，叠放在一起，卷成筒状，切成小剂子。每个小剂子用手从中间向两边拉，捏住拉开的面段两端，向对面翻折，相交之处捏紧，成花卷生坯。生坯静置15分钟，入蒸锅中大火蒸20分钟即可。

牡蛎煎饼 难易度 |.ıll

原料 中筋面粉150克，鸡蛋3个，牡蛎100克，香葱末50克

调料 植物油、盐、味精、香油、胡椒粉

做法
1. 中筋面粉加鸡蛋调匀。

2. 牡蛎洗净，入沸水中汆水，取肉，加入盐、味精、香油、胡椒粉、香葱末拌匀，倒入鸡蛋面中调匀，成牡蛎面糊。

3. 平底锅置火上，加入适量植物油烧热，下入牡蛎面饼，用小火煎至两面呈金黄色熟透，出锅装盘即可。

蜜汁薯饼 难易度 |.ıll

原料 土豆蓉500克，面粉100克，鸡蛋25克，枣蓉、白糖各150克，植物油、香蕉精各适量

做法
1. 将土豆蓉加面粉和鸡蛋拌匀，搓成条，擀薄摊平，中间包枣蓉馅，做成圆饼。

2. 锅置火上，入油烧至五成热，投入土豆饼炸呈金黄色，捞出。

3. 锅再置火上，放入适量的清水及白糖，用小火加热，使糖化开，熬成黏汤时，投入炸好的土豆饼，轻轻转动锅，使糖汁挂在土豆饼上，再轻轻翻锅，然后轻轻转动锅，并适当烧一下，使糖汁浓稠，点上香蕉精，摆盘即可。

水晶藕饼 难易度 |.ıll

原料 嫩藕1500克，米粉(或面粉)各100克，糖腌板油丁、熟猪油各200克，玫瑰糖100克，糖桂花少许

做法
1. 藕去皮洗净，擦成蓉状，放盆内，加米粉和匀，分成20份生坯；糖腌板油丁加糖桂花拌匀，也分20份，分别包入生坯中，做成2厘米厚的圆饼。

2. 炒锅置火上，放入熟猪油烧至五成热，逐一放入藕饼生坯，用中火煎至一面金黄，翻身煎另一面，待其成熟，盛入盘内，撒上玫瑰糖即成。

营养功效

莲藕能散发出一种独特的清香，能增进食欲，促进消化。

苹果煎蛋饼 难易度 |￭￭￭

原料 苹果250克，鸡蛋1个，奶油、面粉、奶粉、植物油、白糖各适量

做法 1.苹果洗净，去皮及核，切小丁，放入炒锅内，加奶油、白糖及少许水翻炒片刻，制成苹果酱。

2.鸡蛋加水、面粉、奶粉搅拌均匀，摊入热油锅中制成蛋皮。将制好的苹果酱放在做好的蛋皮上，对折两次成扇形即可。

冬瓜饼 难易度 |￭￭￭

原料 低筋面粉500克，鸡蛋3个，冬瓜300克，生菜50克，胡萝卜100克

调料 盐、味精、香油、植物油

做法 1.面粉加入鸡蛋、清水、盐、味精、香油，拌匀成粉浆。

2.冬瓜去皮，洗净切丝。胡萝卜、生菜均洗净，切丝。将各种丝加入粉浆中，搅拌均匀。

3.平锅上火烧热，刷油，用中勺作量具，每勺烙一张冬瓜饼，小火将两面煎至金黄色即可。

南瓜饼 难易度 |￭￭￭

原料 南瓜500克

调料 芹菜梗末、香菜末、盐、鸡精、胡椒粉、面粉、植物油

做法 1.南瓜洗净去皮，擦成丝，用盐腌一下，挤出水分，加入面粉和适量水，再放入盐、鸡精、胡椒粉调好味，搅拌均匀，制成糊。

2.煎锅入油烧热，下入南瓜糊，摊成饼状，用文火把两面煎成金黄色，出锅装盘，再撒上芹菜末和香菜末即可。

芝麻南瓜饼 难易度 |￭￭￭

原料 南瓜200克，面粉50克

调料 蜂蜜、芝麻、花生油

做法 1.将南瓜洗净，去皮和瓤，切成块。

2.将南瓜放入蒸锅中蒸熟，捣成泥，加入蜂蜜、面粉，做成大小相同的圆饼，再拍上芝麻。

3.净锅上火，入油烧至四成热，将圆饼放入，炸至呈金黄色捞出，装盘即可。

 **手抓饼** 难易度 |￭￭￭

原料 面粉、盐、黄油各适量

做法 1.面粉加盐拌匀，加开水和成烫面面团，醒50分钟，待用。

2.将烫面面团下剂，制成50克左右的剂子，擀薄，抹匀融化的黄油，从两头卷起，压成薄饼，煎至两面呈金黄色即可。

爱心提醒 🔍

手抓饼可搭配鸡蛋、蔬菜等辅食一同食用，老少皆宜。

葱香千层饼 难易度 |￭￭￭

原料 面粉250克

调料 葱末、花椒面、盐、色拉油

做法 1.面粉入盆，注入约150克清水和成软面团，盖上湿布醒一会儿。

2.将面团揉光滑，擀成宽约10厘米的长条，先刷一层食油，再撒上剩余的葱末、花椒面和盐。然后卷叠数层，捏紧边缘，用擀面杖擀成圆饼状生坯。

3.平底锅上中火烧热，刷上一层食油，放入饼坯，煎至两面焦黄时，铲出，改刀食用。

古钱大饼 难易度 |￭￭￭

原料 面粉、鸡蛋、芝麻、生蛋黄各适量

调料 盐、碱、白矾、植物油、葱花

做法 1.将盐、碱、白矾用水化开，倒入面粉里，磕入鸡蛋、葱花搅匀，和成面团，稍醒一会儿。

2.把特制的饼盘在油锅里蘸一下，上面放和好的面团，将面团按和饼盘一样大小的圆饼，刷一层蛋黄液，撒芝麻，在中间挖一个小孔，圆饼上对称划4刀，即成古钱饼坯。

3.双手提起饼盘，放入热油锅中炸至定型、两面呈金黄色，取出装盘即可。

红薯面包子 难易度 |..ıll

原料 红薯面、面粉各300克，青萝卜200克，酵母15克，奶油250克，豆腐丁、水发粉丝各适量

调料 盐、味精、葱姜末、花生油、花椒油

做法
1. 青萝卜洗净擦丝，剁细，加入豆腐丁、粉丝、葱姜末、盐、味精、花生油、花椒油，拌匀成馅。

2. 红薯面、面粉、酵母、奶油混匀，加温水和成面团揉匀，盖湿布醒发20分钟，搓条，下剂擀皮，包入馅料，制成包子生坯，醒发后上笼蒸熟即成。

一品素包 难易度 |..ıll

原料 菠菜150克，豆芽菜、面粉各500克，水发木耳、水发香菇各50克，水法粉丝75克

调料 酵面、香油、胡椒粉、盐、食用碱液

做法
1. 将豆芽菜、菠菜洗净后用开水烫一下，过凉后切碎，用布挤干水分后放入盆内，加入切成小段的水发粉丝、切碎的香菇块、木耳以及香油、盐、胡椒粉，搅拌均匀成素馅。

2. 将酵面放入盆内，加适量温水拌匀，倒入面粉，和成面团，待其发起后对入食用碱液揉匀，揪成面剂子，擀成中厚边薄的面皮，中间放馅，包好后醒20分钟，摆入笼内，置于沸水锅上用旺火蒸15分钟即成。

酸菜包 难易度 |..ıll

原料 面粉500克，酸菜、猪五花肉各400克

调料 化猪油、葱末、酱油、盐、味精、排骨精、五香粉、泡打粉、香油

做法
1. 将酸菜剁成末，挤净水分。五花肉剁成末。

2. 面粉加泡打粉拌匀，加温水和成面团，醒15分钟。猪肉末内加入所有调料搅匀，再放入酸菜末拌匀成馅。

3. 面团揉匀搓成长条，揪成30个大小均匀的剂子，擀成中间略厚、四周略薄的圆皮，填上馅，提褶收口捏成圆形包子坯，摆入蒸锅内，用旺火蒸15分钟即成。

三丁包 难易度 |.ııl

原料 发酵面团、五花肉丁、笋丁、鸡丁各适量

调料 酱油、盐、味精、葱姜末、花生油

做法
1. 起油锅烧热，下入切好的五花肉丁、笋丁、鸡丁煸炒，加入酱油、盐、味精、葱姜末、生油炒拌均匀，制成馅料，晾凉。
2. 取发酵面团搓条，下剂，擀皮。
3. 用匙板将馅料包入皮内，做成提花生坯，醒发后上笼，旺火蒸10分钟即成。

茶树菇酱肉包 难易度 |.ııl

原料 面粉3杯，干茶树菇30克，去皮五花肉250克

调料 葱末、甜面酱、酵母、盐

做法
1. 茶树菇泡开，洗净，煮5分钟后捞出沥干，切碎。五花肉切丁，加甜面酱、葱末、茶树菇、盐拌匀。
2. 将水、酵母、面粉混合，揉成光滑的面团，盖上湿布，放在温暖处发酵至原体积的2倍大，再次揉匀，分成10个剂子，揉圆，擀成皮，放入馅料，包成包子，放入铺有半干笼布的蒸屉中，盖上盖，醒15分钟。
3. 蒸屉入锅，加适量水烧开，蒸15分钟后关火，待3分钟后再开盖出锅即可。

排骨包 难易度 |.ııl

原料 面粉500克，排骨250克，大白菜150克，玉米皮适量

调料 葱姜末、盐、香油、花椒粉、自制酱、花生油

做法
1. 排骨剁成段，洗净，加葱末、姜末、花椒粉、盐、香油、花生油、自制酱拌匀，腌渍2~3小时；面粉倒入盛器中，加适量清水和成硬一点的面团，醒发20分钟；大白菜择洗干净，切方丁，加少许花生油拌匀，倒入腌渍好的排骨中搅拌均匀，制成包子馅。
2. 将醒发好的面团加面粉揉一揉，搓成粗条，切成大小均匀且稍大的面剂子，按扁，擀成稍厚的包子皮，包入馅料，送入烧开的蒸锅中，放在玉米皮上蒸30分钟即可。

开封灌汤包 难易度 |.ıl

原料 发酵面团500克，面粉200克，猪肉馅500克，猪皮150克

调料 碱水、葱花、姜末、胡椒粉、盐、酱油、香油、料酒

做法
1. 猪皮治净后搅碎，加水煮软成胶状时加入葱姜末、盐，制成皮汤。
2. 猪肉馅入盆，加酱油、胡椒粉、香油搅匀，加水搅打上劲，调入料酒、皮汤拌匀成馅。
3. 面粉加碱水和匀，再与发酵面团一起揉匀，搓条，下剂擀皮，包入馅料，制成包子生坯，入笼蒸熟即可。

三鲜馅包子 难易度 |.ıl

原料 韭菜、水发海米各100克，猪肉末200克，面粉500克，面肥100克

调料 香油、熟豆油、酱油、盐、姜末、碱液

做法
1. 将韭菜择洗干净，沥水，切碎。
2. 海米切成细末，放入大碗内，加入猪肉末、酱油、盐和清水搅匀，最后加入香油、熟豆油、韭菜末、姜末，拌匀，成为三鲜馅。
3. 将面肥放入盆内，加温水搅匀，倒入面粉和成面团，待酵面发起，加入碱液揉匀，稍醒，揉成条，揪成面剂，擀成中间稍厚、边缘较薄的面皮，包入三鲜馅，捏成包子，码入屉内，上笼用旺火蒸15分钟即熟。

海鲜包子 难易度 |.ıl

原料 面粉500克，水发海参、鱿鱼、虾仁各200克

调料 化猪油、葱姜末、料酒、盐、鸡精、胡椒粉、泡打粉

做法
1. 海参、鱿鱼、虾仁均剁碎，放入小盆内，加入化猪油、葱姜末、料酒、盐、鸡精、胡椒粉，拌匀成馅。
2. 面粉、泡打粉放在一起拌匀，加温水和成软面团，搓成长条，揪成30个大小均匀的剂子按扁，擀成周边薄、中间略厚的圆皮，放入馅，收口提褶捏严，成圆形包子坯，摆入蒸锅中，用旺火蒸15分钟即成。

龙眼汤包 难易度 |.ıll

原料 烫面面团、猪肉泥各适量

调料 酱油、葱姜末、盐、味精、生油

做法
1. 猪肉泥中加入酱油、葱姜末、盐、味精、生油搅拌均匀，制成馅料。
2. 取烫面面团搓条，下剂，擀皮。
3. 用匙板将馅料包入皮内，无需醒发，上屉蒸10分钟即成。

胡萝卜汤包 难易度 |.ıll

原料 面粉、胡萝卜、鸡蛋、茭瓜丝各适量

调料 葱姜末、生油、盐、味精

做法
1. 胡萝卜榨汁，加入面粉中，加开水和成橙红色烫面面团，揉匀醒面。
2. 鸡蛋打散，入热油锅中炒熟，加入茭瓜丝、盐、味精炒匀，晾凉即成馅料。
3. 取烫面面团搓条，下剂，擀皮。
4. 用匙板将馅料包入皮内，无需醒发，上屉蒸10分钟即成。

五花蟹肉包 难易度 |.ıll

原料 面粉500克，五花肉250克，蟹肉100克

调料 盐、白糖、味精、胡椒粉、花雕酒、葱姜末、香油

做法
1. 将五花肉、蟹肉剁成泥，加水、盐、味精、白糖、胡椒粉、花雕酒、葱姜末、香油拌匀成馅。
2. 取200克面粉，加沸水烫熟，再倒入剩余的面粉，加适量清水和匀，揉成表面光滑的面团。稍醒搓条，下剂擀皮，包入肉馅，制成包子生坯，放入蒸笼内蒸熟即可。

广式煎包 难易度 |.ıll

原料 发酵面团250克，五花肉、腊肠、芹菜丁各适量

调料 香油、生抽、味精、胡椒粉、葱末、油

做法
1. 五花肉、腊肠分别洗净，剁成末，与芹菜丁混合后加入所有调料拌匀成馅料。
2. 发酵面团揉匀，搓条，揪剂，擀成面皮，包入馅料，捏成包子。
3. 平锅置火上，均匀抹油，摆上包子，加适量清水，盖上盖焖煎至包子熟即可。

芹菜水饺 难易度 |.ıll

原料 芹菜300克，腐竹200克，面粉500克

调料 花生油、盐、味精、酱油、香油

做法 1将腐竹用温水泡透，洗净，挤去水分，切丁。

2.芹菜择洗干净，取梗，剁成碎末，挤去水分。

3.将腐竹丁放入盆内，加入芹菜末、花生油、酱油、香油、盐、味精，搅匀成馅。

4.将面粉加水拌匀和成面团，醒面15分钟搓成长条，揪成小面剂，擀成圆形面皮，将馅料抹入面皮里，包捏成饺子，入沸水锅内煮熟即成。

豆芽笋饺 难易度 |.ıll

原料 冬笋片、油豆腐各200克，面粉500克，黄豆芽300克

调料 植物油、盐、葱末、香油

做法 1.将黄豆芽去根洗净，入沸水中焯一下，捞出，入冷水中浸凉，沥净水，剁成碎末。

2.将冬笋片和油豆腐剁碎，与豆芽一起放入盆内，加植物油、香油、盐和葱末，拌成清香素馅。

3.面粉倒入小盆中，加适量清水和成软硬合适的面团，揉匀，稍醒，制成面皮，包入素馅成饺子，下入沸水锅中煮熟即成。

素什锦水饺 难易度 |.ıll

原料 面粉500克，水发粉条200克，韭菜100克，绿豆芽75克，胡萝卜、水发木耳各50克，海米30克

调料 姜末、盐、鸡精、十三香粉、香油、花生油

做法 1.将韭菜择洗净、粉条泡软，均切末。将水发木耳、胡萝卜、绿豆芽洗净，均切末。海米泡发，切碎。

2.将粉条末、海米末、木耳末、胡萝卜末放盆内，加姜末、盐、十三香粉、鸡精、香油、花生油搅匀，再加绿豆芽末、韭菜末拌匀，制成馅料。

3.面粉加水和成软硬适中的面团，略醒，搓成长条，揪成大小均匀的剂子，擀成圆薄皮，包入馅，捏成饺子生坯，下入沸水锅中煮熟即可。

▍胡萝卜素水饺 难易度 |.ﻼ

原料 冷水面团500克，胡萝卜200克，鸡蛋3个，虾皮50克

调料 葱姜末、盐、味精、花生油、香油

做法 1.鸡蛋打入碗内搅匀，倒入热油锅中炒碎，盛出。

2.胡萝卜切丝，剁碎，加入碎鸡蛋块、虾皮、葱姜末、盐、味精、花生油、香油拌匀，制成馅料。

3.冷水面团醒面搓条，下剂擀皮，包入馅料，做成水饺生坯，下入沸水锅中煮熟，用漏勺捞出装盘即成。

▍西葫芦饺 难易度 |.ﻼ

原料 面粉、西葫芦各400克，猪肉250克

调料 葱姜末、植物油、盐、味精、鸡蛋

做法 1.猪肉洗净剁馅。将西葫芦洗净，去籽，切成丝，加少许盐稍腌，挤去水分，剁碎。

2.将西葫芦、猪肉馅、盐、味精、植物油、葱末、姜末搅匀，制成馅料。

3.面粉加水、盐、鸡蛋揉成面团，搓条下剂，擀成饺子皮，包入馅料，捏成饺子生坯，下入沸水锅中煮熟即可。

▍金针菇水饺 难易度 |.ﻼ

原料 面粉、金针菇各500克，猪肉馅300克

调料 盐、味精、植物油

做法 1.金针菇切去根部，清洗干净，入沸水中氽烫，捞出投凉，沥干，切成小粒，放入小盆中，加盐、味精、植物油、肉馅，搅匀成饺子馅料。

2.面粉加适量水和成面团，揉匀，醒透，搓成长条，揪成大小均匀的剂子，擀成饺子皮，包入馅料，捏成饺子生坯，下入沸水锅中煮熟即可。

▍荠菜饺子 难易度 |.ﻼ

原料 面粉、荠菜各500克，虾皮50克

调料 盐、味精、酱油、葱花、植物油、香油

做法 1.荠菜洗净切碎，加虾皮、盐、味精、酱油、葱花、植物油、香油拌匀，制成馅料。

2.面粉加水揉成面团，擀成合适的饺子皮，包入馅料，捏成饺子生坯，下入沸水锅中煮熟即可。

爱心提醒 🔍

　荠菜味道鲜美，口感软嫩，是不可多得的美味。但脾胃虚寒、腹泻便溏者忌食。

鸳鸯饺 难易度 |￼

原料 烫面面团、韭菜、鸡蛋、虾皮、地瓜泥、油菜末各适量

调料 生油、盐、味精

做法
1. 韭菜洗净切碎，加入鸡蛋、虾皮、生油、盐、味精拌匀，调成馅料。
2. 取烫面面团搓条，下剂，擀皮。
3. 用匙板将馅料包入皮内，捏成鸳鸯形水饺生坯，在两边洞内分别酿入地瓜泥、油菜末，上笼蒸8分钟即成。

金银蛋饺 难易度 |￼

原料 鸡蛋3个，瘦肉、肥肉各适量

调料 盐、湿淀粉、味精、葱姜末

做法
1. 将蛋清、蛋黄分别打入两个碗内，每碗加入湿淀粉、盐，打散搅匀。将瘦肉洗净，剁成泥，盛入碗内，加盐、味精、葱姜末调成馅。
2. 将炒锅上火烧热，用生肥肉在炒锅内擦一下，取蛋清一匙，倒入炒锅内，推成小圆蛋皮，加上肉馅包成蛋饺。同法包蛋黄饺。二色蛋饺各放碗内一边，上笼蒸10分钟即成。

南瓜海米水饺 难易度 |￼

原料 冷水面团500克，南瓜200克，水发海米、水发木耳丁各50克

调料 葱姜末、花生油、香油、盐、味精

做法
1. 南瓜去皮、去瓤，切丝，用少许盐腌拌，挤去水分，倒入盆中，加入木耳丁、海米、葱姜末、花生油、香油、盐、味精，搅匀成馅料。
2. 取冷水面团搓条，下剂擀皮，包入馅料，做成水饺生坯，下入沸水锅中煮熟，捞出装盘即成。

茭瓜猪肉水饺 难易度 |￼

原料 冷水面团500克，茭瓜150克，肥瘦猪肉丁200克

调料 葱姜末、酱油、盐、味精、花生油、香油、蒜泥

做法
1. 茭瓜去皮、瓤，切丝后剁碎，挤去水分，放入小盆中，加花生油拌匀。
2. 肥瘦猪肉丁加酱油、盐拌匀入味，加入茭瓜、葱姜末、花生油、香油、味精，拌匀成馅料。
3. 取冷水面团搓条，下剂，擀皮，包入馅料，做成水饺生坯，下入沸水锅中煮熟，用漏勺捞出装盘，蘸蒜泥食用。

卷心菜素蒸饺 难易度 |.ıll

原料 烫面面团500克，卷心菜200克，韭菜末、水发木耳末、虾皮各50克

调料 蛋皮末、水发粉丝段、花生油、香油、盐、味精

做法 1.卷心菜洗净剁碎，加盐稍腌，挤干水分。

2.将剁碎的卷心菜倒入小盆中，加入虾皮、韭菜末、蛋皮末、木耳末、粉丝段、花生油、香油、盐、味精搅拌均匀，制成馅料。

3.取烫面面团搓条，下剂，擀皮，包入馅料，做成月牙形提花蒸饺坯，上笼以中火蒸熟即成。

猪肉茴香水煎饺 难易度 |.ıll

原料 面粉500克，猪肉馅200克，茴香300克，红椒末、熟黑芝麻各适量

调料 葱姜末、胡椒粉、味精、酱油、料酒、花椒、白糖、湿淀粉、盐

做法 1.面粉和成面团，醒20分钟后揉匀，擀成饺子皮。猪肉馅加盐、味精、料酒、胡椒粉、白糖、酱油、葱姜末搅匀；花椒入油炸香，捞出晾凉擀碎，放入肉馅拌匀，花椒油备用。

2.茴香焯水，切碎，加猪肉馅、花椒油调匀成馅料，用饺子皮包成饺子。

3.锅入油，放入饺子煎1分钟，加湿淀粉煎至水干，撒红椒末、葱末，煎至底面焦脆时撒黑芝麻，装盘即可。

莴苣牛肉蒸饺 难易度 |.ıll

原料 烫面面团500克，莴苣、牛肉各200克，肥瘦肉丁150克

调料 葱姜末、花椒水、盐、酱油、生油、香油、胡椒粉

做法 1.莴苣削皮洗净，切丝后剁碎，用生油拌匀。牛肉剁泥，加肥瘦肉丁、酱油、花椒水、盐顺搅成糊，加莴苣末、葱姜末、香油、胡椒粉拌匀，制成馅料。取烫面面团搓条，下剂，擀皮。

2.用匙板将馅料包入皮内，捏成鸳鸯形蒸饺生坯，上笼用旺火蒸熟即成。

鲅鱼水饺 难易度 |....

原料 冷水面团、鲜鲅鱼、猪板油丁、韭菜末各适量

调料 大蒜泥汁、蛋清、盐、花椒水、生油、香油

做法
1. 鲜鲅鱼取肉，剁成泥，加入猪板油丁、花椒水顺搅成糊，再加入盐、蛋清、韭菜末、生油、香油搅匀，制成馅料。
2. 取冷水面团搓条，下剂，擀皮，包入馅料，做成水饺生坯。
3. 锅内加清水烧开，放入水饺生坯煮熟，用漏勺捞出装盘，蘸大蒜泥汁食用。

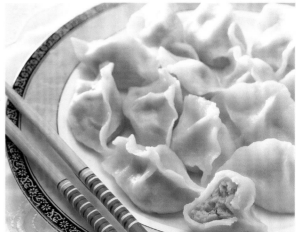

虾仁蒸饺 难易度 |....

原料 澄粉300克，面粉200克，虾仁150克，肥肉丁、笋丝各50克

调料 猪油、白糖、花生油、香油、胡椒粉、盐、味精

做法
1. 澄粉、面粉加热水搅匀，焖15分钟，取出，加白糖、猪油揉匀，制成水晶面团。
2. 虾仁洗净沥水，一半剁泥，一半切丁。肥肉丁用开水烫至将熟，冷却后与笋丝、虾泥、面粉搅拌均匀，加盐、白糖、味精、花生油、香油、胡椒粉、虾仁丁搅匀，置冰箱冷藏10分钟。
3. 水晶面团搓条下剂，按压成圆饼，包入馅料，捏成弯梳形生坯，上笼用旺火蒸熟即成。

蛤蜊水饺 难易度 |....

原料 面粉500克，莴笋300克，猪肉馅、蛤蜊各250克

调料 葱、姜末、盐、植物油

做法
1. 蛤蜊洗净煮熟，取肉切粒。莴笋去皮，洗净切细丝，加适量盐稍腌，挤出水分，剁碎。葱洗净，切末。
2. 将莴笋、葱末、蛤蜊肉、猪肉馅同入小盆中，加入姜末、盐、植物油，搅匀，制成馅料。
3. 面粉加水和成面团，揉匀，稍醒，搓条下剂，擀成饺子皮，包入馅料，捏成饺子生坯，下入沸水锅中煮熟即可。

番茄薏仁瘦肉面 难易度|

（原料）番茄50克，薏苡仁、瘦肉丁、挂面各30克

（调料）葱段、姜片、盐、植物油

（做法）
1. 番茄洗净，切成薄片。
2. 薏苡仁入温水中浸泡1小时，下入蒸杯中加水100毫升，上笼蒸熟。
3. 净锅置火上，入油烧至六成热，下入姜片、葱段爆香，加入清水600毫升，烧沸后下入挂面、瘦肉丁、番茄、薏苡仁、盐，同煮至熟即可。

什锦肉丝面 难易度|

（原料）鲜竹笋50克，猪瘦肉100克，家常细面条200克，水发香菇、胡萝卜片各25克

（调料）葱姜丝、盐、酱油、绍酒、糖、香油、鲜汤、花生油

（做法）
1. 将鲜竹笋洗净，切块。猪瘦肉、水发香菇均洗净，切丝。面条下锅煮熟，捞入碗中。
2. 锅入油烧热，爆香肉丝、葱姜丝，放入香菇煸炒，加入鲜汤，烹入绍酒、酱油烧沸，放入胡萝卜片、竹笋块烧沸，调入盐、味精、白糖，离火，倒入面条碗中，淋入香油即可。

番茄蛋面 难易度|

（原料）宽面条200克，鸡蛋1个，番茄75克，鲜汤适量

（调料）葱花、盐、白糖、绍酒、胡椒粉、香油、花生油

（做法）
1. 番茄洗净，入沸水中略烫，捞出去皮，切瓣。鸡蛋打入小碗中，搅匀，备用。
2. 锅入油烧热，下葱花炝锅，放入番茄翻炒，烹入绍酒，加入鲜汤烧沸，淋入蛋液，加盐、白糖、胡椒粉，撒入葱花，淋入香油，做成蛋卤。
3. 净锅加入适量清水烧沸，下入宽面条煮熟，捞出盛入大碗中，倒入蛋卤即可。

红烧肉面 难易度|

（原料）红烧肉50克，木耳、香菇各30克，菜心20克，宽面条300克

（调料）盐、白糖、酱油、绍酒、鲜汤、葱段、姜片、花生油

（做法）
1. 红烧肉切块。木耳、香菇用温水泡发，撕成片。
2. 宽面条煮熟，捞入碗中。
3. 净锅置火上，加入适量花生油烧热，下入红烧肉、葱段、姜片爆香，加入酱油、绍酒、盐、白糖、鲜汤、木耳、香菇，旺火煮沸，再下入菜心稍煮离火，倒入面碗中即可。

猫耳面 难易度 |.ɪɪ|

原料 面粉、火腿、香菇、黄瓜各适量

调料 盐、味精、香油、胡椒粉、葱、姜、鲜汤

做法 1.面粉加水和成面团，搓条，切丁，推成猫耳状。火腿、香菇（提前泡发好）、黄瓜分别切丁，葱、姜切末。

2.起油锅烧热，下葱姜末炝锅，放入火腿丁、香菇丁、黄瓜丁略炒，加适量鲜汤烧开，放入猫耳面煮熟，加盐、味精、香油、胡椒粉调味即成。

臊子面 难易度 |.ɪɪ|

原料 面粉、猪瘦肉、木耳、黄花菜、洋白菜各适量

调料 香菜末、盐、酱油、香油

做法 1.面粉和成面团，制成宽面条。猪瘦肉、木耳、黄花菜、洋白菜洗净切丁。

2.锅内放油烧热，下入所有切好的丁略煸炒，加盐、酱油调味，滴入香油，炒成臊子汁。

3.将宽面条煮熟，盛入碗中，浇入臊子汁，撒香菜末即成。

长寿面 难易度 |.ɪɪ|

原料 面粉200克，鸡蛋1个，香菇、鲜笋、虾仁各50克

调料 葱姜末、盐、香油、花生油

做法 1.精面粉加水和成面团，制成细面条。

2.鸡蛋打入沸水锅中煮成荷包蛋。虾仁洗净，切丁。香菇、鲜笋洗净，切丝。

3.锅入油烧热，下入葱姜末炝香，加清水烧沸，下手擀面煮熟，加入香菇丝、笋丝、虾仁略煮，加盐、香油调味，起锅盛入碗中，将荷包蛋放在面条上即成。

刀削面 难易度 |.ɪɪ|

原料 面粉500克，猪肉100克，卷心菜50克，绿豆芽20克

调料 芝麻、盐、醋、香油、淀粉、酱油、花生油

做法 1.面粉加水和成面团。猪肉洗净切丁，入热油锅中略煸，加盐、醋、香油、酱油调味，用淀粉勾芡成卤汁。芝麻炒熟，碾末，加盐拌匀。

2.卷心菜切丝，同绿豆芽一起焯烫，过凉沥水。

3.用特制刀具将面团削成条，下入开水锅中煮熟，过凉水后捞入碗中，浇入卤汁，撒入芝麻盐，加入卷心菜丝、绿豆芽即成。

担担面 难易度 | ▁▂▃

原料 细圆面条500克

调料 酱油、香油、白糖、香醋、红油、蒜泥、芝麻酱、花生末、香葱末

做法 1.净锅上火，加入清水烧沸，下入细圆面条煮熟，捞出投入凉开水中过凉，再捞入碗内。

2.酱油、香油、白糖、香醋、红油、蒜泥、芝麻酱、花生末调成汁，倒入面条碗中，撒上香葱末，食用前拌匀即可。

炸酱面 难易度 | ▁▂▃

原料 五花肉200克，黄瓜100克，手擀面300克

调料 色拉油、黄酱、葱末、料酒、香油、白糖、味精

做法 1.五花肉洗净，切丁。黄瓜洗净，切丝。

2.炒锅上火，加入色拉油烧热，下葱末、猪肉丁煸炒，加黄酱、水、料酒、白糖炒熟，加味精、香油调匀。

3.净锅置火上，加入清水烧沸，下入面条煮熟，捞入大汤碗内，放上黄瓜丝，再浇入炸酱卤即可。

文蛤海鲜面 难易度 | ▁▂▃

原料 拉面、大虾、文蛤、带子、海带结、鲜芦笋各适量

调料 葱姜丝、盐、鲜汤、植物油

做法 1.大虾、带子治净，文蛤放清水中吐净泥沙，鲜芦笋切段，海带结洗净，备用。

2.拉面下锅煮8分钟至熟，捞出装碗中。

3.起油锅烧热，下葱姜丝炝锅，烹绍酒，加入鲜汤烧沸，放入文蛤煮至微开口，加入大虾、带子、海带结、鲜芦笋、盐，再煮3分钟后离火，倒入面碗中即可。

虾仁伊府面 难易度 | ▁▂▃

原料 全蛋面、虾仁、香菇、豌豆、胡萝卜各适量

调料 化猪油、葱姜末、酱油、绍酒、盐、白糖、胡椒粉、鲜汤

做法 1.虾仁洗净，香菇、胡萝卜切片，分别汆水。

2.全蛋面下汤锅煮3分钟，捞出备用。

3.炒锅置火上，加猪油烧热，放入葱姜末炝锅，下入盐、味精、酱油、绍酒和鲜汤，再下入虾仁、香菇片、胡萝卜片和全蛋面，煨至汤汁浓稠时下入胡椒粉和豌豆，淋少许油，出锅装碗即可。

咖喱鸡丝炒面 难易度 |.ıil

(原料) 面粉、鸡脯肉、葱头、冬笋各适量

(调料) 盐、味精、咖喱粉

(做法)
1. 鸡脯肉切细丝，葱头、冬笋切片。
2. 面粉加水和成面团，制成面条，煮熟后捞出过凉水，盛于碗中。
3. 锅内放油烧热，下入葱头、鸡脯肉、冬笋、咖喱粉、盐、味精炒熟炒香，放入面条炒匀入味即成。

意大利炒面 难易度 |.ıil

(原料) 意大利面、小番茄、芹菜、青椒、红辣椒、洋葱各适量

(调料) 植物油、番茄酱、酱油、白酒、盐、白糖、胡椒粉、牛肉汤

(做法)
1. 小番茄一切两半，芹菜、青椒、红辣椒切条，洋葱切丝。
2. 汤锅上火，加清水烧沸，下入意大利面煮6分钟至熟，捞出沥净水分，用植物油调拌匀，抖散。
3. 锅上火，下入植物油烧热，放入洋葱丝煸炒出香味，加番茄酱、酱油、白酒、盐、白糖、胡椒粉、牛肉汤、意大利面翻炒入味，加小番茄、芹菜、青椒、红辣椒翻拌均匀，出锅即可。

鸡丝炒面 难易度 |.ıil

(原料) 鸡脯肉、面条、油菜各适量

(调料) 味精、料酒、胡椒粉、酱油、花生油、香油、葱花、姜丝、盐

(做法)
1. 鸡脯肉洗净，切成细丝。油菜洗净切丝。
2. 面条用开水煮至八成熟，捞出放凉。鸡丝用热油滑熟。
3. 锅内加花生油烧热，下入葱花、姜丝、料酒、酱油爆锅，再加入面条、鸡丝、油菜丝一同炒匀，加入盐、味精、胡椒粉调味，淋上香油即可。

爱心提醒 🔍

可与蛋花汤搭配食用，更加美味。

蛋炒饭 难易度 |..ıll

原料 米饭250克，鸡蛋2个

调料 盐、色拉油、葱花

做法 1.将鸡蛋打入碗内，搅匀。

2.净锅上火，加入适量色拉油烧热，倒入鸡蛋液炒成鸡蛋块，加入米饭，用铲子将米饭捣散翻炒，炒至米饭散开成粒状，有少许蒸汽冒出时，放入葱花、盐，充分翻炒均匀即可。

什锦扣饭 难易度 |..ıll

原料 米饭300克，方火腿50克，虾仁30克，鸡蛋1个

调料 香葱末、青豆仁、玉米粒、盐、鸡粉、花生油

做法 1.将鸡蛋打入碗中搅散，倒入热油锅中炒熟，盛出。虾仁洗净，改刀切段，汆水。青豆仁、玉米粒入沸水中焯熟，捞出沥水。将方火腿切丁。

2.净锅上火，入油烧热，下入香葱末爆锅，放入米饭、火腿粒、虾仁炒香，放入青豆仁、玉米粒、鸡蛋，调入盐、鸡粉，拌炒均匀扣入盘即可。

香菜蛋炒饭 难易度 |..ıll

原料 香菜50克，瘦猪肉100克，鸡蛋2个，米饭300克

调料 色拉油、盐、湿淀粉

做法 1.将瘦猪肉洗净，切成丝，放入碗中，加入盐、湿淀粉、蛋清，抓匀上浆。剩余鸡蛋加少许盐搅匀，待用。

2.香菜择洗干净，切碎。

3.净锅上火，加色拉油烧至六成热，下入肉丝炒熟，倒入剩余蛋液，放入香菜翻炒，加入米饭，拌炒均匀即可。

虾仁炒饭 难易度 |..ıll

原料 大虾50克，米饭200克，鸡蛋1个，黄瓜

调料 色拉油、味精、葱末、盐、胡椒粉

做法 1.大虾洗净，取虾仁，去肠线。

2.黄瓜洗净，切丁。

3.鸡蛋打入碗内，搅散。

4.净锅上火，加色拉油烧热，倒入鸡蛋液炒成蛋块，加入葱末、米饭、黄瓜丁、虾仁、盐、胡椒粉、味精，翻炒均匀即可。

扬州炒饭 难易度 |￼

原料 大米、火腿、虾仁、黄瓜、鸡蛋各适量

调料 葱花、盐、味精、花生油

做法
1. 火腿、黄瓜切丁，虾仁去沙线。鸡蛋打入碗中。大米洗净，加水，入锅内蒸熟。
2. 将火腿丁、黄瓜丁、虾仁余水。鸡蛋液入热油锅内炒熟盛出。
3. 锅内倒入花生油烧热，用葱花炝锅，放入黄瓜丁、火腿丁、虾仁、炒熟的鸡蛋、蒸熟的大米饭一起炒匀，加盐、味精调味即可。

咖喱牛肉饭 难易度 |￼

原料 米饭300克，牛肉100克，土豆、胡萝卜、洋葱各50克

调料 葱姜蒜末、咖喱粉、黑胡椒、生抽、盐、色拉油

做法
1将土豆、胡萝卜、洋葱分别去皮洗净，切块。
2. 牛肉洗净煮熟，捞出切块，加蒜末、盐、咖喱粉、生抽及少量黑胡椒拌匀。
3. 锅入油烧热，爆香葱姜末，放入土豆块、胡萝卜块、洋葱块翻炒，加入牛肉，注入适量煮牛肉汤烧沸，调入咖喱粉煮开，收汁盖在米饭上即成。

虾仁枸杞炒饭 难易度 |￼

原料 大米饭100克，枸杞10克，虾仁50克

调料 植物油、盐、葱姜末

做法
1.将枸杞用温水浸泡洗净，沥干水分。
2.虾仁洗净，去除虾线，沥干水分。
3.净锅上火，加入适量植物油烧至六成热，投入葱姜末爆香，加入虾仁炒至断生，放入米饭，翻炒至熟，下入枸杞，调入盐炒匀即可。

茄汁鱼片盖浇饭 难易度 |￼

原料 鲤鱼肉200克，米饭500克，水发黑木耳50克

调料 西芹丁、料酒、姜末、番茄酱、盐、味精、花生油

做法
1.鲤鱼肉切片，加盐、料酒、姜末拌匀，腌20分钟。水发黑木耳洗净，撕成小片。
2.锅入油烧至八成热，下入鱼片炒熟，盛出。
3.原锅留底油烧热，放入木耳、西芹翻炒几下，加番茄酱和少许清水，烧沸后放入鱼片翻炒均匀，浇在米饭上即可。

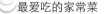

竹筒蒸饭 难易度 |.ıll

原料 大米250克，腊肉100克

调料 香葱粒

做法 1.大米淘洗干净，用清水浸泡30分钟。

2.腊肉洗净，切丁。

3.将大米装入竹筒内，加水，盖上盖，入笼蒸30分钟，撒上腊肉丁，再继续蒸15分钟，停火，稍焖一会儿，取出撒上香葱粒即可。

清香荷叶饭 难易度 |.ıll

原料 大米250克，虾肉80克，瘦肉60克，叉烧肉30克，火腿、蟹肉、香菇各25克，鸡蛋1个，鲜荷叶2张

调料 盐、味精、胡椒粉、白糖、猪油、蚝油、花生油

做法 1.大米淘洗干净，加猪油拌匀，加水，入锅蒸熟后取出晾凉，加盐、蚝油、味精、胡椒粉拌匀。

2.鸡蛋摊成蛋皮，切小片。虾肉、蟹肉、叉烧肉、瘦肉、火腿、香菇切粒。

3.将虾肉、蟹肉、瘦肉上浆，下入炒锅，滑油，加香菇、叉烧肉、火腿、蚝油、味精、白糖、胡椒粉炒匀，与蛋皮一起放饭团上，包入荷叶中，入笼，大火蒸10分钟即可。

鱿鱼丝拌饭 难易度 |.ıll

原料 米饭250克，水发鱿鱼100克，鲜芦笋50克，水发黑木耳20克

调料 虾仁、高汤、葱花、酱油、白糖、色拉油

做法 1.将鲜芦笋去皮洗净，切丝。水发鱿鱼、水发黑木耳分别洗净，切丝。虾仁洗净。

2.净锅置火上，加入色拉油烧热，下入葱花、虾仁爆香，加入鱿鱼丝、芦笋丝、黑木耳丝，大火略炒，注入高汤，烹入酱油，加白糖调味，煮滚，收汁，倒入米饭，拌匀即可。

薏仁莲子枣粥 难易度 ▎.ıl

原料 薏苡仁、大米各50克，干莲子、干大枣各5枚

做法
1. 将薏苡仁、大米分别淘洗干净，用清水浸泡2小时，待用。
2. 干莲子和干大枣用清水泡软。
3. 锅置火上，放入薏苡仁、大米、莲子和大枣，加入适量清水，大火烧沸，转小火熬煮至薏苡仁软烂即可。

小米山药粥 难易度 ▎.ıl

原料 小米100克，山药50克，枸杞适量

做法
1. 将小米淘洗干净。山药削皮洗净，切小丁。枸杞用清水浸泡，洗净。
2. 将小米、山药一同下锅，加适量清水煮粥，待粥将熟时放入枸杞，煮至粥稠、米烂、山药熟即可。

营养功效

　　小米含有丰富的铁、钙、锌、硒、磷、镁等元素，可调节血糖平衡。

玉米杏仁粥 难易度 ▎.ıl

原料 甜杏仁15克，马蹄、玉米各100克

调料 冰糖

做法
1. 杏仁去皮、尖，洗净。
2. 马蹄去皮，洗净切碎。
3. 玉米入料理机中打碎。
4. 将玉米、马蹄、杏仁同入炖锅内，加适量清水，武火烧沸，再改文火煮35分钟，加入冰糖搅匀即成。

栗子桂圆粳米粥 难易度 ▎.ıl

原料 栗子10个，桂圆30克，粳米100克

调料 白糖

做法
1. 在栗子皮上轻轻切个十字口，入水稍煮，捞出去皮，切成小块。
2. 桂圆去壳取肉，粳米淘洗干净。
3. 净锅置火上，加适量清水烧开，下入粳米及栗子块，旺火烧开，小火熬煮至将熟，放入桂圆肉，煮成粥，加白糖即可食用。

皮蛋瘦肉粥 难易度 |.ıll

原料 里脊肉、皮蛋、大米各适量

调料 葱花、姜丝、盐、鸡精、胡椒粉

做法 1.大米淘洗净。皮蛋切丁。里脊肉用沸水氽烫后洗净，切丁备用。

2.大米倒入锅中，加适量清水，旺火烧开后转小火熬煮成稀粥，放入皮蛋丁、里脊肉丁煮至粥稠，加葱花、姜丝、盐、鸡精、胡椒粉煮至入味即可。

鲈鱼粥 难易度 |.ıll

原料 大米150克，鲈鱼肉100克，猪瘦肉50克

调料 盐、味精、香油、葱姜末、胡椒粉

做法 1.大米淘洗干净，浸泡30分钟。

2.将鲈鱼肉、猪瘦肉洗净，分别切粒。

3.净锅置火上，加入适量清水，下入大米，大火烧沸，下入鱼肉、猪瘦肉，小火煮至成粥，调入盐、味精、胡椒粉、葱姜末稍煮，出锅淋入香油即可。

营养功效

鲈鱼富含蛋白质、维生素A、B族维生素等营养元素，具有补肝肾、益脾胃之功效，对肝肾不足者有很好的补益作用。

蟹肉莲藕粥 难易度 |.ıll

原料 莲藕100克，大米100克，蟹2只，鸡蛋2个

调料 葱花、姜片、植物油、盐

做法 1.莲藕去皮洗净，切成3厘米长的丝，泡入水中。

2.大米淘洗干净，浸泡30分钟。

3.将蟹洗净，去壳、肠杂、脚，取出蟹黄，与蛋黄拌匀，蟹身切成放射状的8等份。

4.锅入油烧热，放入蟹块、葱姜炒香，加入清水，中火煮40分钟，弃去葱姜，拣出蟹块待用。然后将汤倒入另一锅内，下入大米、莲藕煮沸，改小火煮至粥将熟时，放入蟹块，加少许盐调味。

5.将熟粥的三分之二部分与蛋白混合，盛入碗中，剩余的粥与蛋黄混合，盛入加蛋白的粥碗里，撒入葱花调匀即可。

Part **3**

人气 西餐

RENQIXICAN

家常菜吃久了，想换换口味？那么，就来做几款异国风味的美食吧。本篇章收录了人气最高的近百款经典西餐，以及适合东方人口味的日本料理、韩国料理和东南亚菜品。厨房变身西餐厅，你也可以做到。

关于西餐

西餐这个词是由于它特定的地理位置所决定的。我们通常说的西餐主要包括西欧国家的饮食菜肴，当然同时还包括东欧、地中海沿岸及拉丁美洲等国的菜肴。西餐一般以刀叉为餐具，以面包为主食，多以长形桌台为台形。西餐的主要特点是主料突出，形色美观，口味鲜美，营养丰富，供应方便等。西餐大致可分为法式、英式、意式、俄式、美式等多种不同风格的菜肴。

为了丰富本书的内容，使广大读者了解更多具有异域风情的美食，本篇章还重点介绍了日本料理、韩国料理和东南亚美食等。

西餐传统餐桌布置及用餐礼仪

开胃酒

正餐开始前，主人会在另一张小桌上准备一些开胃小吃，这些食物通常可以直接拿起进食，不需要餐具。主人会邀请客人一起喝开胃酒，欢迎客人的到来，大家站着聊天，之后主人会带领客人去正餐桌入座。

餐桌

长桌子的两头是主人的位置，最重要的男客人坐在女主人的右边，而挨着男主人的则是需要特别关注的女客人。男女客人交叉地坐在餐位上。男士请女士先入座，需要时，男士会主动为女士把椅子搬出，请女士就座。

台布

不管是传统的台布还是时尚的台布，它都需要在色彩、质地和花纹上与盘子、杯子、餐具、餐巾的色彩协调搭配，显得大方、高贵、典雅。

餐巾

餐巾叠好后通常放在盘子的右边，餐具的旁边。如果餐桌上没有足够的地方，也可以垫在底盘下。比较随便的场合，可以用餐巾纸代替餐巾。

盘子

传统的餐桌上，每一个就餐者的正前方要放一个底盘，上

面依次摆上平盘、深盘。底盘虽然不用于盛放食物，但起到托盘的装饰作用。在非正式的场合，可以不用底盘。

上菜的时候，从左边上盘，从右边撤盘。

杯子

杯子放在盘子的右前方，从左到右依次是红葡萄酒杯、白葡萄酒杯和水杯。

餐具

在布置餐桌时，刀叉的摆放是放在最后来完成的。底盘的左边摆餐叉，右边摆餐刀，刀刃朝向底盘。按照上菜的顺序，先用最外围的刀叉勺，由外到内，每上一道菜都使用一套干净的餐具。如果备有甜点，就把小餐勺放在底盘上方，把手朝向左方；如果准备了水果或蛋糕，就把小刀叉都放在底盘上方，小餐叉把手朝左，而小餐刀把手朝右，刀刃朝向底盘。

传统的意大利餐桌上，无酒不成宴。通常主菜肉类，要配上红葡萄酒；而鱼类海鲜，多配白葡萄酒；甜点也有相应的配酒。在节日和特殊的日子，香槟

酒、干白更是必不可少的。但在餐桌上，主人不劝酒，客人不贪酒，讲究随意、尽兴，但千万不要醉酒，以免失礼。意大利餐桌上，面包也是必不可少的。要不要摆上鲜花，可根据实际情况来定，在没有鲜花的情况下，不要用假花来代替。

关于日本料理

日本料理即"和食"，起源于日本列岛，并逐渐发展成为独具日本特色的菜肴。和食要求色自然、味鲜美、形多样、器精良。而且，原料和调理法重视季节感。

日本菜按日本人的习惯称为"日本料理"。按照字面的含义来讲，就是把料配好的意思。日本菜是当前世界上一个重要烹调流派，有它特有的烹调方式和格调，在不少国家和地区都有日餐菜馆和日菜烹调技术，其影响仅次于中餐和西餐。"日本料理"的"理"，它的意思是盛东西的器皿。

日本料理的主食以米饭、面条为主，因为靠近大海所以副食多为新鲜鱼虾等海产，常配以日本酒。和食以清淡著称，烹调时尽量保持原料本身的原味。

日本料理的烹调和食用特点

日本料理烹调的特点是着重自然的原味。不容置疑，原味是日本料理首要的精神。其烹调方式十分细腻精致，无论是数小时慢火熬制的高汤，还是其他调味与烹调手法，均以最大程度保留食物的原味为前提。

日本料理由五种基本的调理法构成，即切、煮、烤、蒸、炸。和中国菜肴相比，日本料理的烹饪法比较单纯。日本料理是把季节感浓郁的素材以五味、五色、五法为基础，用五感来品尝的料理。

日本料理的美味秘诀基本上是以糖、醋、味精、酱油、柴鱼、海带等为主要的调味料，除了品尝香味以外，味觉、触觉、视觉、嗅觉等方面亦不容忽视。

除了以上烹调特色以外，吃也有学问，一定要热的料理趁热吃、冰的料理趁冰吃，如此便能够在口感、时间与料理食材上相互辉映，达到百分之百的绝妙口感。

关于韩国料理

高丽参、鸡、新鲜牛肉、海产品、青菜、炖、蒸、烤……单是听到这些词已经觉得是很健康营养的原料同做法了。韩国料理一般选材天然，采用不破坏营养成分的烹调方式，荤素搭配合理并且制作时追求少而精，以既保证足够的营养，又不会叫人暴饮暴食为目的。

韩国料理特点十分鲜明，烹调虽多以烧烤为主，但口味非常讨中国人的喜爱。与中国菜肴不同的是，韩国料理比较清淡，少油腻，而且基本上不加味精，蔬菜以生食为主，用凉拌的方式做成，味道的好坏全掌握在厨师的手指中。尝过韩式白菜泡菜的客人都对这个韩国饮食文化中的"国粹"难以忘怀。

韩国自古以来礼仪食品种类繁多，包括生产、三七日、百日、周岁、婚礼、聘礼等的贺礼食品，祭礼食品，寺庙礼仪食品等。其烹饪方法在各寺庙之间口传至今。韩国人在饭前，接待客人，祭礼饮酒时，还常备鱼虾酱、咸菜、肉干、鱼干等下酒菜，这些都丰富了其饮食文化。

韩国料理的口味特色

韩国料理别有风味，富于特色。韩国料理在烹制时多用香油、酱油、盐、蒜、姜等，尤其大蒜的食用普遍。

"辣"是韩国料理的主要口味之一，但这种辣却与别的辣有所不同，有人曾经这样描述过，川菜的辣是麻辣，透着鲜美；湘菜的辣是火辣，直冲冲的，不加任何掩饰；而韩国菜的辣却入口醇香，后劲十足，会让你着着实实地把汗出透。

韩式烤肉以高蛋白、低胆固醇的牛肉为主。牛里脊、牛排、牛舌、牛腰，还有海鲜、生鱼片等都是韩国烧烤的美味，尤以烤牛里脊和烤牛排最为有名。

此外，韩国料理的食具也非常有特色，包含箸和匙。箸以金属制成，多呈扁平而长；匙亦多为金属制成。特别的是，韩国人一般吃饭、喝汤皆以匙来进行，箸多作为辅助工具。

关于东南亚美食

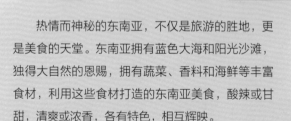

热情而神秘的东南亚，不仅是旅游的胜地，更是美食的天堂。东南亚拥有蓝色大海和阳光沙滩，独得大自然的恩赐，拥有蔬菜、香料和海鲜等丰富食材，利用这些食材打造的东南亚美食，酸辣或甘甜，清爽或浓香，各有特色，相互辉映。

泰国美食在世界范围内都享有盛名，素以辛辣、酸甜著称，食材以采自天然新鲜的农产品和海鲜为主。不管是火辣或是相对清淡的口味，泰式烹饪都恰到好处地融合了东方和西方的烹饪精髓，形成独特的泰式风味美食。

越南菜将来源于中国阴阳调和的饮食文化，与殖民者留下的法式风情结合在一次，形成了风味独特的菜式。越南菜烹调注重清爽、原味，只放少许香料，鱼露、香花菜和青柠檬等是其中必不可少的作料，以蒸煮、烧烤、熬焖、凉拌为主，热油锅炒者较少。

新马印风味以甜辣咸鲜为主，其中有两样调料必不可少，一是咖喱粉，一是椰奶，两者都是异香扑鼻，闻起来就让人垂涎欲滴的食材。其中，咖喱粉是由多种香料研磨而成，用它做菜色泽金黄，香辣可口；椰奶是用老椰子肉剁成椰蓉，加入水再挤出汁制作而成，烧菜时加入一些椰奶，既不会破坏菜的原味，又能增添淡淡的椰香。

印度菜最神奇之处在于它所使用的香料。据说印度菜所用的香料几乎到了"世界之最"的地步，每道菜的调料至少有10种。

水果沙拉 难易度 |.ıll

（原料）火龙果、鲜橙子各1个，西瓜、苹果各100克

（调料）橙味卡夫奇妙酱

（做法）
1. 将火龙果洗净，先切去三分之一做盖，再用挖球器将剩下三分之二的火龙果肉挖出，皮壳备用。
2. 将西瓜洗净，刨开，用挖球器取瓜肉；苹果洗净，切块；橙子洗净，切块。
3. 将火龙果肉、西瓜肉、苹果块、橙子块放入火龙果壳中，再拌上橙味卡夫奇妙酱即可。

三文鱼沙拉 难易度 |.ıll

（原料）西生菜、九芽生菜、红叶生菜、日本蟹子各30克，紫萝卜50克，三文鱼肉80克

（调料）橄榄油

（做法）
1. 将西生菜、九芽生菜、红叶生菜分别洗净，混合均匀；紫萝卜洗净，切片。
2. 三文鱼肉切片，卷上蟹子。
3. 将生菜放入盘中垫底，放上鱼片卷、紫萝卜，再淋上橄榄油即可。

苹果猪扒 难易度 |.ıll

（原料）苹果1个，猪扒150克，洋葱、西蓝花、胡萝卜各30克，面包粒适量

（调料）玉桂粉、碎黑椒、盐、蒜蓉、牛油

（做法）
1. 将猪扒洗净，切成合页形，用盐、碎黑椒腌渍。
2. 在锅中倒入牛油烧热，爆香蒜蓉，将洗净切丁的苹果倒入锅中，再加入洋葱、玉桂粉、面包粒、盐炒好，取出，填入猪扒中。
3. 将猪扒在扒炉上煎至上色，再入焗炉内烤熟，盛入盘中，配上焯熟的西蓝花、胡萝卜即可。

黑椒牛仔骨 难易度 |.ıll

（原料）牛仔骨200克，炸薯条150克，胡萝卜30克，西蓝花50克

（调料）碎黑椒、盐、红酒

（做法）
1. 将牛仔骨洗净，再抹上盐、红酒、碎黑椒，腌入味，再放在扒炉上煎熟。
2. 西蓝花、胡萝卜入沸水中焯熟。
3. 将牛仔骨、西蓝花、胡萝卜、炸薯条一起摆盘即可。

▌蓝带鸡胸 难易度 |▂▃▄▅

原料 鸡胸肉250克，芝士片、火腿片各50克，面包糠10克，西蓝花、彩椒、青瓜、洋葱、鸡蛋、面粉各适量

调料 盐5克，鸡粉3克，胡椒粉、油各适量

做法 1.鸡胸肉洗净，切一刀但不切断，用盐、胡椒粉、鸡粉腌渍，再将芝士片、火腿片酿入肉中间。

2.将酿好的鸡胸肉拍上面粉，蘸上鸡蛋液、面包糠，再入油锅中炸熟，盛盘中。

3.锅留油烧热，放入青瓜、洋葱丝、彩椒、西蓝花翻炒，再加盐调味，炒熟，盛盘装饰即可。

▌美式烤鸡腿 难易度 |▂▃▄▅

原料 鸡腿2个，西蓝花30克，焗豆适量

调料 黑椒、番茄酱、蜜糖、OK汁、香叶、蒜蓉、盐

做法 1.将黑椒、番茄酱、蜜糖、OK汁、香叶、蒜蓉、盐盛入碗中，搅匀成汁。

2.将鸡腿肉顺着骨头的一端剖开，留另一端骨，不分开肉。将剖开的鸡肉抹上调好的汁，卷好，腌12小时，再带汁入焗炉烤至上色。

3.将焗豆入锅中煮好，盛入碟中，再放上烤好的鸡腿，配上焯熟的西蓝花即可。

▌芝士焗大虾 难易度 |▂▃▄▅

原料 明虾1只，芦笋、胡萝卜各30克，西蓝花50克

调料 柠檬汁、白酒、盐、胡椒粉、面粉、高汤、牛油、芝士粉、淡奶油

做法 1.将明虾开背，去净泥肠，用柠檬汁、盐、白酒、胡椒粉腌入味，再放入扒炉煎熟，盛盘。

2.锅入牛油烧热，炒干面粉，再放入高汤、淡奶油，调成奶油汁，浇在虾上面，撒上芝士粉，再入焗炉中烤5分钟。

3.将芦笋、西蓝花、胡萝卜炒熟，放盘中装饰即可。

▌意式烩海鲜 难易度 |▂▃▄▅

原料 对虾150克，纽西兰青口、鱿鱼各100克

调料 盐、白酒、柠檬汁、番茄酱、百里香、牛油、蒜蓉

做法 1.将虾去净泥肠，洗净，再汆水；青口、鱿鱼洗净，汆水备用。

2.在锅中放入牛油烧热，爆香蒜蓉，倒入海鲜，再加入白酒、柠檬汁、番茄酱、盐，将海鲜炒熟入味，盛入盘中，再撒上百里香即可。

堂煎法国鹅肝 难易度 ▮▮▯

原料 上等鹅肝250克，面粉15克

调料 盐、黑胡椒、牛奶、黄油、鲍汁

做法 1.将鹅肝用牛奶泡制12小时，取出后撒上黑胡椒和盐，再蘸上面粉，备用。

2.在锅中放入黄油烧热，把鹅肝放入油中，用中火把两面煎熟至金黄色。

3.将鲍汁淋在鹅肝上，出锅盛入盘中即可。

甜椒汁烩鲈鱼块 难易度 ▮▮▯

原料 鲈鱼块250克，西蓝花60克，红甜椒50克

调料 盐、味精、胡椒粉、淡奶油、高汤、油

做法 1.将红甜椒洗净，切条，用搅拌机打成蓉。

2.在锅中下油烧热，将甜椒蓉倒入锅中翻炒。

3.再将鲈鱼块放入锅中烩热，加淡奶油、盐、味精、胡椒粉调味，盛入盘中，再用焯熟的西蓝花装饰即可。

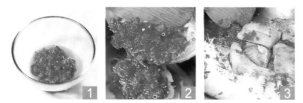

英式烩甘蓝菜 难易度 ▮▮▯

原料 紫甘蓝150克，五花肉100克

调料 盐、胡椒粉、蒜蓉、生粉、香叶、清汤、油

做法 1.将紫甘蓝洗净，切丝；五花肉洗净，切丝，再用盐、生粉腌入味。

2.锅中倒入油烧热，放入五花肉滑油，捞起沥油。

3.锅中留少许底油烧热，爆香蒜蓉、香叶，将五花肉倒入锅中，加入清汤焖一会儿，再将紫甘蓝倒入锅中，烩熟，放盐、胡椒粉调味，盛盘即可。

爱心提醒 🔍

　　若想保持紫甘蓝原本艳丽的紫红色，可在加热操作前加少许白醋。

菠菜汁弯通粉 难易度 |.ıll

原料 意大利弯通粉300克，菠菜80克，紫苏30克

调料 盐、胡椒粉、鸡粉、淡奶油、牛油、蒜蓉、高汤

做法
1. 意大利弯通粉入沸水中煮七分熟，再捞出过冷水，沥水备用。
2. 锅烧热，倒入牛油烧化，爆香蒜蓉，下入菠菜、紫苏翻炒，再加适量高汤煮沸。将汤倒入搅拌机中，打烂成汁，加盐、鸡粉、胡椒粉调味。
3. 另起锅，入牛油烧热，爆香蒜蓉，加菠菜汁、淡奶油，再加弯通粉，拌匀盛盘，撒紫苏叶即可。

三文鱼意大利面 难易度 |.ıll

原料 净三文鱼肉、意大利宽面各200克，西蓝花50克，面包片少许

调料 盐、鸡粉、胡椒粉、白酒、柠檬汁、紫苏酱、牛油

做法
1. 将三文鱼肉用调料腌入味，再在扒炉上煎熟。
2. 意大利面入盐水锅中煮七分熟，捞出过凉，沥干。
3. 锅中倒入牛油，烧热，炒熟西蓝花，再下意大利面炒，加盐、鸡粉、胡椒粉调味，盛盘中，放三文鱼肉，摆上烤好的面包片装饰即可。

紫苏酱炒贝壳面 难易度 |.ıll

原料 贝壳面200克，紫苏叶、松子仁各30克

调料 盐、碎黑椒、蒜头、橄榄油、紫苏酱、牛油、蒜蓉

做法
1. 将松子仁烤至金黄色；贝壳面入沸水煮七分熟，再捞起过冷水，沥水备用。
2. 新鲜的紫苏叶加橄榄油、蒜头、碎黑椒、松子仁入搅拌机中打烂成酱，再盛出调味。
3. 锅烧热，倒入油烧化，爆香蒜蓉，将贝壳面倒入锅中翻炒，再加入制好的紫苏酱、盐、味精，炒拌匀，装盘，用紫苏叶装饰即可。

芦笋番茄车轮面 难易度 |.ıll

原料 车轮面300克，芦笋、番茄、鸡肉粒各50克

调料 蒜蓉、盐、胡椒粉、鸡精、番茄酱、橄榄油

做法
1. 芦笋洗净，切粒后焯水；番茄切粒；鸡肉粒氽水。
2. 将车轮面煮七分熟，再捞出过冷水，沥干。
3. 锅烧热，加橄榄油烧化，爆香蒜蓉，炒香芦笋、鸡肉粒，加番茄酱，再加番茄粒和车轮面，将盐、鸡精、胡椒粉倒入锅中，炒拌至均匀入味即可出锅盛盘。

五彩炒斜切面 难易度 |ıııl

原料 意大利斜切筒面250克，彩椒60克，西芹30克，洋葱40克

调料 牛油、蒜蓉、盐、黑椒粉、味精、青葱

做法
1. 彩椒洗净切条，西芹洗净切段，洋葱洗净切丝。
2. 将斜切面煮至七分熟，再捞出过冷水，沥干。
3. 锅烧热，倒入牛油烧化，爆香蒜蓉，翻炒彩椒、洋葱、西芹，再将斜切面下锅炒，下盐、味精、黑椒粉，炒至入味，盛盘，用青葱装饰即可。

金枪鱼三明治 难易度 |ıııl

原料 炸薯条100克，牛角包150克，罐装金枪鱼80克，番茄50克，生菜30克

调料 卡夫奇妙酱、牛油

做法
1. 生菜洗净，切丝；番茄洗净，切片。
2. 将牛角包一开为二，切面上抹上牛油，在扒炉上煎上色。
3. 将一片面包放在盘中，将生菜、番茄、金枪鱼放在牛角包上面，再挤上卡夫奇妙酱，盖上另一块面包，最后配上炸好的薯条即可。

蔬菜三明治 难易度 |ıııl

原料 吐司2片，青圆椒、洋葱、番茄、胡萝卜各30克

调料 碎黑椒、盐、油

做法
1. 将青圆椒、洋葱、番茄、胡萝卜洗切好；吐司在多士炉中烤至金黄色，备用。
2. 将青圆椒、洋葱和胡萝卜用油泡15分钟，用盐、碎黑椒调味，再入煎锅中煎熟。
3. 将所有蔬菜放入吐司片中间夹好即可。

牛肉三明治 难易度 |ıııl

原料 吐司3片，煎鸡蛋1个，火腿30克，烤烟肉、西生菜、番茄各50克

调料 牛油

做法
1. 将吐司放入多士炉中烤上色，把用于夹菜的一面抹上牛油；烤烟肉切片；火腿切片。
2. 将吐司放入盘中，上面放上西生菜，再放上番茄、烟肉片、火腿片，盖上一层两面都抹有牛油的吐司，吐司上面再放上番茄片、烟肉片、煎鸡蛋，最后再盖上一层吐司即可。

火腿芝士三明治 难易度 |ᵢᵢᵢᵢ

原料 吐司2片，火腿50克，卡夫芝士片30克，炸薯条100条

调料 牛油

做法 1.将吐司在多士炉中烤上色，夹菜的一面抹上牛油。火腿切片，在锅中煎熟。

2.放一片吐司在盘中，上面放上火腿片、芝士片，再盖上一块吐司，最后配上炸好的薯条即可。

牛肉汉堡包 难易度 |ᵢᵢᵢᵢ

原料 汉堡包1个，西生菜、番茄片、酸青瓜、洋葱（切碎）各30克，碎牛肉50克，薯条80克，鸡蛋2个

调料 盐、鸡粉、碎黑椒、牛油

做法 1.将碎牛肉、碎洋葱放入碗中，再加入蛋浆，放少许盐和鸡粉，调匀，在煎锅中煎熟做成牛肉馅。

2.汉堡包一开为二，切面抹牛油，入煎锅煎至上色。

3.放一片汉堡包在盘中，上面放入洗净的西生菜、番茄片、酸青瓜片、牛肉筋，再加上一个煎好的太阳蛋，盖上另一片汉堡，配上炸薯条即可。

鸡扒汉堡包 难易度 |ᵢᵢᵢᵢ

原料 汉堡包1个，鸡扒100克，酸青瓜、洋葱、番茄、西生菜各30克

调料 盐、胡椒粉、鸡粉、牛油

做法 1.鸡扒洗净，用盐、胡椒粉、鸡粉腌入味，再在扒炉上煎熟。将汉堡包一切为二，在切口处抹上牛油，入锅中煎上色。

2.放一片汉堡在盘中，上面放西生菜、番茄片、酸青瓜及焯过水的洋葱，再放上鸡扒，盖上另一半汉堡包即可。

鸡肉面条汤 难易度 |ᵢᵢᵢᵢ

原料 西芹丁、胡萝卜丁、洋葱丁、鸡胸肉丁各50克，意大利面条200克，鸡汤适量

调料 盐、橄榄油、胡椒粉、香叶

做法 1.锅中放入橄榄油烧热，将西芹、香叶、胡萝卜、洋葱、鸡丁放入锅中炒香。

2.将意大利面条放入沸水中煮熟，再捞出过冷水。

3.将鸡汤放入锅中烧开，放入煮好的面条，再将西芹、胡萝卜、洋葱、鸡胸肉放入锅中，加入盐、胡椒粉调味，稍煮一会儿即可。

奶油胡萝卜汤 难易度 |.ᵢᵢᵢ

原料 胡萝卜150克，洋葱80克

调料 蒜蓉、浓缩橙汁、淡奶油、盐、鸡精、牛油、胡椒粉、高汤

做法
1. 胡萝卜洗净，切丝；洋葱洗净，切丝。
2. 在锅中倒入牛油烧热，爆香蒜蓉，将胡萝卜、洋葱倒入锅中翻炒，再倒入高汤煮沸。
3. 将汤料倒入搅拌机中，搅打烂，再回锅煮滚，加橙汁、盐、鸡精、胡椒粉调味，淋上淡奶油即可出锅。

香浓青豆汤 难易度 |.ᵢᵢᵢ

原料 青豆150克，腌肉50克，洋葱60克

调料 蒜蓉、香叶、胡椒粉、黑胡椒、盐、鸡粉、牛油、淡奶油、高汤

做法
1. 洋葱洗净，切丝；腌肉洗净，切粒，入锅中煎好，备用。
2. 在锅中倒入牛油烧热，爆香蒜蓉、香叶、黑胡椒，将青豆、腌肉、洋葱倒入锅中翻炒，再加入高汤，大火煮开。
3. 将汤料入搅拌机中搅打至烂，煮沸，加盐、胡椒粉、鸡粉调味，淋上淡奶油，撒上腌肉粒即可。

罗宋汤 难易度 |.ᵢᵢᵢ

原料 番茄2个，胡萝卜、百叶菜、红菜头各50克，西芹60克，洋葱80克，土豆、牛肉各100克

调料 蒜蓉、牛油、番茄膏、盐、糖、胡椒粉、鸡粉、辣椒籽、柠檬汁、清汤

做法
1. 番茄切片；胡萝卜、红菜头、洋葱、土豆切丝；西芹切段；牛肉切末，用盐、鸡粉腌制后煎好。
2. 在锅中倒入牛油，烧热，爆香蒜蓉，将洋葱、胡萝卜、西芹、土豆、百叶菜、红菜头倒入锅中翻炒，再将番茄膏下入锅中炒。
3. 将清汤倒入锅中，大火烧开，再将番茄、牛肉倒入锅中，改用文火煮2小时，加入盐、糖、胡椒粉、鸡粉、柠檬汁、辣椒籽调味即可。

日禾烧牛扒 难易度 |.ııl

原料　牛扒300克，芝士、黄油各适量

调料　盐、胡椒粉、鸡粉、料酒、味噌

做法　1.将牛扒洗净，切成块。

2.将牛扒用盐、胡椒粉、鸡粉、料酒、味噌腌渍入味，待用。

3.在牛扒上面抹上黄油、芝士，再入烤箱内以250℃的炉温烤至成熟即可。

天妇罗炸红薯 难易度 |.ııl

原料　红薯300克，天妇罗粉适量

调料　盐

做法　1.将红薯洗净，去皮，切丝；天妇罗粉中加入盐和适量水，调成糊。

2.将红薯丝在面糊中裹匀，再入油锅中炸熟，捞起沥油。

3.将炸红薯丝盛入盘中，配上葱丝即可。

照烧秋刀鱼 难易度 |.ııl

原料　秋刀鱼1条

调料　日式照烧汁、牛油、葱花、柠檬汁、胡椒粉、香油

做法　1.秋刀鱼洗净，擦干鱼身表面，剞上花刀，再均匀蘸上调味料，腌30分钟。

2.锅中下油烧热，将秋刀鱼取出放入锅内，以中火煎至两面金黄熟透。

3.将照烧汁均匀地刷在秋刀鱼两面至收汁，再刷上少许牛油，上碟撒上葱花，即可趁热进食。

大阪照烧鳗鱼 难易度 |.ııl

原料　鳗鱼300克

调料　日本照烧汁、蒜、姜、料酒

做法　1.将鳗鱼肉用热水洗去黏液，切成块。

2.将鱼用姜、蒜、料酒、盐、日本照烧汁腌渍入味，待用。

3.烤架上先抹油，再放上鱼片以小火烘烤两面至金黄即可。

酱烧青花鱼 难易度 |.∎∎|

原料 青花鱼1条，芝麻少许

调料 盐、味精、烧酱汁

做法
1. 将青花鱼宰杀，去鳞、内脏、头，洗净，再剞上花刀，撒上盐、味精腌入味。
2. 将青花鱼放入焗炉内，以250℃的炉温烤20分钟至鱼熟，再取出。
3. 将烤好的青花鱼盛入盘中，再淋上烧酱汁，撒上焙香的芝麻即可。

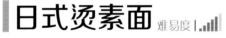

日式烫素面 难易度 |.∎∎|

原料 素面1包，虾2只，鸡蛋1个，冬菇2朵，菜心100克

调料 木鱼精、鸡粉、酱油、味噌

做法
1. 虾氽熟，去壳；鸡蛋煮熟，剥去壳，切开备用；菜心洗净，焯水备用；冬菇放入热水中浸软，去蒂，再入沸水中焯透。
2. 将水煲沸，加入素面，煮1~2分钟，其间边煮边搅，以免互相粘黏，再将面条捞出，放入冷水中浸约1分钟，沥水，盛入碗中。
3. 锅中放入少许水烧开，下木鱼精、鸡粉、味噌及酱油，搅匀成汁，淋在冷面上，将虾、鸡蛋、菜心、冬菇等铺于素面上即成。

日式牛肉拉面 难易度 |.∎∎|

原料 拉面300克，玉米笋30克，胡萝卜片、菜心、熟牛肉各50克，姜末10克，高汤适量

调料 香油、酱油、鸡粉

做法
1. 玉米笋洗净，切成条；熟牛肉切片。
2. 开水锅入盐搅匀，放入拉面煮沸，加水再煮2分钟至沸腾，将面捞起过冷水，沥干水分。
3. 将高汤下入锅中，放入姜末搅散，煮沸，倒入胡萝卜、玉米笋、菜心、牛肉煮3分钟至沸腾，再将拉面下入锅中，淋上酱油、香油即可。

▌白菜泡菜 难易度 |.ıll

原料 白菜1棵，萝卜、黄瓜、洋葱各100克

调料 蒜、姜、葱、盐、辣椒粉、鱼露、白糖、芝麻、虾酱

做法 1.白菜竖切两半，菜叶抹盐，压水中泡7小时。

2.将蒜、洋葱、姜磨成泥，倒入辣椒粉、芝麻、糖、盐、虾酱、鱼露制成调味料。

3.把白萝卜和葱切丝，放入容器，倒入调料，拌好后腌30分钟。

4.把腌好的作料，由上往下抹在白菜上，放置一段时间发酵后即可。

▌泡菜包肉 难易度 |.ıll

原料 泡菜、五花肉各200克，大蒜、尖椒各20克

调料 大酱

做法 1.将五花肉入卤锅中卤熟，取出切成片。大蒜切片，尖椒切成粒。

2.用泡菜叶包入五花肉、大蒜、尖椒，再蘸一些大酱即可食用。

高手支招 ☼

应选大片泡菜叶卷肉，这样能将原料完全包裹住。

▌泡菜青椒鱿鱼 难易度 |.ıll

原料 鱿鱼200克、青椒30克、泡菜50克

调料 醋、料酒、辣椒酱、盐、油

做法 1.将鱿鱼去膜，表面切菱形花刀，切成6厘米长、2厘米宽的块，泡入清水中；青椒洗净，切片。

2.炒锅下油烧热，将青椒、泡菜、鱿鱼倒入锅中翻炒，再加盐、料酒、辣椒酱炒匀入味即可。

高手支招 ☼

切鱿鱼前，一定要分清楚鱿鱼的里面和外面。通常情况下，切鱿鱼的里面，而不切外面。

▌泡菜汤 难易度 |.ıll

原料 泡菜80克，豆腐、牛肉各100克，绿叶蔬菜少许

调料 盐、鸡粉

做法 1.将牛肉洗净，切成块。

2.锅中盛水，将泡菜、牛肉下入锅中，先用大火烧开，再转文火煮40分钟，待牛肉熟透，再将豆腐下入锅中，稍煮一会儿。

3.将盐、鸡粉下入汤中调味，搅匀，再撒上几片绿叶蔬菜即可。

泡菜炒肉 难易度 |.ıll

原料 里脊肉100克，韩国泡菜200克，洋葱50克

调料 盐、鸡精、淀粉、白酒、花雕酒

做法
1. 里脊肉切片，用淀粉、盐、白酒腌一会儿；泡菜切丝，备用。
2. 锅中多放点油，放入肉片滑开，捞出沥干油分。
3. 锅中留少许底油，放入泡菜翻炒，炒干后加水，保持锅里有点汁，等泡菜的味道炒出后放入肉片和其他调料，翻炒均匀即可。

大酱汤 难易度 |.ıll

原料 豆腐100克、洋葱80克，大葱1根，青椒30克

调料 姜、蒜末、大酱、辣椒酱、盐

做法
1. 将豆腐切成块；洋葱洗净，切成片；葱切段；青椒切片，备用。
2. 锅中盛水，将大酱、辣椒酱、盐下入锅中熬成酱汤，待用。
3. 将豆腐、洋葱、大葱、青椒下入锅中，大火烧开，边煮边撇去浮沫，捞出盛碗即可。

人参炖鸡汤 难易度 |.ıll

原料 朝鲜人参、糯米各50克，红枣30克，黄芪20克，当归15克，鸡1只

调料 酒、盐、大葱、生姜

做法
1. 人参在热水中浸泡一夜，备用；鸡宰杀治净。
2. 把药材、淘洗好的糯米塞入鸡腹内，再用线将鸡腹缝好，放入深锅里，加水漫过鸡，加入葱段、生姜块，用火煮，中间去掉浮沫。
3. 锅加入酒，用文火煮1小时，取出姜块和葱段，下盐调味，食用时将药材从鸡腹内取出即可。

牛排骨汤 难易度 |.ıll

原料 牛排骨200克，红枣20克，鸡蛋丝50克，葱花10克，粉丝适量

调料 盐、酱油、鸡粉、胡椒粉

做法
1. 将牛排骨切块，入沸水中余去血水；红枣洗净，备用；粉丝泡发，备用。
2. 锅中盛水，将牛排骨、红枣下入锅中，大火烧开，再转文火煲约1小时。
3. 将鸡蛋丝入汤中，下盐、鸡粉、酱油、胡椒粉调味，再撒上葱花即可。

牛肉辣汤 难易度 |

原料 牛肉100克，洋葱50克，大葱30克

调料 盐、鸡粉、胡椒粉、辣椒面、蒜泥

做法 1.将牛肉洗净，切成块；洋葱切丝；大葱切段。

2.锅中盛水，将牛肉、洋葱、蒜泥下入锅中烧开。

3.将盐、鸡粉、胡椒粉、辣椒面下入锅中调味，再撒上葱段即可。

烤五花肉 难易度 |

原料 五花肉200克

调料 韩国烤肉酱

做法 1.将五花肉洗净，切片，用韩国烤肉酱腌渍20~30分钟。

2.将五花肉放进烤箱，开上下火，烤12分钟即可。

爱心提醒

吃烤五花肉时用生菜卷着吃，爱吃辣的抹上辣椒酱，非常可口。

韩式拌饭 难易度 |

原料 米饭1碗，鸡蛋2个，蕨菜、胡萝卜、白萝卜、黄豆芽、黄瓜各适量

调料 韩式辣椒酱、白芝麻

做法 1.将蕨菜、胡萝卜、白萝卜、黄瓜洗净，均切丝，分别焯熟，沥干水分。将1个鸡蛋煎成太阳蛋，另一个鸡蛋摊成蛋皮，再切成蛋丝。

2.取盛器填入适量热米饭，压实后依次将蔬菜摆放在碗中，再配上煎鸡蛋和鸡蛋丝，撒少许白芝麻，吃时调入韩式辣椒酱拌匀即可。

人参牡蛎石锅饭 难易度 |

原料 牡蛎100克、新鲜人参1/2支、白米1/2杯、银杏适量

调料 酱油、葱末、蒜末、白芝麻、油、辣椒粉

做法 1.将牡蛎洗净，去碎壳，沥干水分；人参切片；银杏去皮。

2.白米洗净后加水浸泡30分钟，放到石头锅中，加2杯水，再加入牡蛎、人参和银杏，盖上锅盖。

3.先以大火煮滚，然后改用小火焖煮约20分钟至熟，关火。

4.打开锅盖，加入调味料，趁热拌匀即可。

咖喱鸡 难易度 |📶

(原料) 鸡肉750克

(调料) 盐、料酒、白糖、味精、咖喱粉、葱、姜、油

(做法)
1. 将鸡肉剁成块，葱切段，姜切片。锅加油，烧四五成热，放入鸡块，滑至七八成熟时捞出。
2. 锅内加底油，放入葱段、姜片煸炒出香味，再放入咖喱粉稍微煸炒一下，放入鸡汤、料酒、盐、白糖、味精、葱、姜、鸡肉，用小火烧至鸡肉酥烂，去掉葱、姜，待汁收浓时出锅即成。

咖喱蟹 难易度 |📶

(原料) 青蟹2只，青红椒块、洋葱块各20克，番茄块100克，四季豆段50克

(调料) 葱姜、咖喱膏、椰浆、盐、黄酒、味精、糖、鸡粉、汤、淀粉、红油、黄油、油

(做法)
1. 青蟹治净，拌淀粉，入油锅中炸熟，倒出沥油。
2. 锅入黄油烧热，投入青红椒块、洋葱块、葱姜、咖喱膏炒香，放蟹，烹入黄酒，掺入汤，用盐、味精、鸡粉、糖调味，勾薄芡，淋椰浆、红油起锅，配上番茄、四季豆等蔬菜装盘即成。

咖喱煮牛筋腩 难易度 |📶

(原料) 牛筋腩500克，土豆300克，红椒1个，洋葱100克

(调料) 冰糖、咖喱粉、绍兴酒、椰浆、姜、盐、生抽、胡椒粉

(做法)
1. 洋葱、辣椒均切片；牛筋腩洗净，氽水后取出。
2. 热锅放油，爆香姜片、干葱及牛筋腩，放少量酒，注入6杯水及冰糖煮约1小时至牛筋腩熟透，取出2杯汁。将牛筋腩切件，土豆切角，炸熟。
3. 热锅放油，下土豆、牛筋腩及咖喱粉炒匀，加调料，焖至土豆熟，加红辣椒和椰浆拌匀即成。

泰式红咖喱烧鹅 难易度 |📶

(原料) 鹅肉300克，红椒1个，蘑菇100克，豆角50克

(调料) 姜、椰浆、红咖喱酱料、盐、料酒

(做法)
1. 鹅肉块洗净，放少许料酒及盐。红椒切块，蘑菇洗净，豆角洗净切段。
2. 起油锅，炒香红椒、蘑菇、豆角后装在碗中。起油锅，入姜、鹅肉，炒至六成熟时捞起，待用。
3. 起油锅，入红咖喱酱煸炒至起红油，倒入一半椰浆，搅拌，加鹅肉及辅料，小火焖约20分钟即可。

沙茶酱鱿鱼 难易度 |

原料 鱿鱼300克，青椒、红椒各30克

调料 香菜、葱、姜、蒜、盐、糖、香油、沙茶酱、酒、胡椒粉

做法 1.鲜鱿鱼洗净，掏去内脏，在鱿鱼内表面上打上十字花刀，切成大块。

2.锅中放水烧热，将鱿鱼氽烫后捞出。

3.锅中放油，下入青、红椒和调料炒香，再下入氽烫好的鱿鱼炒匀即成。

沙茶拼盘 难易度 |

原料 虾仁、鸡肉各200克，寿司饭团60克，洋葱、黄瓜各30克

调料 蒜头、沙茶酱、姜、葱、生抽、老抽、沙糖、香油

做法 1.鸡肉、虾仁洗净，切成小块，用盐、生抽、鸡精腌渍入味，再用竹扦分别穿好。

2.将鸡肉串、虾肉串放炭火上烤熟，边烤边刷油。

3.将鸡肉串、虾肉串放入盘中，淋上沙茶酱，再配上洋葱、黄瓜、寿司饭团即可。

香蒜滑切鸡 难易度 |

原料 雏母鸡1只，黄瓜半根，番茄半个

调料 葱、姜、蒜蓉、胡椒粉、盐、鸡精

做法 1.母鸡宰杀后洗净，在滚开汤锅中烫熟，取出后切块；葱、姜切细丝，备用。

2.将鸡块盛入用黄瓜片、番茄片垫底的盘中，撒姜丝，以热油浇淋，再放上葱丝。

3.炒锅内下汤，用文火烧开，加胡椒粉、盐、味精、蒜蓉等熬成汁，浇淋于鸡块上即成。

娘惹焗茄子 难易度 |

原料 茄子300克，红椒30克，蒜蓉10克

调料 番茄酱、葱花、盐、胡椒粉、生粉水、牛油

做法 1.将茄子洗净，切成条。红椒切丝。

2.锅中烧热1汤匙牛油，爆香蒜蓉，加入茄子、红椒炒匀，再加入盐、胡椒粉、番茄酱翻炒均匀。

3.将生粉水淋入锅中，加盖焖3分钟，出锅盛盘，再撒上葱花即可。

辣汁牛仔肉 难易度 | ▂▃▅

原料 牛仔骨5块，青、红椒各1个

调料 蒜蓉、橄榄油、柠檬、辣汁、生抽、红油、黑椒

做法 1.将柠檬榨汁，蒜蓉、橄榄油、辣汁、生抽和黑椒等放入盆内混好。

2.将牛仔骨放在腌料盆内，放入冰箱腌20分钟。

3.将牛仔骨取出，入三成热油锅中炸一下捞出。锅中留油炒香腌牛仔骨的酱汁，加入牛仔骨、青红椒块即可。

泰式风味藕 难易度 | ▂▃▅

原料 莲藕500克，猪肉200克，鸡蛋1个，面粉50克

调料 盐、葱姜末、鸡精、胡椒粉、醋、香油、辣椒油

做法 1.藕洗净去皮，切片；猪肉剁成肉末，盛碗内，加胡椒粉、盐、鸡精、葱姜末和蛋清，拌匀待用。

2.鸡蛋黄、面粉和水调成薄糊。在藕片上放肉馅，用另一片夹上去轻压，逐片蘸薄糊。

3.锅入油烧至八成热，将藕夹炸淡黄色，捞起晾凉，再复炸至金黄色。锅中爆香大蒜泥、干辣椒，下藕夹和其他调料炒匀即可。

清香干炒米粉 难易度 | ▂▃▅

原料 米粉250克，芹菜50克，鸡蛋1个，红椒20克，葱花10克

调料 味精、鸡粉、盐、姜蒜末

做法 1.芹菜洗净，切段；鸡蛋磕入碗中，搅打成蛋糊。

2.锅入油烧热，炒香姜蒜末，将芹菜、红椒入锅炒断生，再将鸡蛋糊下入锅中摊成蛋饼，炒散。

3.将米粉下入锅中炒热，再调入盐、味精、鸡粉炒匀，撒上葱花即可。

印尼炒饭 难易度 | ▂▃▅

原料 米饭1碗，鸡蛋2个，虾仁、洋葱各30克，鸡肉、牛肉各50克

调料 盐、味精、胡椒粉、印尼辣椒酱、虾酱、沙茶酱

做法 1.将虾仁洗净；洋葱洗净，切丝；鸡肉洗净，切粒。

2.牛肉切片，用沙茶酱腌渍，用竹扦穿好，煎熟备用。取1个鸡蛋煎成太阳蛋。

3.锅入清油，将另一个鸡蛋摊成蛋饼。锅内再入洋葱、虾仁，下入米饭、鸡肉粒，翻炒2分钟，加调料调味，盛碗中，放太阳蛋，配牛肉串即可。

Part 4

活力 饮品

HUOLIYINPIN

饮品也要DIY。自己亲手做的饮品，不但能保证营养和卫生，而且能让自己在酒足饭饱之余，得到身心的极大满足。本篇章为您提供了数十款果蔬饮品的制作方案，让您喝出好心情。

蔬菜加水果
营养又美味

新鲜的水果汁和蔬菜汁能提供多种浓缩的维生素和矿物质，不但味道鲜美，做法也很简单。果蔬汁不但适合在炎热天气饮用，例如木瓜汁、菠萝汁和芒果汁；也适合秋冬季里饮用，例如番茄胡萝卜苹果汁，它们都含有多种具有清洁、恢复和保护身体的营养素。将喝果蔬汁融入到你的日常饮食和生活方式中，让它为你提供各种所需的营养，帮助你获得更多健康。

哪些人适宜饮用果蔬汁？

应该说，果蔬汁是老少皆宜的饮品，从婴儿到耄耋老人均可饮用。果蔬汁被认为是给3月龄婴儿补充维生素C必须添加的辅助食品。然而，也有人不适

合喝果蔬汁，如患溃疡病、急慢性胃肠炎的人，身体健康之人喝果蔬汁也可能会出现腹胀和腹泻，这是因为果蔬汁中含有不能被消化的碳水化合物。肾功能欠佳的人，应避免在睡前饮用果蔬汁，否则翌日起床可能会出现手脚浮肿。

什么时候喝果蔬汁最合适？

两餐之间或饭前半小时是饮用果蔬汁的最佳时机。果蔬汁含有多种有机酸、芳香物质和酶类，可刺激食欲，有助于消化，常常作为早餐前的开胃食品。既然为了"开胃"，自然不能一饮而尽，一般都是细斟慢品，量也不宜太多。美国学校早餐计划中规定，早餐必须有一份水果或蔬菜或者半杯纯果汁或蔬菜汁。果蔬汁也可以两餐间饮用，不过目的不在于"开胃"，而在于它的营养价值。果蔬汁中富含钾、铁、硒、铬等无机盐和微量元素，还含有维生素C、胡萝卜素以及多种抗氧化活性物质。此外，喝果蔬汁还有利于膳食中铁的吸收。一般谷物中铁的吸收率很低，如大米只有1%，面包也不过3%。然而，若与富含维生素C的水果汁或蔬菜汁一起吃，铁的吸收率就能提高3~6倍，其营养价值当然不可小视。

饮用果蔬汁有讲究

果蔬汁应该怎么喝?

果蔬汁一口一口慢慢喝最好,以品尝的心情逐口喝下,这样其营养才容易完全被吸收。若大口痛饮,果蔬汁的糖分会很快进入血液中,使血糖迅速上升。

果蔬汁在早上或饭后2小时喝最好,尤其是早上喝最为理想。但是,果蔬汁中的碳水化合物含量不多,并不足以作为整个早上的能量来源,因此还需配合其他食物一起食用。

饭后2小时喝。和吃水果的原理一样,因为水果比其他食物容易消化,为了不干扰正餐食物在肠胃中的消化,饭后2小时饮用果蔬汁较合适。

避免夜间睡前喝,因夜间摄取水分过多会增加肾脏的负担,身体容易出现浮肿。

有些人喜欢加糖来增加果蔬汁的口感,但是糖分解时,会增加维生素B群的损耗及钙、镁的流失,降低营养。可以多利用香甜味较重的水果,如哈密瓜、凤梨作为搭配,或是酌量加以蜂蜜,增加维生素B$_6$的摄取。

果蔬外皮也含营养成分,如苹果皮含有纤维素,有助肠蠕动,促进排便;葡萄皮则具有多酚类物质,可抗氧化。所以像苹果、葡萄等水果可以保留外皮一起榨汁。当然,蔬果榨汁前一定要清洗干净,以免喝到残留的虫卵或农药。

果汁不能代替水果

鲜榨果汁中保留有水果中相当一部分营养成分,例如维生素、矿物质、糖分和膳食纤维中的果胶等,口感好。

但是,果汁的营养和水果有一定的差距,果汁不能完全代替水果。首先,果汁中基本不含水果中的纤维素;第二,捣碎和压榨的过程使水果中的某些易氧化的维生素被破坏了;第三,在市售果汁生产的过程中,有一些添加物必然要影响果汁的营养质量,如甜味剂、防腐剂、使果汁清亮的凝固剂、防止果汁变色的色素等;第四,市售果汁在加热、灭菌过程中也会使其营养成分

受损。因此,对于能够食用新鲜水果的人来说,新鲜完整的水果永远是最好的选择。

喝新鲜果汁不宜加糖

新鲜果汁不宜加糖饮用。因为果汁是低热量食品,每百克热能含量不足50千卡,加糖饮用后就使热量增加而影响食欲,造成正餐食量减少,这样就失去了"开胃"的作用。另外,给婴儿喝的果汁就更不应加糖,否则会造成宝宝对甜食的依赖,甚至养成喜欢甜食的习惯。新鲜果汁饮用时不要加热,否则会使水果的香气跑掉,更重要的是一些营养成分,特别是维生素C会遭受破坏。

自制和饮用蔬菜汁应注意的问题

选择蔬菜。一般能生食的蔬菜皆可榨汁饮用,而像豆角、土豆等不能生食的蔬菜则不宜榨汁饮用。

因为是鲜榨汁,制作时应注意将蔬菜清洗干净,避免引起肠道疾病。

蔬菜汁一定要现榨现饮,避免营养成分降解和细菌滋生。

蔬菜汁不能完全替代蔬菜食用,但可作为特殊人群(婴儿、老年人等)的辅助食品补充营养素。

番茄酸奶汁 难易度 |.ₙₗₗ

原料 番茄200克

调料 酸奶

做法 1.将番茄用温水浸泡片刻，反复洗净，连皮切碎。

2.将番茄碎放入榨汁机中，搅拌1分钟，加酸奶拌匀即成。

番茄汁 难易度 |.ₙₗₗ

原料 番茄60克

调料 冰水、碎冰

做法 1.番茄去皮，切小块。

2.将所有用料放入果汁机中，搅拌30秒钟，倒入杯中即可。

营养功效

生津止渴，健胃消食，凉血平肝，清热解毒。

芹菜蜜汁 难易度 |.ₙₗₗ

原料 鲜芹菜100~150克

调料 蜂蜜

做法 将芹菜洗净，捣烂取汁，加入蜂蜜，炖服。

营养功效

安定情绪，舒缓内心焦虑和压力，有明显的降压作用。

蜂蜜鲜藕汁 难易度 |.ₙₗₗ

原料 鲜藕200克，蜂蜜适量

做法 将鲜藕洗净，入榨汁机中榨汁。按1杯鲜藕汁加1匙蜂蜜的比例调匀即成。

营养功效

富含膳食纤维、氨基酸、维生素C等，能促进肠胃蠕动，排出毒素。其丰富的抗氧化成分能抵御自由基侵害，减轻面部斑痕症状，使肌肤白嫩。

白萝卜鲜藕汁 难易度 |.ᵢᵢᵢ

原料 白萝卜、鲜藕各100克

做法 1.白萝卜、鲜藕分别捣烂取汁，鲜藕也捣烂取汁。

2.将白萝卜汁与鲜藕汁混合，搅拌均匀即成。

营养功效

消热化痰，生津止咳，益胃消食。

胡萝卜汁 难易度 |.ᵢᵢᵢ

原料 胡萝卜500克

调料 冰水、蜂蜜

做法 将胡萝卜洗净，切成条，放入榨汁机中，加适量冰水榨出汁，倒入杯中，调入蜂蜜拌匀即可。

营养功效

增强人体免疫力，防癌抗癌，安抚神经。

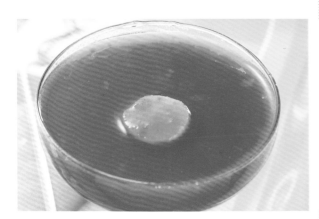

番茄马蹄饮 难易度 |.ᵢᵢᵢ

原料 番茄、马蹄各200克

调料 白糖

做法 1.马蹄洗净，去皮，切碎，榨取汁液；番茄洗净，切碎，榨取汁液。

2.将番茄汁、马蹄汁混合，加入白糖拌匀即成。

营养功效

马蹄营养丰富，富含蛋白质、维生素C，还含有钙、磷、铁、胡萝卜素等，有清热润肺、舒肝明目的作用。

木瓜鲜姜汁 难易度 |.ᵢᵢᵢ

原料 木瓜250克，鲜姜50克

调料 冰水、蜂蜜

做法 1.将鲜姜擦洗干净，放入榨汁机中榨出汁。

2.将木瓜去皮去籽，与姜汁、冰水、蜂蜜一同放入榨汁机中打成果汁即可。

营养功效

木瓜中含有一种酶素，能消化蛋白质，有利于人体对食物进行消化和吸收，故有健脾消食之功效。

鲜苹果雪梨汁 难易度 |.ıll

原料 苹果、雪梨各200克，蜂蜜、柠檬汁各适量

做法 1.苹果洗净，削皮去核，切块。梨子削皮去核，切块，备用。

2.苹果和梨一起放入榨汁机中榨出果汁，加入蜂蜜、柠檬汁，搅匀即可。

营养功效

润肺止咳，消炎降火，解疮毒和酒毒。

苹果香瓜汁 难易度 |.ıll

原料 苹果、香瓜各200克，蜂蜜、柠檬汁各适量

做法 1.苹果去皮、核，切块。香瓜削皮去瓤，切块。

2.苹果和香瓜一起放入榨汁机中榨出果汁，加入蜂蜜、柠檬汁，搅匀即可。

爱心提醒

凡脾胃虚寒、腹胀便溏者忌食；有吐血、咳血病史患者，及心脏病患者慎食。

苹果蜜桃汁 难易度 |.ıll

原料 苹果、桃子各100克

调料 蜂蜜、冰水

做法 1.苹果洗净，削皮去核，切块。桃子削皮去核，切块，备用。

2.苹果和桃子一起放入果汁机中榨汁，加入冰水、蜂蜜拌匀即可。

爱心提醒

适宜肠胃不佳、气喘者饮用。

香蕉橘子汁 难易度 |.ıll

原料 香蕉、橘子各1个

调料 蜂蜜

做法 1.将橘子去掉皮、核，香蕉去皮。

2.将香蕉、橘子、凉开水一起放入榨汁机中榨出汁，倒入杯中，加入蜂蜜搅匀即可。

营养功效

降压防癌，通便除烦，美容美肤。

香橙木瓜汁 难易度 |.ııl

原料 柳橙300克，木瓜100克，蜂蜜、冰水各适量

做法 1.将橙子去皮、核，切小块，放入榨汁机中。

2.将木瓜去皮、瓤，切成小丁，放入榨汁机中，同橙子一起榨汁，倒入杯中。

3.将蜂蜜、冰水倒入杯中，搅匀，加以装饰即可。

营养功效

行气益胃，清热解毒，提高免疫力，催乳美肤。

柚橘橙三果汁 难易度 |.ııl

原料 橙子150克，柚子250克，橘子200克

调料 碎冰

做法 1.将柚子、橘子、橙子分别去皮、核，放入榨汁机中榨汁，待用。

2.将榨好的果汁倒入杯中，投入碎冰，加装饰即可。

营养功效

润肺燥，清烦热，解毒健胃，适宜秋燥时节饮用。

鲜榨西瓜汁 难易度 |.ııl

原料 西瓜250克

调料 冰块

做法 1.西瓜去子，取瓤，切成块，放入榨汁机中榨出西瓜汁。

2.将西瓜汁倒入杯中，加入冰块即可。

营养功效

此汁能除烦止渴，解暑热，还可辅助治疗咽喉肿痛，有宽中下气、利尿、解酒毒之功效。

西瓜蜜桃汁 难易度 |.ııl

原料 西瓜、香瓜、鲜桃各150克

调料 蜂蜜、柠檬汁、凉开水、冰块

做法 1.西瓜、香瓜、鲜桃分别去皮、核，切块，加入蜂蜜和凉开水混合，一同放入果汁机中搅碎，过滤成果汁。

2.在果汁中加入柠檬汁及冰块，搅匀，加以装饰即可饮用。

营养功效

清热消暑，生津解渴。

水蜜桃苹果汁 难易度 |.▂▃▅

原料 水蜜桃、苹果各150克

调料 柠檬汁

做法 1.水蜜桃洗净,切小块。苹果洗净,去皮、核,切成同样大小的块。

2.水蜜桃与苹果同放入榨汁机中榨出果汁,再加入柠檬汁,搅匀即可。

鲜榨草莓汁 难易度 |.▂▃▅

原料 草莓150克

调料 蜂蜜、冰块、冰水

做法 1.草莓洗净去蒂,放入搅拌机中,加入蜂蜜、冰块、冰水搅拌均匀。

2.将榨好的果汁倒入杯中,加以装饰即可。

爱心提醒

草莓中含草酸钙较多,尿路结石病人不宜多吃。

猕猴桃菠萝汁 难易度 |.▂▃▅

原料 猕猴桃、菠萝各150克

调料 乳酸饮料、蜂蜜

做法 1.将猕猴桃洗净去皮,切块。菠萝洗净,去皮去硬心,切块。

2.猕猴桃、菠萝与乳酸饮料一起放入果汁机中榨出果汁,加入蜂蜜,搅匀即可。

营养功效

开胃消暑,镇静除烦。

荔枝苹果鲜汁 难易度 |.▂▃▅

原料 荔枝100克,苹果250克

调料 蜂蜜、冰水

做法 1.苹果洗净,去皮、核,切块。荔枝去壳,去核,取肉。

2.将荔枝、苹果和冰水一起放入果汁机中,搅拌成果汁,再加入蜂蜜,拌匀即可。

营养功效

补中益气,生津解渴。

夏威夷蜜茶 难易度 |.ııll

原料 凤梨、柠檬各100克，柠檬片1片，冰淇淋球1个

调料 蜂蜜、冰红茶、冰块

做法 1.凤梨、柠檬去皮、核，切块。

2.凤梨、柠檬、冰淇淋球、蜂蜜、冰红茶、冰块放入果汁机中，搅拌均匀，倒入杯中，加柠檬片装饰即可。

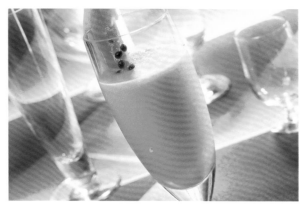

香蕉黛克瑞 难易度 |.ııll

原料 柠檬汁45毫升，香蕉1根，糖水20毫升，冰块适量

做法 1.在搅拌机内加入香蕉、柠檬汁、糖水、冰块，搅拌均匀。

2.将搅拌好的混合饮料倒入杯内，在杯壁装饰香蕉片即可。

香蕉奶昔 难易度 |.ııll

原料 牛奶120毫升，香蕉、香草冰淇淋球各1个

调料 蜂蜜、冰块

做法 1.将香蕉去皮，切成块，待用。

2.将香蕉块、牛奶、蜂蜜、香草冰淇淋球加入搅拌机中，再加入冰块，搅拌均匀，倒入杯中，加以装饰即可。

木瓜草莓奶昔 难易度 |.ııll

原料 木瓜150克，牛奶90毫升，香草冰淇淋球1个

调料 冰块、糖水、草莓果酱

做法 1.将木瓜、牛奶、香草冰淇淋球、糖水、冰块放入搅拌机内，搅拌均匀，待用。

2.将搅拌好的奶昔倒入杯内，淋少许草莓果酱，再用木瓜加以装饰即可。

营养功效

含丰富的维生素、蛋白质，既补充营养，又促进食欲。

莲藕苹果汁 难易度 | ▁▃▅▇

原料 莲藕150克，苹果1个

调料 柠檬汁

做法 1.将莲藕洗净，去皮切片。苹果去皮、核，切块。

2.莲藕与苹果一起放入榨汁机中，加入约80毫升凉开水，榨出汁。

3.将榨好的汁过滤，倒入杯中，加入柠檬汁，搅匀即可。

蔬菜精力汁 难易度 | ▁▃▅▇

原料 青苹果150克，西芹60克，小黄瓜、苦瓜、青椒各适量

调料 蜂蜜、冰水、碎冰

做法 1.青苹果去皮、核，西芹洗净切段，小黄瓜洗净，苦瓜洗净去瓤，青椒洗净去籽。将所有处理好的蔬果切小块。

2.将所有原料放入榨汁机中，搅拌30秒，再用过滤网滤入杯中，加蜂蜜、冰水搅匀，投入碎冰即可。

排毒果蔬汁 难易度 | ▁▃▅▇

原料 芹菜、猕猴桃、菠菜、黄瓜各50克

调料 糖水、柠檬汁、碎冰

做法 1.将芹菜、猕猴桃、菠菜、黄瓜洗净，切块。

2.洗好的水果、蔬菜放入榨汁机内，加入糖水、柠檬汁、碎冰，搅匀倒入杯中即可。

爱心提醒 🔍

挑选菠菜以菜梗红短、叶子新鲜有弹性的为佳。肠胃虚寒腹泻者少食，肾炎和肾结石患者不宜食。

健康果蔬汁 难易度 | ▁▃▅▇

原料 胡萝卜、苹果各60克，苹果汁、柠檬汁各适量

调料 蜂蜜、碎冰

做法 1.苹果及胡萝卜洗净去皮，切成小块。

2.上述用料放入榨汁机中搅打30秒钟，用过滤网过滤。将果汁倒入杯中，加入苹果汁、柠檬汁、蜂蜜搅匀，投入碎冰即可饮用。

营养功效 🥄

胡萝卜富含维生素A，其具有保护上皮组织、防止呼吸道感染、保护视力、增强人体免疫力及抗癌等作用。

胡萝卜西瓜汁 难易度 |.ıllı

原料 胡萝卜、西瓜各200克

调料 蜂蜜、柠檬汁、碎冰

做法 1.将西瓜去皮，去子。胡萝卜洗净，切成块。西瓜和胡萝卜一起放入榨汁机中，榨成鲜汁。

2.将鲜汁倒入杯中，加入蜂蜜和柠檬汁搅匀，投入碎冰即可。

营养功效

清热解暑，除烦止渴，健脾消食。

番茄菠萝鲜汁 难易度 |.ıllı

原料 番茄、菠萝各200克

调料 蜂蜜、冰水

做法 1.将菠萝洗净，削皮，去掉里面的硬心，切成块。

2.番茄洗净，与冰水一起放入榨汁机中榨出果汁，再加入菠萝一起榨汁，加入蜂蜜，搅匀，倒出，即可饮用。

番茄胡萝卜苹果汁 难易度 |.ıllı

原料 苹果250克，胡萝卜、番茄各150克

调料 柠檬汁

做法 1.苹果去皮、核，切成块。番茄去蒂，切成块。胡萝卜切成块。

2.将番茄、苹果、胡萝卜一同放入榨汁机中，榨出果汁，倒入杯中。

3.杯中加入柠檬汁，搅拌均匀即可。

香瓜胡萝卜鲜汁 难易度 |.ıllı

原料 香瓜200克，胡萝卜100克

调料 蜂蜜、柠檬汁

做法 将胡萝卜洗干净，切成小块。香瓜洗干净，削皮去瓤，与胡萝卜一起放入榨汁机中，榨成鲜汁，再加入蜂蜜和柠檬汁，搅匀即可。

爱心提醒

适宜夏季烦热口渴者、口鼻生疮者食用。

综合热水果茶 难易度 |.ıı|

(原料) 热红茶1杯，苹果、金橘、奇异果各适量

(调料) 柠檬片、方糖

(做法) 1.将各种水果洗净后加工成块状。

2.将各种水果块放入热红茶中浸泡出水果香味，加入柠檬片。

3.饮用前加入方糖搅拌均匀即可。

热柠檬红茶 难易度 |.ıı|

(原料) 热红茶1杯，柠檬片2~3片

(调料) 方糖

(做法) 1.将热红茶倒入杯内。

2.加入柠檬片，浸泡片刻。

3.饮用前加入方糖搅拌均匀即可。

龙眼蜜茶 难易度 |.ıı|

(原料) 热红茶1杯，鲜龙眼50克

(调料) 蜂蜜

(做法) 1.将热红茶倒入杯内。鲜龙眼去壳，备用。

2.红茶内加入鲜龙眼、蜂蜜，搅拌均匀即可。

爱心提醒 🔍

挑选龙眼时须注意：新鲜的龙眼剥开时果肉透明、无薄膜，无汁液流出。

蓝莓情深 难易度 |.ıı|

(原料) 蓝莓茶15克，柠檬片适量

(调料) 冰糖

(做法) 1.将蓝莓茶用开水冲开。

2.加入冰糖、柠檬片调匀即可。

营养功效 🥄

蓝莓含有丰富的花青甘色素。花青甘色素有很好的抗氧化能力，可以保持皮肤的光滑及弹性。

Part **5**

家有 贵客

JIAYOUGUIKE

　　家里要来客人了，如何招待呢？菜品的搭配是一门学问。本篇章按照宾客人数的多少，为您推荐了5款经典搭配。当然，您还可根据宾客的饮食习惯进行调整，让您的款待更加完美。

凉菜　海米拌西蓝花

主菜　梅菜扣肉

热菜　彩椒炒木耳

汤煲　鱼片香汤

主食　广式腊肠卷

海米拌西蓝花 难易度 |.ⅲ

原料　西蓝花1棵，海米30克

调料　盐、味精、植物油、香油

做法
1. 海米洗净，用温水泡软。西蓝花洗净，用刀切成小朵。
2. 西蓝花放开水锅焯1分钟，捞出控除水分。把泡软的海米和西蓝花同入不锈钢盆中，调入盐和味精，滴香油，拌匀。
3. 西蓝花海米码放到圆碗中，稍压。将圆碗扣在盘子上，取出碗即可。

鱼片香汤 难易度 |.ⅲ

原料　鲈鱼200克，胡萝卜100克

调料　高汤、香菜梗、姜片、葱白、盐、料酒

做法
1. 鲈鱼宰杀，处理干净，斩掉头，剔骨，取鱼肉切片。葱白切丝。胡萝卜去皮，切丝。香菜梗洗净切段。将葱丝、胡萝卜丝、香菜梗加少许盐拌匀，待用。
2. 汤锅中加8杯高汤煮沸，下入鱼片、姜片，烹入料酒，将鱼片煮熟，以盐调味，撒入拌好的三丝稍煮即可。

彩椒炒木耳 难易度 | ▂▃▅

原料 彩椒200克，水发木耳20克，火腿50克

调料 色拉油、盐、味精、蚝油、蒜蓉、姜末、老陈醋、白糖、水淀粉

做法 1.彩椒、水发木耳洗净，切块。火腿切成丁备用。

2.炒锅上火，倒入色拉油烧热，下蒜蓉、姜末爆香，下入彩椒、木耳煸炒至八成熟，调入老陈醋、蚝油、盐、味精、白糖炒至成熟，再调入水淀粉，快速翻炒均匀，撒入火腿丁，装盘即可。

梅菜扣肉 难易度 | ▂▃▅

原料 五花肉300克，干梅菜、青椒各150克

调料 料酒、白糖、老抽、柱侯酱、葱、姜、植物油

做法 1.将五花肉蒸熟。料酒、白糖、老抽入容器中调成味汁。

2.梅菜洗净切碎，入锅中煸干。五花肉趁热抹上老抽，炸至上色，捞出。

3.锅加油，炒香葱姜蒜末，下柱侯酱，放五花肉片炒匀，摆在碗中，盖上梅菜，将调汁浇原料上，蒸2小时，取出扣盘中，边围青椒片即可。

爱心提醒 🔍

　　梅菜浓郁芳香，可吸收五花肉的油分，而五花肉又带着梅菜的清亮，两者搭配相得益彰。

广式腊肠卷 难易度 | ▂▃▅

原料 面粉250克，腊肠100克

调料 酵母

做法 1.将适量酵母用35℃的温水融化，调匀待用。面粉放入容器中，慢慢地加酵母水和适量清水，搅拌均匀，揉成面团，搓条，下剂子，搓成细条。

2.腊肠洗净，切成5厘米左右的段。将搓好的面条一圈圈地缠绕在腊肠上，制成腊肠生坯，醒发15分钟待用。

3.将腊肠生坯放入蒸锅内蒸熟即可。

爱心提醒 🔍

　　腊肠为我国南方地区常见的食品，是把猪肉放入猪大肠制成的肠衣，经过压缩、脱水及晒干等程序制成。

3~4人套餐 A

凉菜　盐水西芹　　　主菜　山药烧仔鸡　　　热菜　炝锅鲅鱼　　　热菜　香菇土豆炖肉

汤煲　银耳白肺　　　甜点　金豆糕　　　主食　家常肉丝炒面　　　饮品　火龙果胡萝卜汁

盐水西芹 难易度 ▮▮▮▮

原料 西芹200克

调料 虾油、盐水

做法 1.西芹切细丝，用清水略泡。

2.把西芹丝浸入虾油盐水中，置于冰箱内，腌渍5小时后即可食用。

营养功效

西芹含有大量的钙质，能够起到补钙的作用。此外，西芹中还含有钾，可减少身体的水分积聚。

山药烧仔鸡 难易度 ▮▮▮▮

原料 童子鸡1只，山药200克，木耳、胡萝卜各50克

调料 葱段、姜块、八角、酱油、植物油

做法 1.山药去皮洗净，切成段，焯水后捞出沥干。

2.将童子鸡宰杀，去毛洗净，挖去内脏，剁成小块，待用。

3.炒锅置火上，加油烧至八成热，放入鸡块，加酱油煸炒至上色，再加水、葱段、姜块、八角，用小火烧至八成熟，放入山药、木耳烧熟，出锅装盘即可。

炝锅鲅鱼 难易度 |.ı.ıı

原料 鲅鱼1条

调料 花生油、干辣椒、花椒、青红椒、香葱、蒜、盐、味精、鸡精、白糖、胡椒粉、干粉

做法 1.鲅鱼洗净，片成鱼片，拍干粉，入油锅炸至呈金黄色，待用。

2.锅中放入少许花生油，再放入姜、蒜略炒几下，再加入花椒、干辣椒、青红椒、香葱炒香，加入炸好的鲅鱼片，调入调料，起锅即成。

香菇土豆炖肉 难易度 |.ı.ıı

原料 猪肉250克，水发香菇75克，土豆75克，肉汤500克，酱油40克

调料 盐、味精、葱段、姜片、八角

做法 1.香菇泡发洗净，切开，焯水。猪肉切成3厘米见方的块，余水后捞出。土豆去皮，切成滚刀块。

2.锅置火上，加入肉汤、葱段、姜片、八角、酱油、盐烧沸，放入猪肉块，改小火炖1小时，放入香菇、土豆块，继续小火炖20分钟，调入味精出锅装碗即成。

银耳白肺 难易度 |.ı.ıı

原料 银耳50克，新鲜猪肺500克

调料 葱、姜、料酒、盐、味精、胡椒粉、味精

做法 1.将鲜猪肺反复冲洗数次，洗净后放锅内，加葱、姜、料酒、清水煮至熟烂，剔下筋络和器官，切成蚕豆大小的块，用水浸泡。

2.将银耳用温水泡发，择洗干净，择成小朵。

3.银耳、猪肺放容器内，加清汤、料酒、盐、味精、胡椒粉、味精，密封后入笼蒸1小时即可。

火龙果胡萝卜汁 难易度

原料 火龙果250克，新鲜胡萝卜50克

做法
1. 火龙果洗净，去皮，切小丁；胡萝卜洗净，切小丁。
2. 将火龙果丁和胡萝卜丁一同放入榨汁机中，将榨汁盛出装杯中即成。

营养功效

火龙果具有排毒解毒、保护胃壁、抗衰老、预防脑细胞变性、美白皮肤等功效。

家常肉丝炒面 难易度

原料 鸡蛋面150克，猪里脊肉100克，香菇3朵，胡萝卜50克

调料 葱、酱油、淀粉、盐、植物油、胡椒粉

做法
1. 猪里脊肉洗净切丝，放入碗中，加酱油、淀粉抓拌均匀，腌制10分钟；葱洗净切段；胡萝卜去皮洗净，切丝；香菇冲洗净，用水泡软，切丝，保留浸泡的汁。
2. 烧开半锅水，放入鸡蛋面煮熟，捞出沥干水分。
3. 锅入3大匙植物油烧热，爆香葱段，放入肉丝、香菇丝及胡萝卜丝炒香，加入酱油、盐、胡椒粉、香菇汁煮开，再加入鸡蛋面翻炒，待汤汁快收干时即可盛出。

金豆糕 难易度

原料 糯米粉100克，澄粉、熟玉米粒各30克，蜜枣馅300克，朱古力彩针适量

调料 白糖、熟猪油

做法
1. 糯米粉放入盆内，加入澄粉、熟猪油、白糖和适量清水调拌匀，搓透，揉成面团，稍醒。
2. 将醒好的面团搓条，每15克下1剂，压扁，包入蜜枣馅，搓成圆球状，上屉旺火足汽蒸8分钟至熟透，取出滚上熟玉米粒，撒少许朱古力彩针，装盘即可。

营养功效

糯米含有蛋白质、脂肪、钙、镁、磷、维生素B$_1$、维生素B$_2$、等营养物质，为温补强壮食品。

3~4人套餐 B

凉菜　老厨八带鱼	主菜　小笼荷香牛腩

热菜　冬笋肉丝

热菜　豆豉炒青椒

汤煲　榨菜肉丝汤　　甜点　德式苹果派　　主食　肉末打卤面　　饮品　菠萝茶

老厨八带鱼 难易度 |▂▃▅

原料　八带鱼250克，仙笋75克

调料　盐、味精、白糖、剁椒、辣椒油、老陈醋、葱、香油

做法　1.将八带鱼宰杀治净，改刀切片，备用。

　　　2.将八带鱼入锅内汆至成熟，捞起装盘，凉透，同仙笋一同装盘，备用。

　　　3.将盐、味精、白糖、剁椒、辣椒油、老陈醋、葱、香油调开，浇在八带鱼上，拌匀即成。

爱心提醒

　　八带鱼一定要煮熟后再食用，以杀灭细菌。若用于凉拌，煮熟后须立即放入冰水中，以保持其爽脆口感。

小笼荷香牛腩 难易度 |▂▃▅

原料　牛腩300克，荷叶1张，胡萝卜、洋葱各适量

调料　干辣椒、冰糖、味精、盐、番茄酱、香料、老抽、料酒、花生油、香菜末

做法　1.牛腩改成块，入沸水汆透。胡萝卜、洋葱切块，荷叶泡软。

　　　2.锅中入油烧热，下干辣椒炸香，烹入料酒，加水后倒入牛腩块，加洋葱、胡萝卜和其余调料，大火烧开，转小火将牛腩焖至熟透入味。

　　　3.荷叶修成圆形，铺在笼底，放上牛腩，蒸10分钟至荷香渗入牛腩中，撒香菜末即可。

211

豆豉炒青椒 难易度 |

（原料）青红椒300克，豆豉25克

（调料）葱花、蒜末、花椒粉、盐、鸡精、植物油

（做法）1.青红椒洗净，去蒂除籽，切块。

2.锅入油烧至六成热，放入葱花、蒜末、花椒粉、豆豉炒香，再将青椒块倒入锅中，翻炒3分钟，用盐和鸡精调味即可装盘。

爱心提醒 🔍

　　豆豉按加工原料，可分为黑豆豉和黄豆豉；按口味，可分为咸豆豉和淡豆豉。

冬笋肉丝 难易度 |

（原料）猪腿肉、净冬笋各200克

（调料）蛋清、花生油、盐、白糖、酱油、干淀粉、味精、料酒、水淀粉、鲜汤

（做法）1.将猪腿肉洗净后切成细丝，冬笋切成同肉丝一样的丝。把肉丝放入小碗中，加盐、味精、蛋清、干淀粉和水，拌匀上浆。

2.将炒锅置火上烧热，注入花生油烧至五成热，下入肉丝滑散，捞出控油。

3.原锅留油烧热，下笋丝煸炒，烹料酒，下酱油、盐、白糖及鲜汤，再下肉丝炒匀，加味精，用水淀粉勾芡，淋香油，起锅即成。

德式苹果派 难易度 |

（原料）面粉、片状黄油各100克，鸡蛋、苹果、柠檬、葡萄干各适量

（调料）盐、沙糖、桂皮粉

（做法）1.面粉中加盐和鸡蛋，再加水和成面团，与黄油一起放入冰箱冷藏1小时。

2.苹果切丝，拌入糖，加桂皮粉、柠檬汁、葡萄干拌成馅。面团擀长方形，包黄油，擀叠3次。

3.面片切长条，两边涂蛋液，中间放苹果馅，盖上长条，再涂蛋液，放苹果馅，再盖长条，两边压贴，边缘刻花，表面涂蛋液，切块，烤熟即可。

榨菜肉丝汤 难易度 |.ııll

原料 猪瘦肉200克，榨菜150克

调料 肉骨汤、料酒、熟猪油、盐、味精

做法 1.猪瘦肉切成丝，加入料酒、熟猪油拌匀。

2.榨菜略洗，切成丝。

3.炒锅置火上，加入肉骨汤煮沸，放入榨菜丝、肉
丝滑散煮沸，加盐、味精调味，起锅盛入汤碗中
即可。

肉末打卤面 难易度 |.ııll

原料 挂面150克，猪肉馅100克

调料 葱花、姜末、干红辣椒段、花椒粉、豆瓣酱、鸡
精、香油、植物油

做法 1.汤锅置火上，倒入适量清水烧沸，下入挂面煮
熟，捞出，拌入少许香油。

2.炒锅置火上，入油烧至七成热，放入葱花、姜
末、干红辣椒段和花椒粉炒香。

3.锅内再倒入猪肉馅炒至肉色变白，加适量豆瓣酱
翻炒均匀，淋入适量清水熬煮至酱汁黏稠，用鸡
精调味，盛出，浇在煮好的挂面上即可。

菠萝茶 难易度 |.ııll

原料 菠萝肉100克，菠萝汁3大匙，柠檬汁1小匙

调料 蜂蜜1大匙，红茶1包

做法 菠萝肉切片，加适量水煮10分钟，再加入菠萝
汁、柠檬汁、蜂蜜、红茶，离火拌匀，泡5分钟后
滤汁，倒杯中即可。

爱心提醒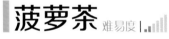

菠萝中含有一种酶，如果直接食用，可能会引发腹
泻、呕吐等症状，对口腔粘膜和嘴唇的表皮产生刺激。如
果将菠萝用盐水泡一下再吃，则可避免过敏的问题，并能
使菠萝的口感更加香甜。

5~6人套餐

凉菜　老醋拌苦菊　　　　凉菜　生菜拌鸡丝　　　　主菜　红薯排骨

热菜　蛤蜊荭瓜饼　　　　热菜　辣煸黄鳝　　　　　热菜　香辣河虾

汤煲　花生牛腱汤　　甜点　苹果酥派　　主食　水晶饺　　饮品　木瓜奶茶

蛤蜊荭瓜饼 难易度 |

原料 蛤蜊200克，荭瓜100克，鸡蛋2个

调料 盐、味精、胡椒粉、面粉

做法
1. 蛤蜊洗净，入微波炉高火加热6分钟，取出后剥出蛤蜊肉。
2. 荭瓜洗净切丝，加入鸡蛋液、盐、味精、胡椒粉、面粉、蛤蜊肉搅匀。
3. 煎饼铛预热至180℃，放入搅好的主料，盖上盖煎至熟，取出改刀即可。

生菜拌鸡丝 难易度 |

原料 熟鸡肉150克，生菜200克，火腿100克

调料 芝麻酱、鲜汤、盐、味精、白糖、姜末、香油、白芝麻

做法
1. 生菜洗净，切成丝，放入盘中。
2. 把熟鸡肉、火腿均切成丝，放生菜上。
3. 芝麻酱放小碗内，加鲜汤、盐、味精、白糖、姜末、香油搅匀，调好口味，浇在原料上，撒芝麻，吃时拌匀即可。

老醋拌苦菊 难易度 |.ıll

原料 苦菊200克，油炸花生50克

调料 陈醋、蜂蜜、蒜蓉、白糖、盐、味精、香油

做法 1.苦菊择洗干净，撕成段，沥干水分。

2.将蒜蓉、陈醋、蜂蜜、白糖、盐、味精、香油调成味汁。

3.将苦菊与炸花生米放入容器中，倒入味汁，用筷子搅拌均匀，装入盘中即成。

红薯排骨 难易度 |.ıll

原料 猪肋排500克，地瓜150克

调料 色拉油、盐、味精、酱油、白糖、葱、姜、蒜、香菜段

做法 1.地瓜去皮洗净，切块。猪肋排洗净，剁块，汆水，倒入高压锅中火压制5分钟，捞起备用。

2.地瓜块入油锅炸熟，捞出。葱姜蒜爆香油锅，烹酱油，加水、盐、白糖、味精烧沸，下猪肋排、地瓜，小火烧3分钟，出锅撒香菜段即可。

辣煸黄鳝 难易度 |.ıll

原料 鳝片300克，彩椒20克

调料 色拉油、盐、味精、绍酒、淀粉、葱姜蒜末、川椒、花椒

做法 1.将鳝片洗净切段，调入盐、味精、绍酒腌渍5分钟，加入淀粉拍匀。彩椒去蒂、籽，切条。

2.将鳝片入七成热的油中炸至酥脆，捞起备用。

3.锅内留底油，下葱姜蒜末、川椒、花椒爆香，放入鳝片、彩椒迅速煸炒均匀即可。

香辣河虾 难易度 |.ıll

原料 河虾200克，尖椒50克

调料 色拉油、盐、味精、葱姜蒜末、花椒、辣椒油、淀粉

做法 1.将河虾洗净，调入盐、味精腌渍入味，加入淀粉拍匀。尖椒洗净，去蒂、籽，切条。

2.将河虾炸至酥脆时捞起，控净油。

3.锅入色拉油烧热，下葱姜蒜末、花椒爆香，放入河虾、尖椒，调入辣椒油，翻炒均匀即可。

花生牛腱汤 难易度 |.ıllı

原料 花生仁50克，牛腱子肉250克

调料 香菜碎、葱段、姜片、花椒粉、枸杞子、盐、鸡精、植物油

做法 1.花生仁拣去杂质，洗净；牛腱子肉洗净，切块，放入沸水中汆煮5分钟，捞出。

2.汤锅置火上，倒入适量植物油，待油温烧至七成热，放入葱段、姜片和花椒粉炒香，倒入牛肉块和花生仁翻炒均匀，加适量清水和枸杞子煮至牛肉熟烂，用盐和鸡精调味，撒上香菜碎即可。

苹果酥派 难易度 |.ıllı

原料 苹果200克，面粉100克，鸡蛋液50克，芝麻、酥皮油（玛琪琳）各适量

调料 柠檬黄色素、白糖

做法 1.苹果切小丁，用白糖拌匀，制成苹果馅。

2.将面粉、鸡蛋液、水、色素混合搅匀成面团，醒15分钟后下剂，擀皮，包入酥皮油，擀成酥皮，待用。

3.将酥皮擀到0.3厘米厚，切成正方形，包入苹果馅，表面刷蛋液，撒芝麻，入烤箱烤熟即可。

水晶饺 难易度 |.ıllı

原料 澄面150克，猪瘦肉100克，生粉、芹菜梗各50克，鲜香菇25克

调料 盐、鸡精、料酒、植物油、香油

做法 1.将澄面和生粉混合均匀，倒入沸水，将其烫至八成熟，冷却后加入少许植物油，揉匀。

2.猪瘦肉、芹菜梗、香菇分别切丁，混合均匀成馅料，倒入除香油以外的所有调料，拌匀待用。

3.面团揪成剂子，下剂，擀皮，包入馅料，入蒸锅，水开后蒸约8分钟，取出，刷一层香油即可。

木瓜奶茶 难易度 |.ıllı

原料 牛奶100克，木瓜粉40克，热红茶20克，方糖1块，鲜水果少许

做法 1.将牛奶加热，备用。

2.在牛奶中加入木瓜粉、热红茶调匀，加入方糖搅拌均匀。

3.以少许鲜水果加以装饰即可。

7~8人套餐

凉菜 老醋花生仁　凉菜 彩椒羊肉　凉菜 凉拌海肠　主菜 香酥鸡

主菜 啤酒炸舌头鱼　热菜 川味牛柳　热菜 芸豆鲜蘑　热菜 煎酿苦瓜　热菜 油焖茭白

汤煲 干白菜豆腐酱汤　汤煲 开锅余泡汤　甜点 红薯绿豆卷　主食 三丝拌面　饮品 凤梨油菜汁

老醋花生仁 难易度 |..ıl

原料 花生仁250克，彩椒50克，洋葱20克

调料 色拉油、蚝油、辣椒油、鸡粉、白糖、老陈醋、香菜段

做法
1. 锅内入色拉油烧热，入花生仁炸透晾凉；彩椒、洋葱均切成圈，备用。
2. 在盛器内调入蚝油、鸡粉、白糖、老陈醋搅匀，倒入花生仁、彩椒、洋葱，拌匀装盘，撒入香菜段即成。

彩椒羊肉 难易度 |..ıl

原料 熟羊肉250克，彩椒50克，香菜10克

调料 盐、味精、香醋、胡椒粉、香油

做法
1. 将熟羊肉切薄片。彩椒洗净，去籽切丝。香菜择洗净，切段备用。
2. 熟羊肉倒入盛器内，调入盐、味精、香醋、胡椒粉、香油，再加彩椒、香菜，拌匀即成。

凉拌海肠 难易度 |.ⅡⅡ

原料 海肠350克，香葱100克

调料 盐、味精、香醋、酱油、香油

做法
1. 将海肠宰杀治净，切成段；香葱切段，装入盘内，待用。
2. 炒锅上火倒入水，下入海肠汆至成熟，捞起过凉，控净水分，盖在香葱上，待用。
3. 取一小碗，调入盐、味精、香醋、酱油、香油搅匀，浇在盘内海肠上，食用时搅匀即成。

香酥鸡 难易度 |.ⅡⅡ

原料 净仔鸡1只（重约800克）

调料 葱段、姜片、料酒、酱油、花椒、桂皮、椒盐、八角、植物油

做法
1. 净仔鸡洗净，用料酒和酱油涂抹鸡身内外，将花椒、葱段、姜片、桂皮、八角塞入鸡腹内，腌渍入味，入蒸锅蒸至软烂，去除调料。
2. 锅入油烧至五成热，放入蒸熟的仔鸡炸至金黄色，捞出沥油，摆入盘内，蘸椒盐食用即可。

啤酒炸舌头鱼 难易度 |.ⅡⅡ

原料 舌头鱼2条，面粉50克

调料 啤酒、香炸粉、淀粉、蛋清、盐、椒盐、油

做法
1. 舌头鱼去鳃、肠、肚和外皮，洗净，加盐略腌。
2. 将香炸粉、面粉、淀粉混合在一起，加蛋清、盐、啤酒，调成糊。
3. 将腌好的鱼拍一层干淀粉，挂啤酒糊，入六成热的油锅中，炸至呈金黄色且成熟时捞出沥油，食用时蘸椒盐即可。

川味牛柳 难易度 |.ⅡⅡ

原料 牛肉350克，彩尖椒块100克，洋葱块50克

调料 色拉油、盐、味精、郫县豆瓣酱、鸡蛋清、干淀粉、白糖

做法
1. 牛肉洗净，切成片，加鸡蛋清、干淀粉抓匀，待用。牛肉片入三成热的油锅中滑散，捞出沥油。
2. 锅内留少许底油，放入豆瓣酱煸香，下入牛肉、彩尖椒、洋葱，调入盐、白糖、味精翻炒均匀，出锅装盘即可。

芸豆鲜蘑 难易度 |￪￪￪

原料 芸豆200克，蘑菇100克

调料 色拉油、盐、味精、生抽、蒜、姜、香油

做法
1. 芸豆洗净，切段。蘑菇洗净，切成条备用。
2. 炒锅上火，倒入水烧沸，下入蘑菇焯水，捞出控净水分，备用。
3. 净锅上火，倒入色拉油烧热，下入蒜、姜爆香，倒入芸豆炒至八成熟，调入盐、生抽、味精，再下入蘑菇炒熟，淋香油，装盘即可。

煎酿苦瓜 难易度 |￪￪￪

原料 苦瓜200克，肉馅100克，尖椒末20克

调料 蚝油、味精、豆豉、酱油、香油、蒜蓉、湿淀粉

做法
1. 苦瓜洗净，切成直径2厘米的环，去掉内瓤，用沸水烫一下。
2. 苦瓜环中酿入肉馅，备用。
3. 锅内加蚝油烧热，放入苦瓜慢火煎熟，放入蒜蓉、尖椒末、豆豉，加少许鲜汤、酱油烧透，用湿淀粉勾芡，淋香油出锅即可。

油焖茭白 难易度 |￪￪￪

原料 鲜嫩茭白400克

调料 姜米、葱花、盐、味精、香醋、酱油、白糖、料酒、湿淀粉、花生油、黄豆汤

做法
1. 茭白洗净，改到切一字条，用刀拍松。
2. 锅置火上，加适量油烧至六成热，入茭白炸至金黄色且稍有卷起时，倒入漏勺沥油。
3. 锅置火上，煸香姜米，入黄豆汤，加盐、酱油、白糖、料酒，倒入茭白稍焖，待汤汁将干时翻匀，加香醋、味精、勾芡，撒葱花，装盘即成。

干白菜豆腐酱汤 难易度 |￪￪￪

原料 干白菜、豆腐各200克，红椒50克

调料 醋、味精、白糖、大豆酱、料酒、牛骨汤、花生油

做法
1. 干白菜洗净，用温水泡软，放入沸水中焯水，捞出切段备用。豆腐切小方块，红椒去籽切丁。
2. 锅内加油烧热，下入葱花、干白菜、红椒丁、料酒、醋、大豆酱翻炒，再加入牛骨汤、豆腐、味精、白糖，煮至入味后出锅即可。

开锅氽泡汤 难易度 |．ₐₗₗₗ

原料 瘦猪肉150克，粉丝50克，番茄300克

调料 盐、味精、葱末、姜末、料酒、香油、高汤、蛋清、淀粉

做法 1.将猪肉切成细丝，放入碗中，加蛋清、淀粉拌匀，下入沸水锅中氽一下，捞出。

2.将番茄去皮，切成丝，粉丝用温水泡软。

3.锅内加高汤烧沸，加粉丝、葱末、姜末、料酒烧沸，再加入肉丝、番茄丝，加味精、盐出锅，淋上香油即可。

三丝拌面 难易度 |．ₐₗₗₗ

原料 挂面100克，黄瓜50克，火腿25克，鸡蛋1个

调料 酱油、醋、白糖、盐、香油、芝麻酱

做法 1.黄瓜洗净，切丝；鸡蛋洗净，打散，用不粘锅煎成薄蛋皮，切细丝；火腿切丝。

2.锅加水烧沸，煮熟挂面，捞出过凉，用香油拌匀。

3.将酱油、醋、白糖、盐及用水调稀的芝麻酱放入碗中，调成调味汁。

4.在煮熟的挂面上撒上黄瓜丝、蛋皮丝、火腿丝，淋上调好的调味汁即可。

红薯绿豆卷 难易度 |．ₐₗₗₗ

原料 红薯300克，面粉150克，绿豆80克，蛋黄适量

调料 黄油、蜂蜜、植物油

做法 1.将红薯洗净，去皮，切大块，蒸熟，做成红薯泥；绿豆煮熟，做成绿豆馅，入油锅稍炒一下。

2.红薯泥中加入融化的黄油、蛋黄拌匀，再以2：1的比例加入面粉，搅拌均匀，放在保鲜膜中，压成圆片，铺上绿豆馅后卷成卷，表面刷一层蛋黄，放在刷了油的烤盘上，放入烤箱中烤10分钟，食用时淋入蜂蜜即可。

凤梨油菜汁 难易度 |．ₐₗₗₗ

原料 菠萝半个，油菜50克

调料 柠檬汁适量

做法 1.菠萝去皮，切成小块。油菜洗净，切段。

2.将菠萝、油菜一起放入榨汁机中，榨出鲜汁，倒入杯中，加入柠檬汁，搅匀即可。

营养功效 🥄

补充B族维生素、维生素C、胡萝卜素和钙质，长期饮用可辅助治疗便秘，防止形成黑斑、雀斑，使肌肤白皙。

Part **6**

营养 早餐

YINGYANGZAOCAN

　　"一年之计在于春,一日之计在于晨。"早餐对于我们每个人来说,都是健康的开始。早餐对于维持人体机能,保障身体健康,提高学习、工作效率等,至关重要。本篇章以套餐的形式为您呈上8款套餐,帮您开启美好的一天。

健康早餐诀窍

一日之计在于晨，早餐是一天中的第一餐。生活中，不少人认为早餐并不重要，只是随便吃点就草草了事。殊不知对早餐草率、马虎的安排，不但对人体健康危害极大，而且还容易影响一天的正常工作和生活。对孩子来讲，不科学的早餐安排会影响记忆力和思维能力，对身体和学习发展极为不利；对上班族来讲，每天都有一定的工作压力，要求我们必须保证有一顿营养丰富、方便制作的早餐。早餐吃得好，就相当于给新的一天开了一个好头，为我们"天天向上"保驾护航。

健康早餐的五要素

1.时间安排要合理

时间要最佳：一般正常情况下，起床后经过30分钟活动再吃早餐为宜。医学研究证明，7点到8点吃早餐最合适，因为这时人的食欲最旺盛。早餐与中餐以间隔4~5小时为好。如果早餐吃得较早，那么数量应该相应增加或者将午餐相应提前。

2.早餐前要喝水

早餐前应先喝水，人经过一夜睡眠，皮肤、呼吸、排泄均消耗了大量的水分和营养，早餐起床后处于一种生理性缺水状态。如果只进食常规早餐，远远不能补充生理性缺水。因此，早上起来不要急于吃早餐，而应立即饮500~800毫升温开水，既可补充夜间流失的水分，还能清理肠道。但不要在吃早餐前喝过多的水。

3.热量供给要适当

早餐食谱中的各种营养素的量，一般应占全天供给总量的30%左右。其中对在中、晚餐中可能供给不足的营养素，如维生素B_1等，早餐应适量增加。且做到粗细搭配，使食物蛋白质中的8种必需氨基酸组成比例更趋平衡，营养互补。

4.烹调要讲究

早餐烹调既要考虑每个人的不同生理特点，又要考虑每个人的不同喜好，最好是热的稀饭、燕麦片、豆浆、牛奶、咖啡和茶等热食，切忌喝冰咖啡、冰红茶、冰果汁等凉食，油炸食品要少吃。

5.酸碱食物要搭配适当

不少人早餐习惯只吃馒头、油炸食品、豆浆。虽然上述食品富含碳水化合物及蛋白质、脂肪，但均为酸性食物，若酸性食物在膳食中超量，容易导致血液偏酸性，引起体内酸碱平衡失调，容易出现头晕、疲乏等症状。但若能吃些蔬菜、水果等碱性食物，就能达到膳食酸碱平衡及营养素的平衡。

运动减脂早餐指导

现代人尤其是年轻女性普遍追求"君子好逑"的窈窕身材，并为此尝尽了花样繁多的所谓"快速瘦身法"。结果，瘦是瘦了，可身体却也折腾得弱不禁风。因此说到底，想瘦身，还应遵循"科学"二字，还是需要"运动+饮食"双管齐下，效果才会最佳。至于如何科学安排运动，我们可以从很多渠道获得，这里重点对运动减脂早餐给大家出一些建议。

首先，需要从思想上重视早餐。很多人以早上时间紧迫，来不及做饭为理由，完全以应付的态度对待至关重要的早餐。早餐的重要性这里就不再赘述，归根结底，其实还是我们的侥幸心理在作怪。因此从现在开始，给自己立一个目标：我要在×天之内减掉×斤体重。这样，当你看到体重计的变化之后，会更加自信地坚持下去。

其次，同普通早餐相比，减脂早餐的食物搭配稍有些不同。其中，富含蛋白质的食物应更加丰富一些，比如乳及乳制品、豆制品、蛋类，其中对于蛋类来说，建议全蛋可以吃1~2个，蛋清则适量多吃无妨；脂肪则要减少，如植物油、肥肉等，但又因为早上脂肪消化率最高，若想偶尔吃些美味的油炸食品，则可以放在早上食用；碳水化合物保持正常即可。其余如开胃小菜等亦应备齐，只需注意控制好盐的用量即可。

四季减脂早餐推荐

1.春季推荐 双韭拌桃仁+虾皮拌小葱+菠菜猪肝羹+蛋菇炒小米饭

特点：此套餐优质蛋白质、B族维生素、钙、铁、锌等含量丰富。适量蛋白质能促进新陈代谢，帮助体内燃烧脂肪。矿物质能补充汗液所致的矿物质流失。

2.夏季推荐 海米榨菜腐竹汤+水煮红薯角+尖椒茎蓝+蒜蓉四季豆

特点：此套餐碳水化合物、维生素C、钙、膳食纤维等含量丰富。膳食纤维能增强饱腹感，避免午餐前饥饿。钙能增强神经兴奋性，提高锻炼效果。维生素C能加速修复运动所致的肌肉微血管损伤，促进疲劳恢复。

3.秋季推荐 煎荷包蛋面汤+香芹花生米+香辣肉馅烧饼+辣味黄豆芽

特点：此套餐优质蛋白质、维生素C、B族维生素、铁、膳食纤维等含量丰富，能有效促进运动后的疲劳恢复。

4.冬季推荐 牛舌五香饼+炝胡萝卜丝+爆炒空心菜+羊肉粥

特点：此套餐碳水化合物、优质蛋白质、胡萝卜素、维生素C、铁、膳食纤维等含量丰富，能补充汗液所致的铁等矿物质流失，再加上羊肉本身所具有的强身功效，更能加强运动效果。

套餐1

原料准备

原料 细玉米面200克,面粉100克,四季豆500克,肉酱罐头1听,糯米100克,咸蛋黄3个,胡萝卜20克,香蕉2个,鸡蛋2个

调料 白糖75克,芝麻仁25克,泡打粉5克,葱15克,干辣椒1只,盐、味精、香油、色拉油各适量,花椒数粒

原料预处理

1. 糯米拣净杂质,提前用清水泡一夜,待用;咸蛋黄上笼蒸熟,取出剁碎。

2. 胡萝卜洗净,先斜刀切成马蹄段,再切成菱形薄片;或用波浪形小刀切成段,再切成花形薄片,用清水洗两遍,沥尽水分;干辣椒切短节;葱切碎花。

3. 细玉米面放入盆,加100克沸水搅拌均匀,晾凉后,再加入面粉、泡打粉、鸡蛋液、食油及适量水,和成软

硬适中的面团,用湿布盖住,醒约10分钟;香蕉剥去外皮,压成泥。

营养分析

★ **肉酱四季豆**:四季豆常食可健脾胃、增进食欲,搭配肉酱炒食,更具营养滋补功效。

★ **生炒胡萝卜**:胡萝卜有平肝明目的功效。

★ **咸蛋黄糯米粥**:糯米富含B族维生素,能缓解脾胃虚寒、食欲不佳、腹胀腹泻等症。

★ **夹心玉米饼**:玉米面含有较多的不饱和脂肪酸,能促进人体内酯肪与胆固醇正常代谢。加上降压通便的香蕉作馅并制成饼,搭配两小菜一粥,作为春日早餐,老年人及肝病、心脏病患者均宜食用。

凉菜

肉酱四季豆 难易度 |

1. 将四季豆择去两头及筋，洗净，切成小节；肉酱剁细。
2. 炒锅放油烧至六成热，投入四季豆炸至无水汽，捞出；待油温升高，下入复炸至酥脆，倒出沥油。
3. 锅随余油复上火，炸香10克葱花，下肉酱略炒，入100克清水，加盐、四季豆，推炒肉酱黏稠至裹住四季豆，加香油，翻匀离火晾凉。
4. 盛容器中，加盖，随用随取。

热菜

生炒胡萝卜 难易度 |

1. 炒锅上中火，放入炸四季豆的色拉油烧热，下花椒炸出香味捞出，投入葱花和干辣椒炸焦。
2. 倒入胡萝卜片翻炒至熟，加盐、味精调味，淋适量香油，装盘。

爱心提醒 🔍

1. 胡萝卜改刀成片要厚薄一致，以确保受热均匀。
2. 因胡萝卜有甜味，故炒时加少许辣椒，味道更好。当然，若不喜欢辣味，可不放。

主食

夹心玉米饼 难易度 |

1. 香蕉泥入碗，加白糖拌匀成馅，待用。
2. 将醒好的面团擀成0.3厘米厚的长方形，在其一半的上面抹匀香蕉馅，然后对折、按实，再切成若干个大小相等的菱形块，用筷子在上面压出花纹，蘸上芝麻，摆在烤盘内，入预热至150℃~180℃的烤箱内烤6~8分钟至熟即成。

爱心提醒 🔍

　　玉米面宜用沸水烫制，并加鸡蛋液，可使成品松脆。面团不能太软，否则烤制时极易断裂失形。

粥

咸蛋黄糯米粥 难易度 |

1. 将汤锅置火上，加入适量清水烧开，下入糯米煮成粥。
2. 待米烂粥稠时加入适量咸蛋黄粒，略煮，调入盐搅匀即可。

爱心提醒 🔍

1. 糯米宜选择米粒较大、颗粒均匀、颜色白皙、有米香、无杂质的。
2. 咸蛋黄也可不事先蒸熟，直接与米同时下锅。待熟后用锅铲压碎。
3. 因蛋黄有咸味，故应尝味后再加盐。

套餐2

原料准备

原料 玉米面250克，大米100克，猪瘦肉50克，皮蛋2个，嫩藕1节，番茄2个，青、黄、红柿椒各1只，梅肉10克，鸡蛋2个，泡打粉、干酵母各3克

调料 白糖55克，梅子粉15克，生姜5克，辣椒油5克，盐、味精、色拉油各适量，姜汁少许

原料预处理

1. 玉米面放入盆，加泡打粉、干酵母拌匀，再加60℃的热水搅拌成稠糊状，静置一晚让其发酵，待用；鸡蛋磕入碗中，打散。

2. 嫩藕刮去外皮，切成筷子粗的条，用清水浸泡；番茄用沸水略烫，撕去表皮，切成小丁。

3. 猪瘦肉切成小指甲片；皮蛋剥去泥壳，洗净，切成小丁；生姜洗净，刴成末；大米淘洗干净。

营养分析

★ **红柿藕条**：熟藕性温味甘，具有益胃健脾、养血补益、生肌、止泻之功效。

★ **梅渍彩椒**：彩椒具有温中、散热、消食积等功效，能增强人体免疫功能，提高抗病能力。

★ **皮蛋瘦肉粥**：能益气养阴、养血生津、填精髓、补脏腑、解暑热。

★ **玉米面煎饼**：玉米面富含不饱和脂肪酸，对血脂较高者有食疗功效。

★ 玉米面煎饼搭配两小菜一粥，最宜作为春日早餐，养血补益，温中散热，强身健体，老幼皆宜。

凉菜

梅渍彩椒 难易度 |￭￮￮

1. 将青、黄、红柿椒分别切下蒂部，纵剖成两半，去净籽瓤、筋，洗净，控干水分，切成滚刀小块。
2. 取一干净小盆，先放入彩椒块，再加入梅子肉、梅子粉和盐拌匀。
3. 腌约一个晚上，第二天即可食用。

爱心提醒 🔍

　　要选用稍长形的柿椒。因其较圆柿椒内瓤小，且应以外形饱满、肉质细嫩、无虫眼，用手掂有分量、味道微辣略甜者为佳。

凉菜

红柿藕条 难易度 |￭￮￮

1. 嫩藕条用清水洗两遍，投入到沸水锅中氽至断生，捞出过凉，沥尽水分。
2. 将藕条置于小盆内，加盐拌匀，腌5分钟，滗去水分。
3. 加番茄丁、姜汁、5克白糖和辣椒油拌匀，即成。

爱心提醒 🔍

　　切好的藕如不立即氽水，应用清水泡住，以避免受空气影响发生褐变。藕条氽水前必须用水洗两遍，以去除一些粉质，使吃口清脆。

主食

玉米面煎饼 难易度 |￭￭￭

1. 在发酵好的玉米面糊内加入50克白糖和打散的鸡蛋液，再次搅匀，待用。
2. 平底锅置中火上，烧热后抹上一层色拉油，用手勺舀起玉米面糊倒在上面，加盖，煎至两面金黄且熟透时铲出食用。

爱心提醒 🔍

1. 和玉米面亦可用小米汤或面汤代替。发酵时间要足够。
2. 煎制时宜火候适中。

粥

皮蛋瘦肉粥 难易度 |￭￭￮

1. 汤锅上旺火，加入适量清水烧沸，下入大米，烧开后转小火煮约40分钟至米烂粥稠。
2. 放姜米、猪肉片和皮蛋丁，续煮约5分钟，调入盐、味精即成。

爱心提醒 🔍

　　粥煮至肉片熟时即出锅，忌长时间煮制，以防肉质变老发柴。皮蛋应搭配姜米或醋食用，滋阴润燥、润肠通气的食疗效果最佳。

套餐3

原料准备

原料 面粉260克，猪肉馅150克，白菜250克，水发竹笋250克，花生米250克，番薯150克，大米150克，海苔10克

调料 干辣椒5只，生姜10克，葱20克，蒜瓣3粒，香油5克，花椒数粒，盐、味精、胡椒粉、酱油、香油、色拉油各适量，白糖少许

原料预处理

1. 面粉200克放入盆，注入沸水150克搅和均匀，再加入剩余的面粉揉成光滑的面团，盖上湿布醒5分钟。

2. 将番薯切去两头，表面刮洗干净，切成滚刀块；大米淘洗干净。

3. 水发竹笋切去老根，拍松，用手撕成不规则的丝状。

4. 干辣椒去蒂，切粗丝；生姜削皮洗净，5克切丝，另5克切末；蒜瓣剁末；葱剁成细末。

5. 白菜洗净切丝，加少许盐拌匀，剁成碎末，略挤水分。

营养分析

★ **炝辣味竹笋**：富含烟酸、膳食纤维，能促进肠道蠕动、预防便秘、减肥祛脂。

★ **海苔花生米**：海苔与花生米搭配，女性食用可以预防缺铁性贫血。

★ **番薯粥**：能健脾养胃、益气补虚、润肤悦色。

★ **白菜肉锅贴**：白菜富含纤维，能刺激肠胃蠕动、润肠通便、促进排毒，猪肉强筋健骨。

★ 本早餐以白菜肉锅贴为主食，加上两道小菜和一道健脾益气粥品，是春季食补的首选。

凉菜

炝辣味竹笋 难易度 |▮▮▫

1. 竹笋丝投入沸水锅中余透，捞起过凉，沥干水分。
2. 锅置中火上，放色拉油烧热，下花椒炸香捞出，再下5克姜丝、干椒丝、蒜末炸香，投入竹笋丝煸干水分。
3. 加盐、味精、白糖、酱油等调好口味，淋香油，拌匀，盛容器内存放。

爱心提醒 🔍

1. 应选用水发竹笋，加工时需用手撕成条。
2. 调料、辅料炝香出味后，方可下竹笋煸炒，以增加鲜香滋味。

凉菜

海苔花生米 难易度 |▮▮▫

1. 炒锅上火，放色拉油和花生米，小火慢慢加热推炒，待花生米发出"噼叭"声响即接近烹熟，离火略炒后倒在笊篱内沥油。
2. 原锅复上火位，利用锅中余油把海苔焙酥，随后倒入花生米，加适量盐炒匀后即可盛出取食。

爱心提醒 🔍

　　也可将花生米入水煮至漂浮，捞出晾干再油炸，这样口感松软酥脆。海苔不能放太多，否则味道发苦。

主食

白菜肉锅贴 难易度 |▮▫▫

1. 猪肉馅放入盆，加入姜末、葱末、盐、胡椒粉、酱油，同方向搅匀后加白菜和香油，拌成馅。
2. 醒好的面团揉匀后搓条下剂，擀成直径7厘米薄皮，包入馅心，对折成月牙形，按紧边缘，成锅贴生坯。
3. 平底锅刷油，置中火上，摆入锅贴，撒少许面粉，加凉水至淹没锅贴的2/3，再淋入25克油，加盖焖煎至汁干底焦黄时，铲出食用。

爱心提醒 🔍

　　加水量太少会使汁干料不熟、成品干瘪不油润。

粥

番薯粥 难易度 |▮▮▫

1. 净锅置于旺火上，加入适量清水烧开，下大米和番薯块熬煮。
2. 粥滚沸后调至中火熬约40分钟至米开花、番薯烂时，离火食用。

爱心提醒 🔍

1. 以选红心番薯为好，因其味道甜、质地紧实、汁较少。
2. 应将番薯两头尖部切去弃用，否则发苦影响粥的口味。
3. 红薯一次不宜食用过多，以免发生烧心、吐酸水、胃胀排气等不适。

套餐 4

原料准备

原料 面粉300克,番茄250克,茼蒿200克,生菜200克,鸡蛋2个,竹笋尖25克,豆腐干5片,鲜香菇50克,油菜2棵,海带芽10克,泡打粉、干酵母各3克

调料 白糖30克,葱10克,生姜5克,盐、味精、香油、色拉油、姜汁各适量,酱油、蜂蜜、黑胡椒碎各少许

原料预处理

1. 将200克面粉放入盆,先加泡打粉、干酵母和5克白糖拌匀,再磕入1个鸡蛋,加姜汁和适量水和匀成软面团,盖上湿布醒约15分钟;另100克面粉放入小盆,加少量清水,用筷子搅拌成疙瘩。

2. 茼蒿洗净,放在沸水锅中烫至半熟,捞在冰水中浸凉,捞出挤干水分,切碎香菇、竹笋尖分别切小丁;

豆腐干切成碎末。

3. 生菜洗净,用手撕成小块;番茄洗净,切成小块;油菜洗净,切碎;海带芽用温水泡约5分钟,沥净水分;另1个鸡蛋磕入碗内,打散。

4. 葱切碎花;生姜切末。

营养分析

★ **茼蒿豆腐干**:健脾胃,助消化。对胃脘胀满、食欲不振者有良好的食疗功效。

★ **番茄生菜**:生菜搭配番茄拌食,对口渴、食欲不振者效果显著,常吃此菜还有美容功效。

★ **五色疙瘩汤**:容易消化,有健胃之功效,而且热量适宜。

★ 三者搭配"炸小馒子",非常适合夏季早餐食用,能祛暑解腻、祛烦生津。

茼蒿豆腐干 难易度 |📶

1. 炒锅上火，放20克色拉油烧热，下香菇丁和笋丁炒出香味。
2. 倒入豆腐干略炒，加盐炒入味，盛在盆内，晾凉。
3. 再加入茼蒿和味精拌匀，即成。

爱心提醒 🔍

1. 茼蒿也可用菠菜、油菜代替。
2. 茼蒿必须挤干水分，再与豆干拌匀，否则会影响味道。

番茄生菜 难易度 |📶

1. 把150克番茄块和生菜一起放在小盆内。
2. 小盆内加盐、香油和黑胡椒碎，拌匀装盘即成。

爱心提醒 🔍

1. 生菜一定要掰开用温水清洗，把夹藏的杂物及残留农药洗净，再用纯净水过凉。生菜用手撕成片，吃起来更脆。
2. 选购小窍门：番茄分大红番茄和洋红番茄两种。大红番茄味甜略酸，适合做菜；洋红番茄色泽洋红，味甜，适合生食。本道菜宜选择洋红番茄。

炸小馓子 难易度 |📶

1. 案板撒面扑，将醒好的面团擀成2毫米厚的大片，改刀成长8厘米、宽2厘米的长条。
2. 将长条每两条为一组叠放在一起，用刀顺长边在中间划一刀，把两端分别从正反方向塞进刀口处，再拉出，成麻花状。
3. 锅放油，上中火烧至五六成热，下麻花生坯炸至金黄酥脆且熟透，捞出沥油，装盘，淋蜂蜜即成。

五色疙瘩汤 难易度 |📶

1. 汤锅放色拉油烧热，炸香葱花、姜米，入剩余的番茄块和油菜略炒，加酱油、盐略烧，加入适量水烧开。
2. 撒入面疙瘩，煮熟成糊状。
3. 加入适量盐、味精调好口味，放入海带芽略滚，淋香油，即成。

爱心提醒 🔍

1. 拌好的面疙瘩要大小合适且均匀，煮熟后内部无夹生。
2. 面疙瘩要稀稠适度，过稠不爽口。

套餐 5

原料准备

原料 面粉500克，苤蓝250克，小米100克，胡萝卜200克，鲜青、红椒各1只，青豆50克，甜玉米粒50克，水发木耳、红柿椒各25克，鲜牛奶150克，泡打粉、干酵母各5克，新鲜鸭蛋若干

调料 香辣酱1瓶，小葱1棵，盐、味精、白糖、色拉油各适量

原料预处理

1. 面粉放入盆，先加泡打粉、干酵母、白糖和匀，再加适量水及鲜牛奶和成软面团，醒约10分钟；把玉米粒、青豆、水发木耳、红柿椒分别汆水，切碎粒。

2. 苤蓝去皮洗净，切细丝；鲜青、红椒去籽、筋，同小葱分别洗净，切成小粒。

3. 小米用清水淘洗两遍，漂净浮糠；胡萝卜洗净，切丁。

营养分析

★ **葱油苤蓝**：有利水消肿、清神明目、醒酒降火、解毒等功效，可增强人体免疫力。

★ **辣味咸鸭蛋**：有大补虚劳、滋阴养血、润肺美肤的功效。

★ **胡萝卜粥**：富含胡萝卜素，有助于增强机体的免疫功能。

★ **四喜花卷**：其馅料是用玉米、青豆、木耳为原料，富含钙、磷、镁、铁、硒等营养成分。

★ "四喜花卷"配以清神明目的"葱油苤蓝"、润肺美肤的"辣味咸鸭蛋"及能提高免疫力的"胡萝卜粥"，作为秋季的一组早餐套餐，滋补功效显著。

凉菜

辣味咸鸭蛋 难易度 |.ıll

1. 将鲜鸭蛋用清水逐只洗净，晾干表面水分。取一个瓷罐洗净，注入开水烫洗后，口朝下控干水分。

2. 将鲜鸭蛋在辣椒酱中滚蘸一层后，再在盐中滚一滚，码在瓷罐中，码一层后撒少许盐，所有鸭蛋均依此法处理，最后撒少许盐，加盖，用牛皮纸封口，置阴凉处一个月左右，即成。

爱心提醒 🔍

盐不能太少，否则不但不入味，而且易变质。

凉菜

葱油苤蓝 难易度 |.ıll

1. 炒锅上火，放15克色拉油烧至四五成热时，投入小葱白粒炸香，离火晾凉成葱油，待用。

2. 将苤蓝丝、青红椒粒和小葱绿一起放小盆内，先加盐、味精拌匀，再加葱油拌匀即可。

爱心提醒 🔍

1. 切好的苤蓝若非立即食用，宜泡水存放，否则会失水。

2. 炸葱粒时，油温不能过热，以免炸糊，致使葱味不浓。

主食

四喜花卷 难易度 |.ıll

1. 醒好的面团揉光，擀成长方形薄片，均匀刷上一层食油，撒玉米粒、青豆、木耳和红柿椒，从两边分别向中间卷起成双卷形，切成10个相等的剂子。

2. 在每个剂子的背面顺切一刀至底部，保持坯皮相连，再从刀口处向两边及向下翻出，刀口朝上，即成生坯。

3. 逐一摆在笼中，旺火蒸约10分钟即可。

爱心提醒 🔍

1. 和面时应先加鲜牛奶，视面团软硬再加适量水。

2. 花卷静置时间勿长，否则造型不好。

粥

胡萝卜粥 难易度 |.ıll

1. 净锅上旺火，加入清水烧开，放小米，再次滚沸后，撇净浮沫，改小火熬煮。

2. 炒锅放油烧热，下胡萝卜丁炒至半熟，离火待用。

3. 待小米粥煮至20分钟时，倒入炒过的胡萝卜丁，续煮至米烂粥稠即成。

爱心提醒 🔍

1. 应选红胡萝卜而非黄胡萝卜，忌去皮，洗净即可。

2. 胡萝卜用油炒过后再煮，养分更易被人体吸收。

3. 此粥宜滚煮足够的时间，以达到入口即化的口感。

套餐6

原料准备

原料 面粉500克，花生米250克，黄豆芽200克，猪五花肉馅100克，土芹菜100克，鸡蛋4个，湿面条150克，青菜叶50克，泡打粉、干酵母各5克，白芝麻适量

调料 葱30克，白糖10克，干辣椒3个，青蒜苗1棵，生姜5克，色拉油25克，八角2枚，花椒数粒，盐、味精、白胡椒粉、香油各适量，花椒面少许

原料预处理

1. 花生米拣净杂质，放在清水中浸泡数小时后，换清水洗两遍。

2. 面粉放入盆中，加入泡打粉、干酵母和白糖混匀，加适量水和成软面团，盖湿布醒约15分钟；青菜叶洗净，沥水；取1只鸡蛋磕入碗内，打散。

3. 五花肉馅放入盆中，依次加入葱花、盐、味精、花椒面、酱油等拌匀成馅料。

4. 土芹菜洗净，切小节；将土芹菜和黄豆芽分别放在加

有少许盐的开水锅中余至断生，捞在凉水盆中，漂凉，控干水分。

5. 葱洗净，切成碎花；生姜洗净，切米；取2个干辣椒切短节；蒜苗择洗净，斜刀切小段。

营养分析

★ **香芹花生米**：芹菜清肠通便。花生米补脾润肺、滋养肌肤。二者相拌，适宜血虚体质、脾虚体质、肌肤干燥、年老体衰及便秘者食用。

★ **辣味黄豆芽**：能减少体内乳酸堆积，对神经衰弱、疲倦乏力有辅助疗效。

★ **煎荷包蛋面汤**：营养丰富，能健脑益智，延缓衰老。

★ **香麻肉馅烧饼**：肉馅温中和胃，芝麻润燥通便，鸡蛋强壮身体。

★ 此组秋日早餐，能合理补充营养，让你倍感身体轻松有活力！

凉菜

香芹花生米 难易度 |▮▮▮

1. 净不锈钢锅上旺火，加入清水，放花生米、花椒、八角、盐和1个干辣椒，煮沸后打去浮沫，改小火煮约12分钟后即可离火，捞出晾凉。
2. 煮好的花生米放入盆，放入土芹菜节、少许盐和香油拌匀即成。

爱心提醒 🔍

1. 花生要先泡后煮，口感才好。
2. 花椒、八角用量勿多，否则煮出的花生发黑。

凉菜

辣味黄豆芽 难易度 |▮▮▮

1. 炒锅上火，放25克油烧热，下数粒花椒炸煳捞出，再下干辣椒节、5克葱花炸香。
2. 加黄豆芽翻炒至无水汽时，加盐、味精、酱油炒入味，撒蒜苗，淋香油即成。

爱心提醒 🔍

1. 黄豆芽用沸水汆透再炒，可去除豆腥味。
2. 酱油应在豆芽炒干水汽后加入，这样酱香味才突出。

主食

香麻肉馅烧饼 难易度 |▮▮▮

1. 将醒好的面团揉光，下成10个剂子，按扁，包上馅料制成饼状。
2. 在饼表面刷上一层鸡蛋液，撒上白芝麻，即成饼坯。
3. 依次逐一做完，放烤盘上，置预热至180℃~200℃的烤箱内烤熟即成。

爱心提醒 🔍

1. 肉馅最好肥瘦各半，成品味道才滋润香浓。
2. 烤制时温度和时间要控制好，既要保证肉馅烤熟，又使外表金黄酥脆。

粥

煎荷包蛋面汤 难易度 |▮▮▮

1. 平底汤锅上火烧热，放25克油遍布锅底，磕入3只鸡蛋，待定形后铲起一半蛋白盖在蛋黄上，成荷包状，略煎，铲出。
2. 用锅中余油炸香姜末，加入沸水，放湿面条煮至半熟，再放入荷包蛋，加盐、味精、白胡椒粉、酱油调味，待煮熟后下青菜叶，略滚，淋香油，即可。

爱心提醒 🔍

煎荷包蛋时动作要慢要稳，形状才美观。

原料准备

原料 面粉250克，黄豆200克，黄瓜300克，嫩韭菜100克，干粉条、大米各50克，净鱼肉75克，鸡蛋2个，豆腐干10片，干淀粉5克

调料 蒜粒10克，生姜10克，辣椒面10克，干辣椒3只，色拉油600克（约耗75克），花椒数粒，酱油、盐、味精、白糖、醋、料酒、香油各适量，姜汁、白胡椒粉各少许

原料预处理

1. 将大米拣去杂质，淘洗净；净鱼肉切成小片。

2. 面粉放入盆，注入80℃热水和成硬面团，盖上湿布醒约5分钟；粉条用沸水煮软，捞出用凉水过凉，沥尽水分；鸡蛋磕入碗内打散，在炒锅内炒成蛋块；嫩韭菜洗净，切碎。

3. 黄瓜择洗净，先顺长边切成筷子粗的条，再切成2厘米长的小段；蒜粒剁成末；干辣椒切成短节。

营养分析

★**黄豆辣腐干**：富含蛋白质、钙等营养成分，能预防骨质疏松，促进骨骼发育。

★**糖醋黄瓜**：黄瓜为清热养生佳品，用白糖和醋拌后食之，可以开胃、增进食欲。

★**鱼片粥**：经常食用有抗衰老、养颜的功效。

★**炸菜角**：以韭菜、粉条和鸡蛋为馅料，用面皮包制后油炸而成。虽是油炸食品，但香而不腻。

★炸菜角搭配两道小菜和鱼片粥，一套营养美味的秋季早餐就出炉了。

凉菜

黄豆辣腐干 难易度 |.ıll

1. 黄豆在前一天晚上用清水浸泡透。豆腐干切成5毫米见方的小丁。
2. 泡好的黄豆入锅，加清水、花椒和盐，中火煮熟入味，捞出沥汁。
3. 炒锅入25克油烧热，下花椒炸香捞出，离火，下干辣椒节和辣椒面炒出辣味，盛小盆内晾凉。
4. 放入豆腐干丁、黄豆、盐和味精拌匀，即可装盘。

凉菜

糖醋黄瓜 难易度 |.ıll

1. 黄瓜段放入盆，加盐拌匀，腌约5分钟，沥汁。
2. 炒锅上火，放25克色拉油烧热，下蒜末炸香，再同油一起倒在盛黄瓜的小盆内。
3. 加白糖和香醋拌匀，静置5分钟后装盘即可。

爱心提醒

1. 黄瓜事先加盐腌一下，除去一些汁水，口感更清脆。
2. 注意调味技巧，应以咸味为主，略透出辣、甜和酸味即好。此小菜宜现拌现吃。

主食

炸菜角 难易度 |.ıll

1. 粉条、韭菜和蛋块共放入小盆内，加入姜米、酱油、盐、味精、白胡椒粉和香油等，拌匀成馅料。
2. 醒好的面团下成10个相同的剂子，擀椭圆形薄片。
3. 中间放适量馅料对折，按紧边缘成生坯，逐一包完。
4. 投入到五六成热油锅中炸至金红熟透，捞出沥油即成。

爱心提醒

面团也可用凉水和制，较热水和面虽不易炸上色，但口感焦脆。蔬菜馅料可不拘一格，根据时令选择。

粥

鱼片粥 难易度 |.ıll

1. 鱼肉片加姜汁、盐和干淀粉，抓拌均匀，备用。
2. 净锅加水烧开，入大米再次烧开后，转小火煮40分钟，至米烂粥稠。
3. 分散下入鱼片，加盐调味，续煮约3分钟，即成。

爱心提醒

1. 切鱼肉时应用手指按住鱼肉，以便把残留的细小鱼刺剔净，确保粥的口感。
2. 鱼片上浆后入锅，较易保持完整不碎，口感也更滑嫩。

套餐8

原料准备

原料 发酵面团350克，胡瓜250克，酱肉100克，大米100克，大枣50克，干木耳15克，优质茶叶20克，个大土豆2个，青椒半个，鲜鸡蛋数个优质白酒50克，葱20克，八角2枚，花椒数粒，

调料 白糖少许，酱油、盐、味精、白胡椒粉、香油、色拉油各适量

原料预处理

1.干木耳用凉水泡涨，拣净杂质，撕成小朵；大枣和大米分别洗净。
2.鸡蛋洗净，控干水分。
3.酱肉切成5毫米见方的小丁；胡瓜洗净，切成5毫米见方的小丁，入沸水锅中略烫，捞出过凉，沥尽水分；葱切成碎花。

4.将土豆削皮洗净，切成薄片，用清水洗两遍，沥尽水分；青椒去籽筋，切成片。

营养分析

★**酒香茶蛋**：鸡蛋富含优质蛋白质，能促进面部皮肤血管舒张，加速血液循环，与茶酒同煮，效果更佳。

★**椒油土豆片**：花椒温中散寒，同高热量土豆炒食，可暖脾胃、散寒湿、健胃消食。

★**大枣木耳粥**：大枣能补虚益气、养血安神、健脾和胃，配以益气强身的木耳煮粥，能养血驻颜，令肌肤红润，对缺铁性贫血也有食疗功效。

★**酱肉胡瓜饼**：清热，对冬季上火者比较适宜。

★本套餐补血、提神、清热，是冬季早餐佳品。

椒油土豆片 难易度 |.ıl

1. 炒锅上旺火炙热，放色拉油和花椒，待其出香味时捞出花椒，下5克葱花炸香。
2. 倒入土豆片和青椒片不停地翻炒，烹白醋，加盐和味精，待断生入味即可出锅装盘。

爱心提醒 🔍

1. 土豆片必须洗净粉质，否则炒时成糊状，不爽口；也可将土豆片用沸水烫一下后再炒。
2. 花椒一定要炸焦煳后捞出，否则成菜有麻味。

酒香茶蛋 难易度 |.ıl

1. 鸡蛋放入不锈钢汤锅中，加入清水、茶叶、盐、酱油、花椒和八角，旺火烧沸后改中火煮约3分钟。
2. 把鸡蛋捞出，逐个轻轻磕蛋壳使其有裂缝，然后再放到汤锅中，加白酒，续煮1分钟，离火浸泡至凉，即可食用。

爱心提醒 🔍

煮鸡蛋时间以开锅时算起，一般煮3分钟蛋白凝固；煮4分钟蛋黄半凝固；煮5分钟鸡蛋全熟。可根据自己对鸡蛋软嫩程度的喜好来确定煮制时间。

酱肉胡瓜饼 难易度 |.ıl

1. 胡瓜丁放在盆内，加入15克葱花和适量盐、味精、白胡椒粉等拌匀，再加香油和酱油拌匀成馅料。
2. 将发酵面团揉光，下成10个剂子，再将每个剂子包入适量馅料，制成圆饼状生坯。
3. 平底锅上火烧热，锅底抹油，排入饼坯。
4. 中火煎至两面金黄且熟透时，铲出食用。

爱心提醒 🔍

馅料切得不能过小。否则口感不佳。

大枣木耳粥 难易度 |.ıl

1. 汤锅上火，加适量水烧开，下大枣、大米和木耳熬煮。
2. 旺火烧沸后打去浮沫，改小火煮至米烂粥稠，加白糖调味，略滚即成。

爱心提醒 🔍

1. 木耳必须用凉水发透并除净杂质，这样口感更好。
2. 煮粥要一次加足水，宜小火慢煮。
3. 选购小窍门：好木耳清香、无异味，有咸味、甜味、涩味的木耳不宜购买。

图书在版编目（CIP）数据

最爱吃的家常菜 / 张恕玉, 王作生主编. – 青岛 :青岛出版社, 2012.12
（最爱吃的家常菜系列）
ISBN 978-7-5436-8983-1
Ⅰ.①最… Ⅱ.①张… ②王… Ⅲ.①家常菜肴—菜谱 Ⅳ.①TS972.12
中国版本图书馆CIP数据核字(2012)第292801号

最爱吃的 家常菜

书　　　名	最爱吃的家常菜	
组 织 编 写	美食生活工作室	
主　　　编	张恕玉　　王作生	
参 与 编 写	牛国平　臧倩嵘　时　靖	
摄　　　影	高玉德　刘志刚　周学武	
出 版 发 行	青岛出版社	
社　　　址	青岛市海尔路182号（266061）	
本 社 网 址	http://www.qdpub.com	
邮 购 电 话	13335059110　0532-85814750（传真）　　0532-68068026	
策 划 组 稿	张化新　周鸿媛	
责 任 编 辑	贺　林	
设 计 制 作	孙　娜	
制　　　版	青岛艺鑫制版印刷有限公司	
印　　　刷	莱芜市东方彩印有限公司	
出 版 日 期	2013年1月第1版　2013年1月第1次印刷	
开　　　本	16开(889毫米×1092毫米)	
印　　　张	15	
书　　　号	ISBN 978-7-5436-8983-1	
定　　　价	29.80元	

编校质量、盗版监督服务电话　4006532017　0532-68068670
（青岛版图书售出后如发现印装质量问题，请寄回青岛出版社出版印务部调换。
电话:0532-68068629）
建议陈列类别：美食类　生活类